국내일주로
배우는
지역과 도시

김정렬 저

박영사

Contents

Chapter 07

통일회복권: 북한과 연변요동 ·······269

Epilogue

지역과 도시를 이해하는 시각과 방법

2020년 2월 코로나19의 습격으로 국내외 여행이 중단되었다. 최근 제주도를 중심으로 국내여행이 활성화되고 있지만 완전한 정상화에는 상당한 시간이 소요될 것이다. 코로나19 이전에는 세계화를 반영한 해외일주가 지역화 또는 지방화에 기반한 국내일주를 압도했다. 하지만 생태환경의 재인식과 인종혐오의 회피심리가 확산되면서 해외일주보다 국내일주에 대한 관심이 증가된 상태이다.

국내일주의 대상(area)인 지역과 도시를 나누는 기준은 다양하다. 지역(region)은 국가보다는 작지만 지방(local)보다는 큰 광역과 유사한 의미를 담고 있다. 반면에 도시는 대비적인 촌락(향촌)을 포함해 지방으로 범주화되는 존재이다. 이에 미국에서는 연방(federal) – 주(state) – 지방(local) 수준의 정부를 구분한 상태에서 정부 간 관계의 변화에 주목해 왔다. 나아가 가장 협소한 생활공동체인 읍·면·동이나 리·통은 주민자치 시대를 맞이하여 지방자치 권역이 협소한 선진국처럼 화려하게 비상할 그날을 고대하고 있다.

행정학자인 나의 여행은 다양한 지역과 도시에서 접하는 지자체 거버넌스를 비교하는 방식으로 우수행정사례를 발굴해 왔다. 관치와 통치로 대표되는 거버먼트(government)의 시대에는 지방자치단체 간의 차이점을 발견하기 어려웠지만 자치와 협치를 표방하는 거버넌스(governance)의 패러다임이 부상하면서 다양성과 차별화가 촉진된 것이다. 영국과 일본도 우리와 크게 다르지 않다. 영국에서는 대처와 블레어가 추구한 각양각색의 공공개혁이 변화의 동인으로 작용했다면 일본에서는 1990년대의 분권개혁이 지방의 자구노력을 강화시키는 형태로 중앙 – 지방정부나 정부 – 시민단체 – 민간기업 간의 협력을 촉진하였다.

최근 호남학, 부산학, 제주학 등 지역학의 연장선상에서 로컬리티(locality)

나 어바니티(urbanity)에 주목하는 학제적 논의가 부상했다. 지방(local)은 가치중립적 용어지만 로컬리티는 중앙이나 중심 속에 내재된 보편적 특성과 구별되는 지역의 다양성과 특수성을 추구한다. 드라마 〈우리들의 블루스〉처럼 제주도라는 배경과 결부된 사투리는 지역의 문화와 정서를 생생하게 전달하는 요소이다. 즉, 근대적 산업화 250년을 거치며 동일성과 효율성 담론에 휘둘린 로컬리티의 가치와 흔적을 재발견한다는 것이다. 더불어 약자우대를 요구하는 규범적 균형발전 관념을 초월해 사회과학과 인문학 특유의 독창적 논리로 지역의 자주적·근원적 해결가능성을 탐색한다는 것이다. 따라서 장소와 인간의 관계를 중심으로 지역의 특성에 대한 일반화에 주력하고자 한다.

우리나라의 행정구역은 광역자치단체만 기준 17개 시도(특별시 1개, 광역시 6개, 도 8개, 특별자치시도 2개)이다. 제4차 국토종합계획 수정계획은 수도권을 보완하는 10대 광역권 및 거점도시로 아산만권, 대전·청주권, 전주·군장권, 광주·목포권, 제주권, 광양만·진주권, 부산·울산·경남권, 대구·포항권, 중부내륙권, 강원동해안권을 제시했다. 하지만 여기에서는 인구와 생활을 고려한 광역권의 유형을 수도권(경기인천과 서울), 동북권(대구경북과 강원), 동남권(부산·울산·경남), 특별자치권(제주와 세종), 충청권(대전충남과 충북), 호남권(광주전남과 전북), 통일회복권(북한과 연변요동) 등으로 구분하였다.

우리가 도시로 통칭하는 기초자치단체 시·군·구는 226개(시 75개, 군 82개, 구 69개)이다. 면적이 협소한 특·광역시 자치구를 제외하면 상수도 급수구역과 동일한 162개 구역으로 구분된다. 여기에 일주 개념을 적용해 162개 구역을 서너 개씩 묶어서 본인의 기호나 편의대로 주말이나 휴가에 다녀오는 방법도 유용하다. 일례로 여수 여행을 떠나면서 광양이나 고흥을 들르는 방식이다. 일본의 경우 기초자치단체인 시정촌이 우리의 읍면동과 유사할 정도로 작은 규모이기 때문에 도도부현 중심의 여행 전략을 짜는 경우가 많다.

이 책은 대중의 참여와 이해가 용이한 여행기 형식으로 지역과 도시를 탐구했다. 특히 우리 지역과 도시가 추구할 지역개발, 시민행복, 도시브랜드 등이 하모니를 이루는 참발전 목표의 달성에 주력하였다. 즉, 양적인 지역개발의 수단인 도시재개발과 도시재생의 조화, 질적인 시민행복과 직결된 자치분권과 평생교육의 강화, 도시브랜드에 기반한 특화발전과 생태도시의 구현 등을 현장에서 포착한 것이다.

나는 공공컨설턴트와 대학교수 자격으로 현장을 누비며 지역과 도시에 대한 실천적 이해를 추구해 왔다. 종횡단 비교(comparison)와 창의적 은유(metaphor)가 내가 애용하는 분석방법이다. 행정학자인 나는 국내일주에서 협치(협업)와 전범(best practice)으로 정의되는 거버넌스 구현사례를 발굴하는 일에 매진해 왔다. 이때 협치는 계층제나 시장 거버넌스의 한계를 극복하는 네트워크 거버넌스 기반의 협력체제 구현을 추구한다. 또한 전범이란 조직의 목적을 달성하기 위한 활동과정에서 발생하는 우수행정사례나 굿거버넌스(good governance)처럼 민주적 운영, 법령 준수, 참여, 공개, 효과성, 투명성 등을 의미한다. 특히 이 책을 작성하는 단계에서 군단위를 포함해 전국 200여 개 기초자치단체가 제출한 자료와 현장을 내밀히 살핀 상하수도 지방공기업 경영평가와 평생학습도시 재지정평가에 참여한 일이 유익했다. 우리나라 상하수도 권역은 4대강을 비롯해 물길을 따라서 구성되어 있다는 점에서 오랜 역사와 결부된 지역의 특성을 살피기에 유리하다. 그리고 시민행복의 증진과 직결된 대한민국 평생교육은 6대 영역인 기초문해교육, 학력보완교육, 직업능력교육, 문화예술교육, 인문교양교육, 시민참여교육 등으로 수렴하는 다양한 학습프로그램을 제공하고 있다.

지역과 도시의 특화발전과 브랜드 경쟁이 격화되자 다양한 볼거리와 놀거리가 늘어났다. 지방의 전통 명소와 신흥 명소를 혼합하는 전략도 부상하고 있다. 논산시는 돈암서원과 연무대라는 추억의 장소에 부가해 연산문화창고와 탑정호 소풍길을 추가로 장착했다. 그리고 중앙정부와 자치단체 및 교육청을 연계한 평생교육 서비스는 다문화교육, 문해교육, 학점은행제, 대학평생교육지원사업 등을 통해 생애교육과 사회참여를 촉진하고 있다. 평생학습도시사업을 통해 어디서나, 누구나, 언제든지 학습하기 좋은 지역 만들기를 표방하면서 소통과 화합 및 공동체를 강화시키고 있다.

성장과 복지 및 평판이 혼합된 참발전은 효율성과 공공성 및 완결성의 조화를 추구한다. 효율성은 3E를 대표하는 경제성(economy), 능률성(efficiency), 효과성(effectiveness)을 포괄하는 개념으로 각기 투입의 절약, 투입 대비 산출의 비율, 산출과 성과의 달성도라는 의미를 지닌다. 반면에 공공성은 윤리(Ethic)로 수렴하는 대안적 3E인 형평(Equality), 소통(Empathy), 생태(Ecology)를 중시한다.

그리고 완결성에는 합법성, 지속성, 가외성 등과 같은 가치가 내재되어 있다.

성과의 유형은 「투입(input) - 과정(process) - 산출(output) - 결과(outcome)」라는 생산모형으로 이해된다. 먼저, 경제성을 좌우하는 투입(input)은 자금, 인력, 장비 등과 같이 여러 가지 사업에 투입된 자원(resources)을 의미한다. 완결성을 중시하는 과정(process)은 조직의 활동(activities)을 지칭하는 것으로, 정부가 얼마나 바쁘게 움직이는지를 나타낸다. 능률성을 좌우하는 산출(output)은 프로그램을 통해서 공급된 서비스의 양이나 서비스의 수준(level of service)을 지칭하는데, 흔히 정부조직의 성과를 의미하는 것으로 활용되고 있다. 효과성을 판단하는 결과(outcome)는 정부가 변화시키고자 하는 사회적 상태를 의미하는 것으로, 건강해진 인구, 안전해진 도시환경 등이 여기에 해당된다.

참발전 목표의 달성은 모두가 관심을 가지는 절박한 과제이다. 하지만 인구와 경제의 절반 이상이 수도권으로 집중한 상태에서 낙후된 지역과 도시의 문제를 지방이 자주적으로 해결하기는 어렵다. 더욱이 중앙의 논리를 앞세운 연역적 접근으로 균형발전이라는 난제를 풀기도 쉽지 않다. 산업화와 도시화로 인해 격차나 오염이 발생하자 기본으로 돌아가자는 취지의 지역화 운동이 태동한 일에도 주목해야 한다. 전원도시운동과 지방분권주의에 기반한 도시혁신은 주거복지, 공원과 대로 확충, 도시미화, 도시정부 개혁 등이다. 반면에 역도시화나 압축도시론에 기반한 공간구조재편은 도시재개발과 젠트리피케이션, 도시재생과 예산낭비 논쟁을 격화시키고 있다.

세계화와 지역화 추세로 인해 국가보다 도시 간 경쟁이 주목을 받기 시작했다. 세계 각국이 경쟁력 있는 세계도시나 슬로시티를 얼마나 많이 소유했는가의 여부가 국가경쟁력의 새로운 척도로 부상했다. 서부의 변두리로 치부되던 시애틀은 관문공항의 경쟁력을 앞세워 아마존, 보잉, 스타벅스 등을 품은 기업도시로 성장했다. 시애틀은 샌프란시스코, 로스엔젤레스, 샌디에고, 포틀랜드 등과 태평양 연안의 패권을 다투고 있다. 이들 도시는 경제력 강화는 물론 살기 좋은 도시를 추구한다. 자연친화도시를 표방하는 포틀랜드는 나이키와 아디다스 같은 세계적 아웃도어 기업을 품고 있다. 강력한 캘리포니아의 햇볕과 자유와 낭만이 충만한 도시 샌프란시스코는 실리콘밸리를 중심으로 세계의 두뇌들을 끌어들여 IT 기업의 수도를 자임한다(김성우, 2021).

지역과 도시문제의 해결수단은 거시적·포괄적 정책수단과 미시적·선택적 정책수단으로 구분된다. 전자는 영미가 중시한 거시경제정책 수단으로 조세·세출정책(낙후지역 우대, 이전재정 활용 등)과 금융정책(대출조건, 대출한도 등)이다. 후자는 서유럽과 동아시아가 선호한 산업정책 수단으로 노동이동정책(노동시장 유연화, 인구재배치 등)과 기업유치정책(산업단지 조성, 벤처기업 지원 등)이다.

필자는 해외여행 경험을 집약해 2019년에 〈세계일주로 배우는 사회탐구〉라는 책을 출간했다. 여기에는 영미, 남미, 유럽 등지로 이어진 66일간의 세미 세계일주를 비롯해 서유럽과 북아프리카 기행, 하와이에서 카리브까지 휴양벨트 탐방기, 유라시아의 동서남북을 넘나들며 유랑하기, 동아시아와 대양주 힐링캠프 참여기, 다시 국내로 향하는 사회탐구 여정 등이 담겨 있다. 하지만 코로나19가 촉발한 팬데믹으로 국내외 여정을 중단했다. 이에 재충전을 모색한 2020년에는 공개강의인 K-MOOC 공모와 제작에 매진했다. '세계일주로 배우는 국가와 도시'라는 사이버 교양강좌를 제작하는 과정에서 과거를 회상하고 미래의 여행계획을 구상했다.

2021년에는 그동안 중단한 국내일주도 재개했다. 이 과정에서 〈국내일주로 배우는 지역과 도시〉라는 책을 기획했다. 지역과 도시에 대한 이해가 행정학은 물론 사회탐구 전반의 이해를 촉진하기 때문이다. 사회탐구는 우리가 사는 세상의 인간과 조직에 대한 이해를 추구한다. 정치경제, 사회문화, 지리, 역사, 윤리, 법 등은 다층적 상호작용을 통해 점진적으로 진화한다. 반면에 물리, 화학, 생명과학, 지구과학을 포괄하는 과학탐구는 상대성이론이나 양자역학의 경우처럼 차원을 달리하며 혁명적으로 진보한다. 따라서 역사나 사회현상에 대한 탐구는 외부와 차단된 실험실이 아니라 치열한 삶의 현장으로 들어가야 한다.

사실(fact)을 다루는 과학탐구와 달리 가치(value)와 사실이 혼재된 사회탐구는 빙산의 일각처럼 보이는 현상이 전부가 아니다. 우리 눈에 보이는 빙산의 상층부는 아름답지만 수면 아래 잠긴 거대한 얼음은 타이타닉을 침몰시킬 정도로 위협적이다. 사회현상에 대한 접근은 거시적인 망원경과 미시적인 현미경 및 중범위적 다초점 렌즈와 같은 은유가 가능하다. 조망하는 망원경으로 환경이나 문화의 추세를 파악하고 관찰하는 현미경으로 개인이나 시장을 내밀히 규명한다면 신축적인 다초점 렌즈는 조직이나 정책의 본질 파악에 유리하다.

정치경제를 비롯해 사회현상 전반에 대한 통찰력은 개인이나 국가는 물론 지역과 도시의 성패를 좌우하는 변수이다. 거버넌스의 구현은 공공파이만들기의 은유처럼 지역이나 도시의 경쟁력을 구성하는 3대 요소인 파이키우기, 파이나누기, 파이다듬기 간의 적절한 혼합이 필요하다. 우리가 살고 싶은 곳은 샹그릴라나 엘도라도가 아니라 굿거버넌스가 작동하는 도심형 행복특구여야 현실적이기 때문이다.

필자는 국내외 여정에서 자연유산보다 도시탐구를 중시해 왔다. 균형발전이나 자치분권의 유용성에 주목하는 나의 여행스타일은 도시는 물론 농산어촌 슬로시티에도 주목했다. 참발전의 지혜를 포착하기 위해서라면 종일 걸어서 도심을 누비는 수고도 마다하지 않았다. 여행이란 사고와 시야를 넓히는 기회의 창이기 때문이다.

코로나19로 해외여행이 차단된 상황에서 지역의 명소나 문화를 연계한 국내일주가 인기를 끌고 있다. 걷기와 음식이라는 테마를 결합한 TV 교양프로그램이 대표적이다. 선봉장격인 최불암을 비롯해 김영철, 박주봉, 허영만, 고두심 등이 안내하는 다큐멘터리는 드라마나 예능의 아성을 위협하고 있다. 이러한 동향을 벤치마킹해 우리도 친구나 동료와 함께하는 국내일주 여행을 기획해 보자. 기장멸치축제, 목포음식기행 등은 이러한 의도에 부합한다. 이처럼 창의적인 여행을 기획하고 실행하는 일은 우리 육체나 정신의 건강을 지키는 현명한 선택이다.

이 책은 이론에 천착하는 박제화된 지식이 아니라 국내일주에서 체득한 역사와 사회탐구 지식의 대중적 확산을 의도하였다. 나는 오래전부터 SNS를 활용한 개방형 또는 현장형 글쓰기를 실천해 왔다. 메신저를 활용해 나의 계정에 글을 쓰는 방식이다. 이러한 방식은 지인과의 공유와 피드백에 유리할 뿐만 아니라 때와 장소를 가리지 않는 생동감을 담아내기에 유용하다. 물론 자료나 생각의 분실을 예방하는 효과도 상당하다. 실제로 나는 여행지에서 이동하는 교통편이나 방바닥에 누워서 작업하는 동안거(冬安居) 스타일 글쓰기를 선호한다. 이 책을 시작하면서 신기술인 음성입력 방식을 활용하기도 했다.

출장이나 여행을 떠나기 전에 다양한 정보를 수집하고 학습하는 일이 중요하다. 일(Business)과 휴식(Leisure)을 결합한 블레저(Bleisure)로 배우는 지식은 준비한 만큼 다니는 만큼 창출되기 때문이다. 국내일주 정보는 포털사이트, 전문서적, 신문방송, 지방자치단체 홈페이지 등을 활용하면 유용하다. 지역과 도시를 대표하는 거버넌스나 사회탐구는 물론 교통과 숙박 정보까지 제공하기 때문이다. 물론 블레저 방식에 치중한 나의 국내일주는 간접적 관찰자 수준으로 제한되는 한계를 지니고 있다는 점을 인정하고자 한다.

Chapter 01

수도권: 경기인천과 서울

경기북도 청사의 적지인 동두천과 양주

> **지방자치단체의 통합과 분리는 국가경쟁력을 좌우하는 핵심 변수이다.**

경기도 인구는 2022년 1,391만 명을 돌파한 이래 지속적 증가세를 보이고 있다. 전국 최대의 자치단체인 경기도지만 한강이라는 자연지리와 서울과 인천 및 남북 접경지대라는 인문지리 장벽으로 인해 남부와 북부지역 간의 격차가 심화된 상태이다. 비대칭적으로 과대성장한 경기도를 한강과 서울을 기준 삼아 분할하면 경기북도는 11개 시군(고양시, 의정부시, 파주시, 남양주시, 김포시, 구리시, 포천시, 양주시, 가평군, 동두천시, 연천군)으로 405만 명의 인구를 지니게 된다. 또한 지역총생산, 사업체 규모, 고속도로 총연장, 도시철도 총연장 등과 같은 지역발전 격차와 마찬가지로 시민행복과 직결된 평생교육시설과 사설학원의 수치에서도 차이를 보이고 있다.

이러한 구상은 균형발전 차원에서 유사 광역도

경기도 지도로 확인가능한 시군의 배치

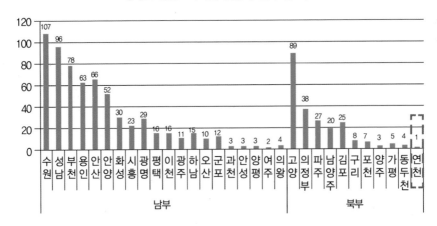

경기도 평생교육시설 현황의 남북 간 비교

자료: 경기도교육청, 2021.

인 충청북도 및 전라북도와 비교해 적정한 인구와 면적이다. 또한 경기도는 분할 이후에도 천만 인구를 유지하는 경기남도의 피해를 최소화한 상태에서 경기북도의 특화발전을 추구할 수 있다. 중장기적으로 수도권 천하삼분지계를 통한 경쟁과 협력체제의 확립을 위해 경기북도와 긴밀한 관계를 형성했던 인천광역시를 포함해 재구성하는 방안도 유용하다.

지방자치단체의 통합과 분리는 지역경쟁력은 물론 국가경쟁력을 좌우하는 핵심 변수이다. 일본에서는 우리의 기초자치단체에 해당하는 시정촌의 규모가 작아서 상수도의 통폐합을 비롯한 광역행정의 강화로 이어졌다. 하지만 풀뿌리 기반의 주민자치가 이제 막 피어나기 시작한 한국에서 일본의 추세를 따라가기는 무리이다. 아마도 '연방의 보조금은 줄이고 지방의 자율성을 강화한' 미국의 신연방주의 기조나 '자치단체 공무원의 임금을 차등하거나 파산까지도 허용하는' 일본의 지방자치처럼 우리도 자치단체의 자율성을 최대한 허용하되 책임성 확대를 병행하는 모델을 고민해야 한다.

경기도는 인천이 광역시로 분리한 이후 지역 간 격차가 심화되었다. 인천이 교육과 경제에서 경기 북부의 중심지 역할을 포기했기 때문이다. 더욱이 서울특별시도 과밀현상을 해소하기 위해 경기도 초중고 학생의 진입을 차단하였다. 1980년대 이후 서울과 인천의 중심지 역할이 약화되면서 의정부시와 고양시가 대안으로 부상했지만 동서를 연결하는 교통망의 제약으로 대표성을 확보하기 어려웠다. 더욱이 광역자치단체와 다른 서비스 관할권을 설정해 지역사무소를 설치하는 경찰, 검찰, 병무, 우정 등의 특별지방행정기관도 이미 경기북도와 유사한 관할청을 설립한 상태이다.

한국전쟁 이후 의정부를 축으로 동두천과 파주는 수도권을 방어하는 역삼각형 진지 역할을 수행했다. 지금은 퇴조한 용어이지만 한반도에서 위기상황이 발생할 경우 주한미군이 자동으로 개입하는 인계철선(trip wire)의 역할을 수행한다는 미군기지도 이곳에 자리했다. 1980년대까지 이곳은 미군의 탱크잡는 비행기 'A-10'이 굉음을 내며 저공비행하며 사격훈련을 하고 외곽에서는 포사격 연습이 빈번하게 이루어졌다. 하지만 북한보다 중국의 위협이 중시되는 상황에서 미군은 평택항과 오산공군기지가 지척인 안정리 일대 험프리스 기지로 재배치를 완료했다.

경기 북부는 조선시대 북쪽에 편중된 대중국 무역로라는 활력이 분출했던 곳이다. 역으로 육로 교통망의 저발전으로 근해를 따라서 조운에 의존했던 남쪽 삼남지방과 구별된다. 한국전쟁 이후 1980년대까지 미군이 주둔한 기지촌은 인근의 지역경제를 책임지는 달러박스이자 식량창고로 기능했다. 미군부대 경비나 식당 종사자들이 반출한 햄과 소시지가 지역의 김치나 두부와 어우러져 부대찌개가 탄생했다. 지금도 의정부 시내에는 구 양주군청이 자리했던 인근 골목에 부대찌개 식당들이 밀집해 성업 중이다. 하지만 1990년대 중반 산업화와 민주화 이후에도 냉전이 지속되자 지역경제는 퇴조하기 시작하였다. 이후 발생한 경기도 남부와 북부 간의 부동산 가격 차이가 대표적이다. 군사적 긴장과 불편한 교통은 기업의 투자 회피로 이어졌다. 결국 지역침체라는 문제해결을 위해 특단의 정책적 고려와 활발한 자구노력이 불가피한 상태이고 이를 선도할 광역자치단체의 신설도 불가피하다.

낙후된 경기도 북부지역을 회생시키는 대안으로 경기북도 청사를 신실한다면 면적과 인구 모두에서 중심점인 동두천시나 양주시가 유력 대안이다. 물론 기존에 경기도 제2청사가 의정부에 자리한 상태지만 이미 경기도가 지방공공기관을 낙후지역에 분산 배치할 정도로 균형발전이 화두가 된 상태에서 서울과 인접한 의정부시가 정당성을 확보하기는 어려울 것이다. 또한 의정부를 축으로 고양시와 남양주시가 경기북도의 수위도시 경쟁을 벌이고 있는 상황에서 제3의 대안을 마련할 필요성은 배가될 것이다.

　　동두천시는 소외된 경기북부의 저발전을 상징하는 군사도시라는 점에서 충분한 정당성을 지니고 있다. 미군이 떠난 이후 〈미군기지이전특별법〉을 활용해 동양대를 유치하고 포천과 접한 왕방산 자락에 산악레저특구를 추진했지만 지역의 활력은 좀처럼 살아나지 못하고 있다. 반면에 양주시는 수도권제2순환고속도로와 GTX C노선이 건설 예정인 교통의 요지라는 점이 강점이다. 나아가 양 도시의 접경에 도청을 배치하는 방안도 전라남도나 충청남도의 사례에 비추어 설득력이 높은 대안으로 평가된다.

　　남부와 북부지역 간의 경제력 격차가 심각한 이탈리아 사례가 시사하듯이 도시의 침체는 범죄나 환경 문제를 유발한다. 남부의 거점도시 나폴리는 청소년들이 마피아 조직에 가담하고 길거리에는 쓰레기 무단방치가 심각하다. 이에 도시부활을 선도한 전략가들은 교통개선이나 투자유치와 병행한 관광산업의 육성을 추구해 왔다. 지역과 도시의 이미지가 부정적인 경기 북부의 지역발전도 이탈리아 남부의 절박한 현실과 유사한 사례이다.

　　양주시는 동쪽에 인구가 밀집한 동단위 행정구역이 자리하고 남북으로 의정부시와 동두천시가 위치한다. 파주시와 접한 서쪽 지역에는 장흥면, 백석면, 광적면, 은현면, 남면 등과 같은 촌락들이 포진한다. 동두천과 접한 북쪽에는 이성계가 태상왕으로 말년을 보낸 회암사지와 기암괴석으로 유명한 불곡산이 포진해 있다. 서울과 인접한 장흥관광지 입구에는 청암민속박물관과 장흥자생수목원을 비롯한 힐링의 명소가 자리한다. 전체적으로 의양(의정부-양주)지역에 포함되는 지방자치단체들은 지리적 응집력이 크다는 점에서 다양한 통합 논의가 진행되기도 했다. 향후 계획된 도로망과 철도망이 완공되면 도시개발 분야에서 경기 남부권 위성도시에 필적하는 성과의 창출도 예상된다.

　　양주는 도시화가 늦었지만 양호한 발전잠재력을 지니고 있다. 특히 양주시 시설관리공단을 모태로 2022년 출범한 양주도시공사는 3년 연속 최우수 지방공기업으로 선정될 정도로 탁월한 시설관리 역량과 더불어 개발사업의 잠재능력 발휘를 통해 양주시 도시개발사업의 컨트롤 타워 역할을 충분히 수행할 것으로 기대된다. 공사는 권역별로 배치한 체육시설이나 조선의 공연문화인 별산대놀이 전통을 계승한 문화예술회관 운영에도 강점이 있다. 나아가 환경시설인

시민행복을 책임지는 권역별 체육시설

양주도시공사가 입주한 양주문화예술회관

재활용선별장은 채색 스티로폼, 컵라면 용기, 도자기류, 아이스팩, 문구류, 장난감, 코팅지, 영수증, 부직포 등 재활용이 어려운 사이비 재활용품을 선별해 폐기하는 역할을 담당한다.

이처럼 공공기관이 탁월한 서비스 품질을 배양하기 위해서는 고객만족경영의 의미를 성찰하는 한편 명확성(Clear), 간결성(Concise), 관찰가능성(Observable), 현실성(Realistic) 등과 같은 서비스 품질기준을 준수해야 한다. 고객만족경영은 단순한 친절 캠페인이 아니라 사람을 변화시키고, 일하는 방법을 혁신하며, 문화와 환경을 바꾸어 나가는 전사적 혁신운동이다. 고객만족경영을 구현한 조직들은 명확한 서비스 표준, 서비스 리더의 다변화, 서비스 품질을 증진하는 훈련강화, 최일선 접점의 강조 등과 같은 특징을 지니고 있다.

별산대놀이 전통을 계승하는 전수교육관

불곡산 아래에 복원한 양주관아지

한반도 중심에서 주변으로 전락한 연천

**" 좋은 사람들의
평화도시
Hi 연천 "**

경기도와 강원도의 경계에 자리한 중부권 접경
지대가 연천이다. 한반도 중심이라는 지리적 이점에
도 불구하고 분단과 전쟁 이후 포성이 끊이지 않는
변방의 이미지가 고착되며 낙후지대로 전락했다.
1948년 남북한 단독정부가 출범하기 이전에는 임진
강과 한탄강이라는 수로를 활용해 물산을 거래하고
금강산을 경유해 원산으로 이어진 경원선 기차가 다
니는 요지였다. 일례로 임진강 고랑포는 한강 마포나
예성강 벽란도와 유사한 항구 역할도 수행했다. '좋
은 사람들의 평화도시 Hi 연천'이라는 군의 슬로건은
한탄강(H)과 임진강(I)이 연천군 도감포에서 만나 화
합과 발전으로 통일을 실현하는 Hi연천시대라는 의
미를 담고 있다.

전곡리 일원은 한반도 최초의 인류인 호모 에렉
투스의 거주지가 확인된 지역이다. 특히 1977년 한탄
강에서 야영하던 고고학 전공의 미군 병사 그렉 보웬
이 동아시아 최초로 발견한 주먹도끼는 동양과 서양
을 후진적인 찍개와 선진적인 주먹도끼 문화권으로
짝지어 비교한 하버드 석학 모비우스 이론을 뒤집는
계기로 작용하였다. 이를 계기로 연천군은 전곡선사

박물관을 건립하는 한편 공주 석장리처럼 매년 10월에 구석기축제를 개최하고 있다.

늦가을에 열리는 연천군의 구석기축제는 지역을 대표하는 농축산물이 총출동한다. 경기미인 연천쌀과 잡곡의 산지답게 다양한 종류의 떡이 행사장의 분위기를 주도한다. 병배나 사과대추를 비롯해 큰 일교차와 연교차에 단련된 과일의 풍미도 탁월하다. 좋은 농산물은 토지와 기후 및 품종이 결합해야 한다. 씨없는 청도 단감이나 아삭한 거창 사과처럼 연천의 곡식은 이곳의 토지나 기후와 결합해 찰지다. 주린 배 잡고 물이나 초근목피로 연명하던 보릿고개 시절에는 정부가 나서 질보다 양을 우선하는 통일벼를 장려했다. 하지만 갈수록 떨어지는 쌀밥의 경쟁력을 강화하기 위해서는 백학면 구미리에서 생산한 참드림 품종 쌀처럼 브랜드화와 직거래를 촉진해야 한다.

경제적으로 낙후한 접경지대에 자리한 연천군이지만 주민들이 느끼는 행복도는 양호하다. 2022년 군 단위 평생학습도시를 대상으로 진행한 재지정평가에서 연천군은 최상위 수준의 공공서비스 역량을 과시했다. 체계적인 중장기 계획(고려대 산학협력단, 장지은 연구교수)을 토대로 평화학습도시 연천을 표방하면서 마을배움터, 국내외 연대와 협약, 폐교를 활용한 농기계 실용교육, 1인 미디어 스튜디오실 등을 비롯해 다양한 우수사례를 창출했다.

한탄강 물길을 연천과 공유하는 철원은 신생대에 분출한 현무암질 용암 때문에 백두산 개마고원이나 울릉도 나리분지를 연상시키는 고원평야가 형성되었다. 평강-철원 고원에서 추가령구조곡(단층대)을 따라 흘러내린 용암은 북쪽으로는 남대천을 따라 북한의 안변까지, 남쪽으로는 한탄강과 임진강을 따라 파주시 파평면 화석정까지 흘러갔다. 유네스코 세계지질공원으로 지정된 용암지

연천군이 수립한 제2차 평생학습도시 중장기 계획

배우고 상상하고 창조하는
평화 학습도시 연천

역할의 창조
(1인 1기능)
특화와 중층화
・교육의 특화
・교육의 중층화
참여

접경에서 중심으로
(군민, 국민, 세계인)
학습성과 활용
・프로그램 실용화
・직업교육 확장
교류

과제 해결을 위한
초경계 연합
추진기반 강화
・조직개편과 인력확충
・뉴환경정비
・주민 조직 만들기
화합

21

용암이 조성한 임진강 절벽지형

감악산 북쪽에 자리한 임진강변 적석총

대는 제주도 해안을 연상시키는 강변의 용암 절벽이 수려하고 현무암 지층이 필터 기능을 수행한 지하수 품질도 뛰어나다. 우선 한탄강 절벽에 자리한 주상절리의 명소로는 재인폭포와 백의리층이 대표적이다. 또한 물이 좋아야 살기 좋다는 격언이 들어맞는 지역이다.

천혜의 자연장벽이 자리한 군사적 요충지 임진강을 차지하기 위한 쟁탈전은 삼국시대 내내 계속되었다. 백제 온조왕−신라 진흥왕−고구려 보장왕 등으로 이어진 임진강의 주역들은 강변에 토성을 축조하였다. 이를 대표하는 사례가 학곡리, 동의리, 우정리 등 임진강변에 산재한 백제 온조나 소서노 시대의 무덤인 적석총, 진흥왕 순수비로 추정되는 감악산의 비석, 조망의 명소로 부상한 고구려 토성인 호로고루 등이다(이기환, 2009). 그리고 지금도 임진강에는 북한군의 남침을 격퇴할 목적으로 한국군의 포대(자주포)와 진지(토치카)가 조밀하게 배치되어 있다. 나아가 임진강과 한강을 무대로 성장한 한성 백제는 'BC 18년 백제 온조왕이 하남위례성에 도읍했다'는 〈삼국사기〉 기록이 남아 있다. 풍납토성을 왕성으로 삼았던 백제는 고구려에 밀려 남하했고, 이후 일대를 차지한 신라 진흥왕(재위 540~576)이 한산주 지역의 지배권을 행사하였다(서동철, 2019).

연천에서 지척인 철원에는 후고구려를 표방한 태봉국의 수도가 자리했다. 통일신라의 요충지 원주(북원경)를 무대로 거병한 양길의 수하였다가 철원에 거점을 마련한 궁예는 한반도 중앙을 무대로 출현한 정치세력이다. 반면에 궁예의 신하인 왕건은 개경에서 활동한 해상기반의 호족이다. 태봉국 초기에 왕건은 임진강 수로를 활용해 개경과 수도를 오가며 지금은 고려 왕조를 기리는 사당이 자리한 숭의전 인근 마전나루에 자주 들렀다. 또한 신라의 마지막 왕으로 고려에 귀부한 경순왕의 능도 개경 인근인 장남면 원당리 남방한계선상에 자리해 있다. 낙후된 접경지대로 전락한 연천은 태봉의 수도와 고려의 수도를 오가는 최고의 요지였다. 만약 통일신라가 서라벌 귀족의 반대를 억누르고 수도를 한반도 중심인 원주나 철원으로 천도했다면 또 다른 천년을 호령한 제국으로 도약하는 동력을 보충했을지도 모른다.

지리적으로 철원은 연천과 한탄강 물길을 공유하고 있다. 현무암 절벽과 폭포는 물론 강변의 자갈밭이 어우러진 풍광이 야영이나 캠핑의 명소를 창출하였다. 특히 한탄강 상류인 철원은 수변과 절벽에 잔도가 설치되어 트레킹을 즐기는 관광객을 끌어모으고 있다. 겨울철에는 오대미가 생산되는 철원평야에 남겨진 벼이삭의 풍미를 찾아오는 철새탐방도 인기를 끌고 있다. 더불어 철의삼각전적지를 대표하는 안보유산들도 관심거리이다. 나는 2000년 공공컨설턴트로 지방공기업평가원에 입사한 직후에 최초 업무로 철원군청이 기타특별회계 방식으로 수행하던 경영수익사업인 〈철의삼각전적지 성과분석〉에 대한 컨설팅 보고서를 작성한 경험이 있다. 인접 지역인 포천시는 산정호수관광지가 유사 사례에 해당한다. 다만 시 승격을 계기로 다양한 공공관리 시설을 지방공기업이 통합관리할 필요성이 컸던 포천시는 시설관리공단을 설립했다. 최근에는 철원과 김화 인근까지 구리포천 고속도로가 개통한 개발호재가 발생하자 포천시시설관리공단은 포천도시공사로 확대재편한 상태이다. 얼마 전 대장동 검찰수사 와중에 성남시도시개발공사에 근무하다 포천도시공사로 자리를 옮겨 근무하던 사장님의 부음 소식이 들려 안타까웠다. 아마도 개발사업의 구조적 특성은 개인적 역량을 압도하는 높은 폭발성을 지니고 있다는 생각이 들었다.

연천은 한국판 체 게바라에 비견되는 왕산 허위가 반제국주의 무력 항쟁을 전개한 마지막 무대이다. 경북 구미 출신의 유학자 허위는 1895년 안동을 무대로 을미의병에 참여한 공로를 인정받아 1897년 광무개혁으로 탄생한 대한제국에서 요직을 맡았다. 1905년 을사늑약으로 조선의 외교권이 박탈된 이후 지방을 순회하며 의병을 규합하던 그는 1907년 고종의 강제 퇴위와 군대해산 이후 경기도 연천에서 창의하였다. 1만에 달하는 13도 창의군을 결성해 서울진공계획까지 수립했지만 선발대가 망우리 전투에서 일본 군대에 패하자 다시 연천으로 퇴각해 유격전을 전개했지만 밀고로 체포되어 1908년 형장의 이슬로 사라졌다. 허위는 아르헨티나 의학도 출신으로 모터사이클을 타고 남미를 일주하다 반제 독립 운동에 투신한 체 게바라의 결기를 연상시킨다. 그는 카스트로, 시엔쿠에바스 등과 함께 도모한 쿠바 혁명이 성공한 이후에도 고산국가 볼리비아로 무대를 옮겨 항전하다 주민의 밀고로 총살당한 열혈 운동가이다. 이러한 그의 헌신을 기리기 위해 쿠바와 볼리비아는 수도에 기념 건물과 동상을 건립하였다. 한편 우리 정부도 서울시 동대문구 도로를 허위의 호를 따 왕산로라 명명하였다.

휴전선 접경지답게 연천에는 군사적 긴장과 대결의 흔적이 산재해 있다. 1974년 연천군 백학면 북방 비무장지대(DMZ) 안에서 발견된 제1땅굴(고랑포땅굴)이 대표적이다. 이후 1990년까지 철원, 파주, 양구 등지에서 연이어 땅굴이 발견되었다. 사실 땅굴의 전성시대는 한국전쟁 당시 중공군의 참호전술과 베트남 전쟁의 방어전략을 차용한 것으로 보인다. 통킹만 사건 이후 미군의 북폭이 본격화되자 하노이 인근 하이퐁에는 석회암지대 하롱베이에 산재한 천연동굴 사례에 착안해 폭격대비용 터널이 만들어졌다. 또한 사이공(호치민시) 인근에 길고 깊게 거미줄처럼 이어진 구찌터널로 대표되는 베트남 공산당의 교란전술인 것이다. 하지만 한국적 상황에서 활용가치가 떨어지는 땅굴이 수공위협과 마찬가지로 과잉대표된 이면에는 군사정부의 정권유지나 여론조작 의도가 크게 작용했을 것이다.

북한이 건설한 임진강댐이 관측되는 임진강 상류에 자리한 태풍전망대나 1968년 고랑포 인근으로 남하한 김신조 공비침투로는 냉전시대를 대표하는 일화이다. 이로 인해 각종 부대와 사격장이 즐비한 연천 지역은 이중삼중의 군사보호지역 규제로 인해 지역경제의 활성화가 제한을 받고 있다. 과거 손학규 지사 시절 파주시에 LG디스플레이 공장을 조성하면서 군부대 협조와 묘지 이장이 재임 기간 중 가장 어려웠다는 후일담이 대표적인 사례이다. 이는 다시 말해 휴전선에 인접한 접경지역이라도 자치단체장의 의지가 주민의 열망이 결부되면 얼마든지 지역활성화가 가능하다는 점을 입증하는 사례이기도 하다. 더불어 파주시청의 경우도 기업을 유치하면서 원스톱 방식으로 규제문제의 해결을 추구해 전국적인 우수사례로 부상하기도 했다. 더불어 휴전선의 녹슨 철조망을 기념품으로 제작해 판매한 일도 자치단체가 수행한 경영수익사업 경진대회에서 호평을 받기도 했다.

대도시를 위협하는 양가평의 공공관리와 서비스

양평과 가평은 양가평으로 지칭될 정도로 닮은 꼴이다. 각기 남한강과 북한강의 하류에 위치한 양평과 가평은 남양주시와 광주시 동단에 자리한 팔당호 두물머리에서 합류한다. 수도권의 상수원인 팔당호 수질규제라는 제약요인을 전원도시와 친환경농업 구상으로 극복한다는 발전전략에서도 공감대를 형성하고 있다.

전원도시로 급부상한 가평의 핵심 자산은 수려한 강변과 산지이다. 2021년 전국인기캠핑지 순위에서 자라섬과 연인산이 각기 1위와 10위를 차지했다. 가평역 인근에 자리한 자라섬 캠핑장은 고가의 별장이나 캠핑카를 구매하기 어려운 서민들에게 청정한 수변공간에서 힐링하는 기회를 제공한다는 점에서 매력적이다. 또한 잣의 산지로 유명한 가평의 산지에서는 숲속의 휴양도 용이하다. 참고로 가평 자라섬과 더불어 캠핑장 순위권에 등장한 곳은 한탄강, 망상, 동강, 세종합강, 고령대가야, 강화함허동천, 청암산, 칠갑산, 영천 치산, 칠곡 가산산성 등이다.

가평 자라섬 남도 꽃정원

숲속에 자리한 연인산 캠핑장

　　자라섬 인근에 자리한 남이섬도 유용한 비교대상이다. 지리적으로 유사한 강섬이지만 남이섬은 춘천시로 행정구역이 다르다. 남이섬은 친일재산 논란에도 불구하고 춘천시의 행정적 후원과 〈겨울연가〉의 후광으로 국내외에 널리 알려졌다. 반면에 자라섬은 자라섬 재즈페스티벌 개최와 캠핑문화의 확산에 힘입어 최근에 알려지기 시작했다. 물론 강변 휴양지 자라섬은 가평군 관내에 자리한 연인산이나 칼봉산과 같은 산악 휴양지와의 연계를 통해 도시브랜드 가치를 고양시키고 있다.

　　수도권 위성도시와 춘천시 사이에 자리한 가평군은 주민만족도를 제고하기 위해 문화체육 서비스 제공에도 유의하고 있다. 문화예술회관과 여성회관 및 3대 권역에 배치한 실내체육관이 대표적이다. 이러한 가평군의 체육레저 서비스를 대행하는 가평군시설관리공단은 작지만 탄탄한 조직의 전형이다. 관료출신 이사장의 꼼꼼한 리더십은 민간기업 출신 중간관리자의 전문적 지원으로 수도권 대도시에 필적하는 관리역량을 보이고 있다. 군청과 달리 지방공단은 유사 공기업이나 사기업 출신 경력자 특별채용이 활발한 편이다. 다시 말해 외부의 혁신 에너지를 보충하는 역동적 조직운영에서 군청보다 유리하다는 것이다.

　　가평군시설관리공단은 노무현 정부가 도입한 다면평가제와 박근혜 정부가 중시한 연봉제를 동시에 채택하는 한편 목표관리제(MBO: management by objective) 기반의 개인별 성과평가와 균형성과표(BSC: balanced score card) 기반의 부서별 성과평가를 연계하였다. MBO는 구성원에게 업무목표만을 제시하고 그 달성방법은 자율적으로 맡기는 관리방법이다. 반면에 BSC는 시간적, 공간적으로 균형잡힌 평가를 추구한다. 이때 시간적이란 과거(재무)와 미래(학습)의 조화를, 공간적이란 내부(운영절차)와 외부(고객만족)의 조화를 의미한다. 나아가 변수 간의 인과관계를 중시하면서 구성원들의 협업을 중시하는 성과평가 모델이다. 공단의 경우 인사평가에서 연공서열이 작동하는 경력평정의 비중을 줄이는 대신에 근무성적의 비중을 늘렸다. 또한 외부전문가가 참여하는 팀별 내부평가 결과는 개인의 연봉과 성과급 결정시에 20%를 반영한다. 더불어 팀별 내부평가 지표는 외부경영평가 지표를 재활용하는 방식으로 내·외부 성과평가와의 연계를 강화하였다.

인적자원개발(HRD: Human Resource Development)이란 조직 내 인적자본의 강화를 위한 활동이다. 일반적으로 광의의 인사관리(인사행정)는 채용, 평가, 보상, 배치 등을 관리하는 HRM(Human Resource Management)과 인적자원의 교육, 훈련, 육성, 역량개발, 경력관리 및 개발 등을 관리하는 HRD로 구분된다. 하지만 행정 현장에서는 HRD가 교육훈련을 지칭하는 의미로 사용되기도 한다. HRD는 교육훈련에 비해 폭넓은 의미로 학습자, 지도자, 학습내용, 매체 그리고 조직이 처한 환경의 상호작용적인 측면을 중시한다. 최근 HRD의 급속한 확산은 세계화나 지식정보화를 반영하는 무한경쟁의 강화로 인해 인재경영이나 인재육성의 중요성이 커졌기 때문이다.

대규모 공식조직이라는 관료제의 의미를 공유하는 정부나 기업의 핵심 인재는 고위공무원단과 임원으로 지칭된다. 관료제라는 조직 피라미드의 상층부에 포진한 핵심 인재는 조직의 미래를 좌우하는 주요 변수이다. 하지만 이들은 계약제 직원이라 치열한 생존경쟁에 시달린다. 기업은 상무보-상무-전무-부사장-사장으로 구성된 임원의 자리가 절대적으로 작은 실정이다. 반면에 정부는 계급정년이 작동하는 군대, 경찰 등을 제외한 일반직 공무원의 경우 3급 승진과 더불어 고위공무원단에 편입된 경우에도 승진 압박은 상대적으로 덜하다.

공단이 운영하는 산장이나 캠핑장에서는 호텔과 유사한 웰컴카드 서비스에 담당자 실명제를 채택하고 있다. 또한 교통약자 이동편의 차량은 교통약자 대상 신청 후 심사기간에도 미리 차량을 이용할 수 있도록 서비스 제공에도 적극적이다. 체육시설에 근무하는 직원들은 비대면 시대의 코칭 서비스로 유튜브 강습교육이나 QR안내 정보를 고안하였다. 정부지원금을 활용한 일학습병행 교육을 효율적으로 추진하여 10여 개 기업 및 기관에서 벤치마킹을 다녀갈 정도로 공단 교육체계도 우수하다.

가평군시설관리공단 임직원들은 합동 예초 작업에 주기적으로 참여할 정도로 헌신적이다. 현장 근무자들의 근무방식을 개선하고 적극행정을 독려하는 방식으로 인력과 예산을 절감하였다. 이러한 모습은 인근 자치단체의 유사 공기업들이 외부전문가 CEO를 영입하고도 별다른 성과를 내지 못하는 현상과 대비된다.

　　이러한 공단의 공공관리 역량과 고객감동 서비스는 영미의 보수정부에서 시작해 1990년대 중반 이후 전세계로 확산된 신공공관리의 기풍을 연상시킨다. 비효율적인 공공부문을 혁신하기 위해 기업식 정부를 추구한 신공공관리는 조직의 양적 축소와 사람의 역동적 변화에서 성과를 창출하였다. 하지만 연봉제와 성과관리로 대표되는 메리토크라시(실적제와 능력만능주의)의 강화는 형식적 공정을 촉진하지만 실질적 정의에 역행하고 협력적 조직문화를 파괴한다는 문제점을 지니고 있다. 실제로 영미와 달리 유럽에서는 합의주의(사회민주주의와 신조합주의 정책결정패턴) 전통 속에서 1990년대 이후 거버넌스로 통칭되는 협업과 협치가 국가나 도시발전에 궁극적으로 기여한다는 점에 착안해 왔다.

　　용산에서 출발해 춘천까지 이어지는 경춘선에는 GTX의 원조격인 ITX열차와 일반 전철차량이 다니고 있다. 인구밀집지역인 평내호평과 마석역을 지나면 가평군 권역에 자리한 청평이나 가평역에 다다른다. 나는 2021년에 수차례 가평군시설관리공단을 방문해 직원교육과 내부평가 업무를 수행했다. 대중교통을 이용해 가평을 오가는 여정과 컨설팅 업무가 고단했지만 작은 거인 가평의 진면목을 발견하는 유용한 기회였다.

　　2022년 봄에 3박 4일 동안 양평으로 합숙평가를 다녀왔다. 합숙 장소인 블룸비스타는 팔당호 남쪽 남한강변에 자리한 관계로 40만 도시로 급성장한 광주시 퇴촌면의 경안천 습지생태공원을 지나쳐 도착했다. 강남 일대에서 접근성이 용이한 입지가 매력적 요소이다. 객실에서 바라보는 남한강 전망은 스위스 호수가 마을을 방불케 한다. 댐과 가까운 지리적 특성으로 호수의 수량이 풍부하고 유역도 광활하다. 나아가 급행열차와 고속도로로 서울 출퇴근이 용이하다는 점도 중산층의 관심을 끌고 있다.

　　숙소가 자리한 양평군 강하면 일대는 생태공원과 숙박시설이 밀집한 지역이다. 수도권 주민의 식수원인 팔당호 규제로 수변공간의 고밀도 개발은 억제된 상태지만 러브호텔의 난립을 막기는 어려웠다. 또한 도로 안쪽에 자리한 비닐하우스나 축사도 경관 조망을 위협하고 있다. 물론 최근에 강변 드라이브 길에 수려한 건물이 늘어나고 있다는 점이 위안거리이다.

양평 지역은 강과 산을 배경으로 아름답고, 전원주택 개발이 이루어져 왔다. 아파트가 대세인 한국에서 각양각색의 주택들이 경연을 펼치는 모습이 이곳의 차별화된 경쟁력이다. 블룸비스타 인근에 자리한 전원주택들은 정원과 벽난로를 구비한 럭셔리 펜션이라 전원생활을 꿈꾸는 도시민들이 가족여행이나 단체모임을 활용해 도전하면 유용할 것이다. 이후 전원주택 한달살이나 한해살이를 경험하고 장기체류를 결정하면 시행착오를 줄일 수 있을 것이다.

양평군은 강변은 물론 산악휴양지로도 유명하다. 용문사 은행나무는 지역을 대표하는 상징적 존재이다. 청정한 자연이라는 기회요인과 환경규제 강화라는 제약요인을 결합해 친환경 농산물의 메카도 표방했다. 낙동강 하류 시설재배 농가들이 녹조에 내재된 독소 피해로 농산물 품질관리가 어려워지자 지하수 대신에 수돗물을 농업용수로 사용하는 것과 유사한 이치이다. 양평군이 설립한 양평지방공사는 친환경 농산물 유통을 추구해 왔다.

평가일정을 마치고 서울로 돌아가는 길에는 역으로 동진했다가 양근대교를 건너 내려오는 경로를 채택하였다. 양평역 인근에 자리한 고층 주상복합이나 아파트 단지들은 양평읍을 중심으로 급속한 시가화가 진행된다면 인구 12만

양평 팔당호반 수변공간의 풍광

명의 양평도 조만간 도농복합시 기준인 15만 명을 충족할 것으로 보인다. 강변에 조성된 억새림과 공연장도 인상적이다. 서울 쪽으로 서진하는 과정에서는 몽양 여운형 선생 생가기념관 이정표도 발견했다. 김구나 이승만과 달리 국내에서 민족운동을 전개한 몽양은 패망한 일제나 미군정이 정부수립을 책임질 지도자로 주목했던 인물이다. 치열한 이념대립의 와중에 희생당한 수많은 지도자 중에서도 특히 안타까운 인사이다.

양평에서 남양주로 넘어가는 팔당호 강섬 인근의 수변공간에는 경기도의 지원으로 조성한 세미원이 자리해 있다. 중앙정부는 물론 광역자치단체도 생태환경 투자를 강화한 사례로 평가된다. 세미원은 수생식물을 이용한 자연정화공원으로 연꽃과 수련·창포를 심어놓은 6개의 연못을 거치며 중금속과 부유물질을 제거한다는 구상을 구현한 상태이다.

양평군은 이천시와 유사하게 수도권 배후도시를 표방한 이래 학습정원 전략으로 평생교육 서비스를 강화하였다. 배움정원, 일터정원, 두레정원, 행복정원 등 4개의 학습정원으로 평생학습을 생활화하고 전략화하여 언제, 어디서나, 누구나 평생학습의 기회를 제공받을 수 있도록 각각 정원의 특성에 따라 서비스를 제공하였다. 양평군은 주민을 대상으로 인터뷰를 진행한 표적집단면접조사(FGI: focus group interview) 결과를 토대로 미래지향적 서비스 전략도 수립한 상태이다. 즉, 행정 간 칸막이를 없애고 마을 현장과 의제 중심의 협업구조 확립, 한눈에 보이는 양평 평생학습 지도의 시각화, 생애주기별 접근과 프로그램 단계별 접근의 강화, 유사중복사업의 정리 및 체계화, 시민교육과 인권교육 및 자격증 취득 확대, 평생학습센터의 지역 플랫폼과 허브 역할 강화, 읍면리 서비

양평군 평생학습도시의 패러다임 변화 추이

구 분	평생학습도시 이전 (~ 2014년)	평생학습도시 이후 (1차 연도: 2014~)	시즌 II 평생학습도시 (2차 연도: 2019 ~)
프로그램	평생학습센터 중심 개인의 흥미 중심	인적자원 양성 및 직업 능력향상 프로그램	학습공동체 사회 참여 및 시민의식 향상 프로그램
참여분야	취미, 교양, 자기계발	자기계발, 의식 변화 촉진	공동체, 시민의식
정책추진	관 주도 100%	관 주도 50% 민 주도 50%	주민 주도
학습자원	외부자원 활용	내부자원 발굴, 육성	내부자원 활용
지향점	개인역량 강화	개인의식 변화	공유가치 창출

출처: 양평군청, (2022), 평생학습도시 재지정평가 자체보고서.

스 확대와 주민센터의 적극적 활용, 마을단위 네트워킹과 사업공유 강화, 양질의 특화된 평생학습 프로그램 고안, 리 단위 평생학습 요구 파악 및 맞춤형 프로그램 개발, 주민이 기획하고 삶터에서 진행되는 평생학습축제 지향, 양평 사이버대학 운영 강화 등이다.

수도권이 선도한 부동산 개발방식의 변화

> **" 공공성 증진을
> 위한 공공부문의
> 부동산 개발 "**

공공부문이 주도하는 부동산 개발의 목적은 산업단지나 택지를 공급해 공공성을 증진하는 일이다. 산업화와 도시화로 인해 공장과 아파트 수요가 증가하면 부동산 시장에 대한 정부의 역할이 강화된다. 산업화 이전 시기인 1949년에는 빈부격차의 원천인 토지의 공평한 분배를 위해 「농지개혁법」을 제정하였다. 대비적으로 산업화 이후에는 서비스산업을 선도하는 관광단지나 스마트도시 조성에 주목해 왔다.

1960년대 산업화 초기에는 공공의 개발능력과 재원조달의 한계로 인해 시장에 최소한으로 개입하는 토지구획정리사업을 선호하였다. 토지구획정리사업은 체비지를 매각해 공공의 부담을 완화하는 장점이 있지만 환지로 인해 지주에게 절대적으로 유리한 방식이다. 결과적으로 민간이 선호하는 환지 방식의 확산은 개발사업의 공공성을 약화시켰다.

정부는 1970년대 중화학공업 육성을 위해 대규모 공업단지가 필요하자 민간주도 도시계획에서 정부주도 국토계획으로 패러다임을 전환하는 한편 「산업기지개발촉진법」도 제정했다. 당시 채택한 공영개발 방식은 수용을 의미했다. 1962년 제정한 「토지수용법」이 보상가격 책정에서 문제를 유발하자 1975년 「공공용지의취득및손실보상에관한특례법」을 도입해 활성화를 유도하였다.

1970년대 투기억제장치를 간과하고 강남개발에 착수하자 토지주택제도의 모순이 심화되었다. 이에 정부는 택지에도 공영개발을 도입하기 위해 「산업기지개발촉진법」과 유사한 특별법 형태의 「택지개발촉진법」을 1980년에 제정하였다. 사업의 실시계획이 인가되면 도시계획 등 19개 이상의 인허가를 취득한 것으로 인정하는 방식이다. 이로써 개포, 고덕, 목동, 상계, 중계 등은 물론 분당, 일산 등 1기 신도시 개발이 이루어졌다. 이후 노태우 정부는 공급 확대에 부가해 수요 억제를 병행하는 「택지소유상한법」, 「토지초과이득세법」, 「개발이익환수법」 등을 1989년에 제정하였다.

이러한 노력의 결과 부동산 시장은 1990년대 중반에 안정세로 전환되었다. 하지만 1998년 외환위기가 발생하자 공영개발에도 이상 징후가 포착되었다. 우선 1998년 헌법재판소가 공개념 관련법에 위헌 또는 헌법불합치 결정을 내렸다. 또한 2000년 「토지구획정리사업법」을 계승한 「도시개발법」에 공영개발권을 부여했다. 이후 판교대장지구처럼 수용권을 행사하는 민관합동개발이 급속히 부상하였다.

노무현 정부는 수도권 일극체제를 완화하기 위해 2004년 「국가균형발전특별법」을 제안했지만 문제해결에는 역부족이었다. 정부는 수도권정비계획의 수단으로 과밀억제권역, 성장관리권역, 자연보전권역 등과 같은 규제수단을 부과했다. 그린벨트를 지정하고 공원용지의 확보에도 주력했다. 하지만 이중삼중의 중복규제나 덩어리 규제가 첨단산업의 국제경쟁력을 저해한다는 우려가 제기되자 보수 정부들은 경제자유구역이나 뉴타운의 연장선상에서 일터와 주거를 결합한 복합단지 개발과 규제샌드박스 지정을 서둘렀다.

중앙정부 산하의 LH나 지방자치단체가 설립한 도시개발공사들은 사업비 증가와 탈규제 요구라는 사업 환경의 급격한 변화에 대응하기 위해 공공과 민간을 혼합한 제3섹터 형태의 단발성 특수목적법인(SPC) 방식에 주목하였다. 첨단산업단지 조성이나 판교대장지구 복합개발처럼 대기업이나 민간투자자에게 사업의 주도권을 허용하는 SPC는 공공기관의 출자타당성 검토 이후 단계에서 사업에 대한 운영통제가 어렵다는 단점이 있다.

성남도시개발공사와 인접한 광주도시관리공사의 경우도 개발사업 인허가 장벽과 사업비용 기채발행규제로 인해 애로를 경험했다. 공사의 첫 개발사업인 경안2지구 도시개발사업은 2020년 6월 인허가 행정관청에 실시계획 인가를 접수하였으나 계속적인 보완 및 협의 지연 등으로 난항을 겪었다. 또한 공사는 현대건설 임원 출신인 사장이 광주시와 광주시의회에 대한 보고와 설득을 통해 공사의 자본금을 52억 원에서 300억 원으로 증자하고 민간투자를 유치해 제3섹터 방식으로 SPC까지 설립했다. 하지만 공사의 기채조달한도를 자본금 400%로 제한하는 기존 규제와 더불어 대장동 사태의 여파로 민간참여자의 수익률을 10%로 제한하는 규제강화조치가 시행되면 향후 공공개발사업이 침체할 것으로 보인다. 따라서 공사는 기초자치단체 도시개발공사들과 공조를 강화하는 방식으로 규제장벽의 합리적 개선을 추구해야 한다.

문재인 정부는 대규모 개발사업의 부작용을 회피하기 위해 도시재개발보다 도시재생을 중시해 왔다. 하지만 유동성 증가와 영끌족(영혼까지 끌어 모아 대출한 사람들)의 확산으로 부동산 가격이 폭등하자 역세권의 고밀도 개발 등 공급 측면에도 유의하기 시작했다. 혁신도시와 유사한 대단지 개발을 탈피해 도서관, 체육시설 등 생활 사회간접자본(SOC) 공급을 중시했다. 나아가 청년세대의 주거불안을 해소하는 행복주택 등 차세대 공공임대주택의 확대 기조는 차기 정부에서도 지속될 것으로 보인다.

도시재생은 인구 감소에 저성장 시대까지 더해진 상황에서 이미 인프라가 설치된 기존의 도시를 잘 가꿔 살 만한 곳으로 바꾸거나 유지하자는 개념이다. 하지만 도시건축전문작가 음성원(2019)에 따르면 도시재생은 쉽지 않은 정책과제이다. 기존에 살고 있는 사람들이 있기 때문이다. 갈등 조정과 연관된 사회학, 제조업에서 서비스업으로의 산업 체계 변화를 읽는 경제학, 부동산 가격과 라이프스타일 트렌드, 디자인 등에 대한 융합적 이해 없이는 한발도 나아갈 수 없다.

수도권 신도시 성남과 과천의 부침

한국의 수도권 신도시들은 서울특별시의 발전 역량을 강화하고 보완하기 위해 출현하였다. 따라서 우리는 지난 반세기 동안 목격한 수도권 신도시들의 부침을 통해 향후 도시거버넌스의 경로를 가늠해 볼 수 있다. 서울이라는 중심을 둘러싼 주변 신도시들은 개발연대의 고도성장기를 통해 종속적 갑을관계를 유지했지만 시민행복과 도시재생이 부각된 지속가능발전의 시대를 맞이하여 협치에 기반을 둔 전방위 협력관계의 제도화가 요구된다.

수도권 신도시의 기원은 1960년대 중반 이후 급증한 서울의 인구와 공장을 분산 수용하기 위해 경기도 광주군 성남출장소를 개청하면서 시작되었다. 하지만 당시 공영개발의 원칙을 도외시한 정부와 서울시의 투기방치형 도시개발사업 추진은 이주민들의 집단적 항의를 유발한 1971년 8월 '광주대단지 사건'으로 귀결되었다.

초기 이주민들의 불만은 1970년대 중반 이후 산업화와 도시화의 심화 단계에서 부동산 투기와 거품의 편익을 정부와 주민이 공유하면서 수면 아래로

가라앉았다. 하지만 1990년대 중반 분당이라는 중산층 신도시가 출현하자 본도심(수정구·중원구)과 신도심의 갈등이라는 내부적 조정 문제가 제기되었다.

이에 2016년 5월 현재 이재명 시장의 성남시는 호화청사 논란 속에서 단행한 시청 이전은 물론 향후 추진할 지방공기업 재배치에서 권역 간 균형발전의 이상을 실현하는 일에 유의하고 있다. 물론 무상복지 3종 세트(청년배당·무상공공 산후조리원·무상교복)를 앞세운 이재명 시장의 친서민정책이 갈등의 소재로 부상했지만 주거와 산업이 공존하는 판교신도시(판교테크노밸리)가 분출한 부동산 열풍이 내부적 갈등 확산의 방파제 역할을 수행하였다. 더불어 남판교에 자리한 대장동 개발을 둘러싼 이해관계자들의 성장연합 출현과 갈등구도 심화도 판교 열풍의 여진으로 규정해 볼 수 있다.

이러한 성남의 발전 경험은 비록 정도의 차이는 있지만 청계산 너머 과천도 예외가 아니다. 행정신도시라는 특수성을 앞세워 안양이라는 본도심과 분리된 과천은 1982년부터 주요 경제부처와 문화체육시설들이 들어서자 경제사회 전반에서 고속성장세를 구가하였다. 자연지리적으로 유사한 의정부시가 수도권 북부에 위치한 군사도시라는 위협에 함몰된 반면, 과천시는 강남에 인접한 행정신도시라는 기회를 활용해 친환경 명품도시로 도약했다.

하지만 과천에 자리했던 경제부처들이 세종특별자치시로 이전하면서 위기의 그림자가 드리우기 시작하였다. 경제부처를 대신해 산하단체들이 과천으로 이주해 왔지만 지역경제는 좀처럼 살아나지 못하고 있다. 경제권력에 버금가는 국방권력의 핵심인 방위사업청의 과천 이전을 요구하는 목소리가 커진 일이 이를 입증하는 사례이다.

과천시는 아파트 재건축 주기의 집중과 경마 레저세 배분을 둘러싼 논란으로 가중된 재정위기도 경험하고 있다. 전성기의 과천시는 양호한 재정능력을 앞세워 전국 최고 수준의 공공서비스와 전국 최저 수준의 공공요금을 자랑했다. 하지만 당시에는 가장 고통스럽다는 부자의 긴축을 감내해야 했다.

과천의 재정위기는 지불유예를 선언했던 성남과 비교해도 간단한 문제가 아니다. 하지만 구조조정에 임하는 과천시의 정책방향은 그 진정성이 의문시된다. 협치라는 수평적 협력과 공존의 시대를 맞이해 고통분담의 강도를 공공부문 먹이사슬의 최하단에 위치한 지방공기업에 가중시켰기 때문이다. 과천시시설관리공단의 경쟁력이 과천시청에 비해 떨어지지 않는 상태에서 독자적으로 사업을 수행하는 '공사'와 달리 시청의 공공서비스 대행기관에 불과한 '공단'의 적자를 문제 삼아 인력 감축과 보수 삭감을 일방적으로 통보한 조치는 누가 보아도 과도한 벌에 해당한다.

시민행복 증진을 우선하는 부천시 상수도

" 시민이 믿고 마시는 안심 수돗물 체계 구축 "

부천은 서울과 인천을 연결하는 경인선 라인의 접속도시로 발전해 왔다. 경기도 제2도시를 다투는 안양이나 고양과는 경쟁관계를 형성하지만 생활권을 공유하는 시흥이나 광명과는 협력체제를 추구해 왔다. 민선 자치단체장 초기에는 풀무원 창업자인 원혜영 시장이 '발상을 바꾸면 시민이 즐겁다'는 모토하에 작은 도서관, 분야별 민원박사제, 공간원가 산정, 복식부기 마인드, 캐릭터산업 육성, 공단위탁 확대 등을 추진하였다. 2016년 7월에는 김만수 시장이 지방자치법상 인구 50만 명 이상의 시에 설치하는 행정구를 폐지하고 대동제(책임동) 방식을 채택해 주목을 받았다. 구청 폐지로 발생한 여유 공간은 소사구청이 어린이건강체험관으로, 오정구청은 도서관으로, 원미구청은 노인복지관으로 변신했다.

물관리 조직이 파편화된 유사 자치단체와 달리 부천시는 상수도와 하수도는 물론 생태하천과 자원순환을 포괄하는 환경사업단 직제를 채택하고 있다. 부천시 상수도의 기원은 1964년 1월 14일 인천시장과 부천군수 간 협의를 통해 인천시의 500㎜ 송수관을 분기하면서 시작되었다. 1973년 7월에는 상수도

상수도 서비스의 생산과 공급 단계

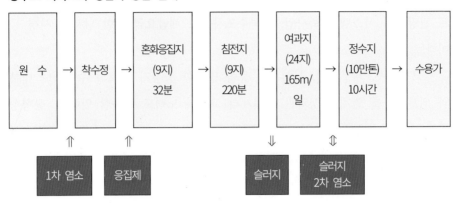

공기업 특별회계를 설치하면서 지방공기업 방식으로 전환하였다.

80만 명 인구에게 상수도를 공급하기 위해 부천시는 정수와 급배수 및 관로 역량을 강화해 왔다. 팔당 원수를 정수하는 정수장은 까치울과 노온정수장이다. 특히 산속에 자리한 까치울은 정수장 부설로 야구장을 운영할 정도로 시민친화적인 시설이다. 통상 원수의 착수에서 수용가 제공까지 정수장의 처리공정은 총 14시간이 소요된다. 또한 강관, 주철관, 합성수지관, 스테인리스관 등으로 구성된 상수도 관로는 총 1,378,733m에 달한다. 더불어 상수도 조직은 환경사업단 산하 수도행정과, 수도시설과, 정수과 등 3개 과에 소속된 78명이 담당한다.

'시민만족, 세계 속의 문화창의도시'를 표방한 부천시는 시정목표에 부응하기 위해 상수도는 '시민이 믿고 마시는 안심 수돗물 체계 구축'이라는 비전하에 상수도 재정운영이 경기도 내 최고의 부서, 전국 최고의 안정적인 수돗물 공급 시스템 구축, 국제 표준화된 수돗물 생산시설을 갖춘 일류 정수장 등과 같은 상수도 지방공기업 경영목표를 설정하였다. 하지만 여기에서는 부천시 상수도가 5대 핵심과제의 하나로 선정한 고객만족 서비스의 강화방안을 집중적으로 살펴보고자 한다.

상수도 고객만족 서비스의 강화는 하드웨어 측면보다 소프트웨어 측면과 유사한 과정과 행태 혁신과 직결된 문제이다. 이에 부천시 상수도는 과정혁신과 적극행정을 촉진하기 위해 혁신담당관 제도를 운영해 왔다. 이를 통해 도출한 성과로는 상수도 공기업 직원 전문교육 의무이수제 운영, 구 여월정수장 부지 유상매각을 비롯한 공유재산 관리 강화, 상수도 요금 야간독려반 운영, 스마트 관망관리 시스템 구축사업, 상하수도사용료 체납요금 분할 납부제 시행 등이다.

고객만족, 재무회계, 시설관리 등을 망라한 중장기 계획의 수립이나 내부와 외부평가를 연계한 성과관리 체계의 고도화 노력도 주목할 만하다. 균형성과표(BSC) 방식으로 도출한 내부평가의 핵심 지표인 까치울정수장 고도정수처리시설 도입, 노후 옥내급수관 개량지원 사업 9,942세대, 스마트 관망관리 인프라 구축사업 추진, 상수도 노후관 개량사업 16.3㎞, 상수도 제수밸브 교체 및 누수수리 사업 743개소, 유효기간 경과 수도계량기 교체사업 13,550전, 수돗물 수질검사 적합도 제고, 상수도 요금징수율 97.04% 등을 달성하기 위해 매진하고 있다.

하지만 이러한 노력에도 부천시 상수도의 고객만족도 점수는 70점대 중반으로 전국 자치단체 평균에 미달하고 있다. 중동신도시를 비롯해 상수도 품질을 중시하는 부천시민들의 눈높이가 일차적 원인으로 분석된다. 2021년 지방공기업 경영평가에서 상수도 고객만족도가 서울특별시와 유사한 75.4점을 기록한 일이 상황판단의 근거이다. 하지만 부천시는 자체적으로 설정한 목표치 80점 이상을 달성하기 위해 문제를 유발한 상황에 대한 철저한 분석을 토대로 장단기 개선방안을 마련한 상태이다.

부천시는 2022년에 추진하는 상수도 중장기 계획에서 고객만족(CS) 분야를 중시하고 있다. 그리고 2020년에 고객만족도 개선계획을 수립했지만 코로나19로 연기된 목표관리도 강화하고 있다. 여기에는 직원 행복 up ⇔ 고객 스마일 up 교육, 상수도 민원처리 직원 연찬회, 상수도 검침 직원 친절 및 직무 역량 강화 교육, 고객만족도 최상위 기관 CS 벤치마킹, 민원 접점 수도시설 관련 업체 역량 강화 등 직원 CS역량 강화와 더불어 고객의 소리에 대한 체계적 관리와 환류, 체납과 수질에 대한 적극적 홍보활동, 자체평가 시스템을 활용한 고객만족도 조사 등이 포함된다.

한편 직원대상 내부고객만족도 증진이 시민대상 외부고객만족도를 좌우하는 결정적 변수라는 인식하에 조직 활성화 및 조직역량 강화 체계에도 유의하였다. 주요한 실행전략은 소통·공감·협업·사회적 가치 등 핵심가치 내재화,

직무역량 강화, 직원 동기부여 및 조직화합 시책 활성화 등이다. 결국 총체적 조직능력(organization capacity)의 강화를 통해 상수도의 지속가능한 발전 (Sustainable Development)을 도모한다는 구상인 것이다.

수원과 남양주에 남겨진 실학의 유산

❝ 정약용, 박세당의 흔적 ❞

현대 서울을 둘러싼 수도권 도시와 마찬가지로 조선시대 한양도성을 둘러싼 양주, 광주, 화성, 파주 등도 위성도시의 역할을 수행했다. 이 중에서도 특히 화성을 계승한 수원시와 양주를 계승한 남양주시에 정약용을 비롯한 실학자들의 흔적이 많이 남아 있다.

정약용은 남양주 양수리에 자리한 팔당호 인근에서 태어나고 사망했다. 그는 젊은 시절 양수리 조망의 명소인 수종사에서 학문을 연마했고, 27세에 문과에 급제한 이후 정조의 민생지향 개혁정책을 후원했다. 1800년 정조의 사망 이후 정쟁에서 밀려난 남인이자 천주교인으로 지목되어 전남 강진에서 18년간 유배 생활을 하는 동안에 5백여 권의 서적을 집필하고 다시 고향으로 돌아와 75세에 생을 마감했다. 지금도 정약용 생가인 여유당에는 목민심서, 배다리, 화성 거중기, 종두법 등에 열광하는 사람들이 많이 찾아오고 있다.

정조가 총애한 신하 정약용은 거중기 활용을 비롯해 화성의 건설에도 깊이 관여한다. 화성의 중심부에 자리한 수원시가 학문적 깊이가 연상되는 휴먼시티라는 인문도시를 표방한 일도 실학의 전통과 무관하지 않다. 화성은 정조의 아버지 사도세자의 무덤을 이장해 모신 융릉이 자리한 곳이자 한양에 자리를 잡고 있었던 노론 기득권 세력을 견제한다는 의미가 담겨 있다.

　수원역 인근에 자리한 화성 팔달문은 수원의 원도심을 대표하는 곳이자 화성 관광이 시작되는 곳이다. 팔달문에서 저 멀리 올라간 곳에 산자락을 감아도는 형상은 한양도성을 연상시킨다. 경기도청을 비롯해 공공기관들도 화성 인근에 자리해 있다. 또한 수원 상권의 중심인 인계동에는 주상복합 건물과 비즈니스 호텔이 빼곡하다. 경인일보를 비롯한 빌딩과 상가가 밀집해 서울의 중심인 광화문 일대를 연상시키는 곳이다. 하지만 수원역으로 대표되는 원도심의 쇠퇴가 가속화되면서 판교와 유사한 광교가 신도시로 부상한 상태이다. 수원은 2022년 1월 13일부터 고양, 용인, 창원 등과 함께 인구 100만 이상의 도시에 광역시급에 준하는 행·재정 권한을 부여하는 특례시로 승격하면서 성장과 복지 모두에서 재도약의 전기를 맞이한 상태이다.

　교육의 중심지 아주대와 경기대가 지척인 광교 지역은 경기도청이 이전하면서 브랜드 가치가 향상될 것이다. 신분당선과 고속도로를 활용한 강남접근성이 양호해 명품 주거단지로도 각광받고 있다. 수원컨벤션센터 인근은 공원녹지와 편의시설이 밀집해 자족형 신도시로 손색이 없다. 다만 군비행장이 자리한 수원 남부 지역과의 격차 문제는 차기 수원시장이 풀어야 할 역점 과제이다.

　다산은 강진 만덕산 기슭 다산초당에서 유배 생활을 하는 동안 다도와 참선에 능한 초의선사(草衣禪師)와 교유하면서 예술의 꽃을 피워내기도 했다. 천주교도였던 다산의 인척으로는 초창기 천주교를 소개한 신부 이승훈, 천주교 탄

수원의 원도심을 대표하는 화성 팔달문

수원의 신도시를 대표하는 광교 중심부

압을 외부에 고발한 벽서사건의 주도자 황사영, 흑산도에서 자산어보를 저술한 정약전 등이 대표적이다. 특히 설경구가 열연한 영화 〈자산어보〉는 유교근본주의자들의 고질적 폐해인 패거리 정파의 권력추구 행태를 잘 묘사하였다. 물론 고려 조정을 농단한 불교근본주의의 패악도 유교에 필적했다는 점에 유의해야 한다.

정조가 사망하고 어린 순조가 즉위하자 정순왕후가 수렴청정에 나섰다. 이로서 정조를 후원했던 노론 시파와 달리 사도세자의 죽음을 당연시하는 김조순 등 노론 벽파 안동김씨 세도정치가 출현해 1801년 책롱사건을 강력하게 단죄한다. 책롱사건은 다산의 형 정약종이 정조가 세상을 떠나자 정세의 불리함을 예견하고 자신이 보관하던 천주교 교리서, 신부의 편지 등을 고리짝에 넣어 친구 집에 보냈다가 발각된 사건으로 이승훈, 정약종, 홍교만, 최창현 등 천주교도 300여 명이 처형당하고 정약전, 정약용 등이 유배된 사건이다.

다산보다 한 세기나 앞서 양주에서 활동한 실학자는 서계 박세당(1629~1703)이다. 박세당이 출생한 직후인 1623년 서인이 주도하고 남인들이 동참했던 인조반정 이후 조선 후기 사상계는 주자의 성리학 중심으로 재편되었다. 송시열로 대표되는 주류 성리학자들은 주자의 주석을 따르지 않는 해석을 사문난적으로 간주해 배척했다. 당시 배척당한 대표적 인물이 박세당과 윤휴(尹鑴)·윤증(尹拯) 등이다. 이들은 주자학 비판의 논지는 대략 세 가지 방향으로 구분된다. 첫째는 고대의 유학, 특히 한(漢)나라 때의 유학을 빌려 통치 이념을 수정하려는 윤휴와 같은 남인(南人) 계통의 학파이다. 둘째는 명나라 때 왕양명(王陽明)의 유학을 도입해 적요한 최명길(崔鳴吉)·장유(張維) 등 양명학파(陽明學派)이다. 셋째는 노장 사상을 도입해 새로운 시각을 모색하려는 박세당 계통이었다. 특히 중농학파 실학자 박세당은 백성의 부담을 줄이기 위해 병역의 균등화와 실용적 외교를 추구했다.

한편 박세당이 활동한 17세기 후반은 서인에서 분열된 노론과 소론의 정치적 대립이 치열한 시기였다. 그는 1668년 서장관(書狀官)으로 청나라를 다녀왔지만 당쟁에 혐오를 느낀 나머지 관료 생활을 포기하고 양주(의정부시 장암역 인근)로 물러났다. 이곳 수락산 자락의 취승대(聚勝臺), 석천동(石泉洞) 일대에서 직접 농사를 지으며 자신의 독창적 학문세계를 완성하였다.

08

오산과 시흥의 자치교육 브랜드가 창출한 성과

**" 도시가
곧 학교다. "**

오산과 시흥을 비롯해 화성, 부천, 고양, 의정부 등 수도권 신도시들은 평생학습도시 재지정 평가와 지역 평생교육 활성화 지원사업에서 우수한 성과를 이룩했다. 1기 신도시 분당과 일산에서 시작해 중동, 동탄, 운정, 옥정 등지로 확산된 신도시들은 시민행복에 최고의 우선순위를 부여해 왔다. 보편성을 중시하는 복지서비스와 달리 차별성 확보가 가능한 교육서비스에 주목했던 것이다.

수원 광교와 화성 동탄 사이에 자리한 오산시도 삼성전자를 비롯한 반도체클러스터의 배후 주거지를 표방했다. 도시경쟁력 강화를 위해 시민들이 원하는 교육서비스에도 매진했다. 오산시는 그동안 경쟁교육에서 성장교육으로, 입시교육에서 창의교육으로 교육패러다임의 변화를 선도했다. 특히 학교교육과 사회교육의 경계를 허무는 교육행정과 자치행정의 연계를 추구하였다. 마을에서 학교가 사라지면 마을이 소멸되는 것처럼, 아이를 제대로 교육하지 못하는 지자체는 쇠락하기 마련이다.

이러한 시대적 요구에 부응하기 위해 오산시는 지방정부와 교육당국이 긴밀히 협력하고 원원해 지역교육을 살리는 자치교육을 중시했다. 오산에서는 아이들 학교교육과 시민 평생학습이 분리된 개념이 아니다. 마을교육공동체를 중심으로 지역마다 꼭 필요한 교육수요를 발굴하고 공급방식을 설계한다. 학부모 시민들은 평생학습을 통해 스스로 학습하는 한편 교사와 함께 현장 체험학습도 지원한다.

국가적 발전목표인 자치분권은 행정은 물론 교육 분야에서도 절실하다. 이에 '도시가 곧 학교다'라는 슬로건을 내걸고 교육혁신에 박차를 가했다. 명실상부한 교육도시가 되려면 명문고 편향을 탈피해 학교 밖 평생교육도 중요하다는 것이다. 자사고가 '지는 해'라면, 혁신학교는 '뜨는 해'에 해당한다. 오산시의 도서관은 단순히 책만 읽는 곳이 아니라 놀이터처럼 즐거운 곳이 되기를 지향한다. 도서관을 중심으로 시민들이 스스로 다양한 분야의 재능기부 강좌를 운영한다.

오산시 곽상욱 시장은 핀란드를 혁신교육의 롤모델로 꼽았다. 국가가 교육 대계를 짜고 지자체가 이끌어가면서 공교육 혁신을 이룬 점에 착안했다. 핀란드가 한 명도 포기하지 않는 교육을 추구한 일에도 유의했다. 우리 학생들이 돈이 없어서 학원을 못 다닐 수 있어도, 돈이 없어 꿈을 포기하는 일은 없도록 해야 한다는 것이다.

혁신교육지구 운영의 대표적 모범사례인 시흥시도 혁신교육협의회라는 추진체제를 활용해 교육격차 해소와 생활지도를 위한 상담사 활용, 교과와 독서를 연계하는 독서토론지도사 제도, 수업과 배움의 질을 높여준 수업협력교사, 교사가 교육활동에 온전히 집중하도록 지원하는 행정실무사 등을 활용해 교육만족도를 증진하였다.

시흥시의 혁신교육지구가 추구하는 마을교육공동체는 지역의 아이들이 잘 배우고 삶을 잘 누릴 수 있도록 지원하는 일, 자율적이고 주체적이며 공동선을 실천하는 민주시민으로 성장할 수 있도록 지원하는 일을 학교와 마을이 협력하는 새로운 지역사회를 추구한다. 교육혁신운동은 민주시민교육에 대한 열망에서도 나타나듯이 아이들을 배움의 주체, 삶의 주체로 보고 그들의 자율성을 최대한 신장시키며 민주시민으로 성장하도록 하는 것을 목적으로 한다.

이처럼 경기도 신도시에서 자치교육이 활성화된 이면에는 2011년 경기도교육청이 혁신학교 확대를 위해 시작한 혁신교육지구 사업이 크게 작용했다.

이 사업은 2013년 '가고 싶은 학교, 살고 싶은 마을'을 모토로 서울시로 확산되었고, 2021년 교육부의 미래교육지구 사업으로 전국적 확산이 완성된 상태이다. 혁신교육지구는 마을교육공동체, 교육자치와 일반자치의 협력, 관과 민의 협력, 마을주민과 교원의 협력 등을 표방해 왔다. 교육이 학교만의 일이라는 사고를 깨고, 학교도 학교 밖도 아이들이 안전한 환경에서 건강한 시민으로 성장할 수 있도록 할 공동책임을 지고 있다는 자각을 반영한다.

자치분권 2.0 시대에는 중앙정부와 지방정부의 관계가 수직이 아닌 수평으로 가야 한다. 광역도와 시군 간의 건설적 협력관계도 절실하다. 재정분권의 강화나 자치경찰제의 도입도 이러한 취지를 반영한 것이다. 마찬가지로 자치교육이 실현되지 않으면 획일화된 형식교육의 틀을 깨기도 어려워질 것이다.

유네스코가 글로벌 학습도시 네트워크 사업에서 우수사례로 선정한 일본의 야시오시와 가케가와시, 핀란드의 에소푸, 멕시코의 멕시코시티, 호주의 멜톤시 등에 대한 벤치마킹도 필요하다.

야시오시는 배달강좌를 활용해 평생학습도시 사업을 추진하고 있다. 배달강좌란 학습자가 있는 곳으로 공무원이 찾아가서 평생교육 서비스를 제공하는 방식이다. 주로 시청의 공무원이 시정과 관련된 주민들의 궁금증을 해소하는 일에 주력하는 맞춤형 자치교육을 표방하고 있다.

가케가와시는 1979년 시장인 신무라 준이치의 리더십으로 추진된 세계 최초의 평생학습도시로 애향심 강화에 초점을 부여하였다. 시에 설치한 20개 지역평생학습센터는 초등학교에 자리하고 있으며, 지역주민의 자치활동 방식으로 평생학습센터를 운영했다. 이에 자극받아 일본 정부는 1988년 문부성에 평생학습국을 설치하고 축제 개최, 법령 제정, 학습지자체 연합체 발족 등을 추진하였다.

에소푸는 핀란드의 거대 연담도시권에 자리한 관계로 소득이 높고 교육 인프라가 풍부하다. 에소푸의 평생학습도시 사업은 주민의 요구에 기반한 지역개발정책과 밀접한 연관성을 지니고 있으며, 전 생애에 걸친 평생학습의 기회를 제공한다. 더불어 지역의 지속가능한 발전과 협력에 의한 파트너십을 중시해 왔다.

멕시코시티는 평생학습의 전략으로 지역사회의 인적, 물적, 재정, 시설 등의 자원을 활용하는 전략을 표방했다. 문해교육과 고등교육에 이르기까지 다양한 수준의 교육서비스를 제공하는 한편 가족과 공동체 단위의 학습을 중시해 왔다. 멕시코시티는 거대도시라는 특성을 감안해 공동체 기풍을 복원하는 사회 자본 형성에 주력해 왔다.

멜톤시는 지역공동체학습위원회라는 조직을 설치해 평생학습도시 사업을 체계적으로 추진해 왔다. 학습도시 사업의 주요 전략은 참여, 연대, 혁신, 고용, 기술 등이다. 멜톤시에는 평생학습 활성화를 위해 학습목록 설정, 평생학습축제 개최, 지역사회센터 평생학습의 활성화, 지역사회 학교인프라 활용, 성인교육의 활성화, 직업교육 촉진 등에 주력해 왔다.

이처럼 세계 각국의 도시가 추진한 평생학습도시 사업은 다양하다. 평생학습도시 사업의 추진전략과 정책네트워크 참여자, 리더십의 발현상태, 학습내용과 성과 등이 서로 상이한 것이다. 이러한 국제적 사례비교가 주는 시사점은 평생학습도시 사업의 정답은 없다는 것이다. 따라서 도시의 제도, 여건, 구성원, 리더십, 활용 자원, 전략 우선순위 등을 반영해 사업의 추진형태와 내용을 결정해야 한다. 즉, 평생학습도시 사업은 해당 도시의 과제와 자원 및 리더십을 고려해 최적의 형태로 추진해야 한다.

09

제조업 침체를 만회하는 광명과 부평의 분투

❝ 네거티브 해리티지 보존의 필요성 ❞

수도권을 대표하는 제조업 도시인 광명과 부평을 연이어 방문했다. 기아자동차 소하리공장과 구로공단 배후도시로 성장한 광명시는 고속철도 역사유치를 전후해 관광이나 서비스산업의 육성에 주목하기 시작했다. 폐광산을 재활용해 광명동굴을 개발하고 배후부지에 대한 투자유치도 추진하고 있다. 광명동굴 인근에는 서울시(구로구) 서남하수처리장과 환경시설 빅딜을 위해 건설한 대형 쓰레기 소각장 건물도 보인다. 더불어 노후 아파트 단지의 재생을 통해 수도권을 대표하는 명품 주거단지로 부상하는 일에도 공을 들이고 있다. 특히 주차시설이 부족한 도심의 열악한 교통사정을 개선하기 위해 아파트 부지를 활용한다는 계획이 참신했다.

2019년 광명도시공사 경영평가장에서는 박승원 광명시장을 면담할 기회가 있었다. 시민운동가 출신으로 경기도의회 의원을 거쳐 시장에 당선된 풀뿌리 기반의 시장답게 지역 현안에 대한 이해도가 높아 보였다. 특히 시민행복에 우선순위를 부여하는 평생학습도시의 선구자답게 낙후된 주거단지 재생에 열의를 표명한 점이 인상적이다.

광명도시공사가 도시발전의 선도자 역할을 제대로 수행하기 위해서는 도시재개발과 도시재생의 국내외 우수사례에 대한 적극적 벤치마킹이 필요하다. 도시재개발과 도시재생은 낙후한 광명의 원도심을 가꾸어 시민의 경제적 가치와 삶의 질 향상은 물론 도시의 품격을 제고할 것이기 때문이다. 특히 광명동굴 배후부지의 개발은 싱가포르의 복합리조트와 첨단산업클러스터, 런던의 주상복합 도시재생, 뮌헨 BMW 전시장과 유사한 기아자동차 테마관 등을 유도하는 일에 초점을 부여할 필요가 있다.

광명시 발전의 구심점이자 광명도시공사의 주력 사업장인 광명동굴에는 연간 100만 명이 훨씬 넘는 관광객이 방문하고 있다. 이에 공사는 가상체험관 고령자 배치 등 비정규직(기간제)을 포함해 150명 내외의 직원을 배치해 외부고객 만족도 강화에 주력하였다. 또한 내부고객 만족도와 직결된 노사소통채널을 확대하기 위해 노사합동 노사선진사례 벤치마킹 실시, CEO의 찾아가는 현장경영 및 간담회 실시, 노사가 함께하는 도시락데이 실시, 勞·使·和·通 온라인 게시판 개설, 직원고충 및 의견 수렴 부서 간담회 실시, CEO 및 간부급 역지사지(易地思之) 현장체험, 전 직원 고충 및 의견수렴을 위한 조직문화 실태 조사 실시, 매월 전 직원 소통회의(Communication day) 실시 등을 추진하였다.

향후 공사는 지역발전을 이끌 신성장동력의 발굴에도 주력해야 한다. 광명동굴 주변 55만 7천여㎡의 부지에 민간의 자본을 유치해 복합관광단지를 조성한다는 구상이 대표적이다. 더불어 광명동굴 경영에 민간의 효율적이고 창의적인 마케팅 전략을 접목해 홍보와 서비스를 강화하는 일도 광명동굴을 공사의 캐시 카우 사업장으로 육성하는 첩경이다.

공사는 시민들의 목소리를 반영하는 주민참여예산제를 활용해 참여경영을 실현하고 있다. 또한 유관기관과의 협력관계를 강화하는 방식으로 공공서비스 품질개선을 도모하였다. 시흥, 강남, 부천 등 인접한 지방공기업들과 고객만족 교차평가를 비롯해 다양한 교류와 학습의 기회도 마련하였다.

인천 부평은 서울 용산과 마찬가지로 일제 강점기에 일본군의 군사기지가 설치되었던 곳이다. 인천일본육군조병창 무기공장 부평연습장 33만 평을 병참기지로 활용했다. 이후 미군의 점유를 경유해 대우자동차 사택부지로 활용되었다. 다시 말해 우리 역사의 어두운 단면을 간직한 네거티브 해리티지

(Negative Heritage) 보존의 필요성이 제기된 곳이다.

부평 지역은 대우자동차가 GM에 인수된 이후로는 예전의 활력을 찾아보기 어려운 실정이다. 급기야 최근에는 GM의 세계화 전략과 결부된 신차배정이 난항을 거듭하면서 자동차 공장이 폐쇄된 군산의 전철을 밟을지도 모른다는 지역의 우려가 증폭되고 있다. 부평 구도심의 경우 떨어진 활력을 증진하기 위해 상업지역의 활성화를 추구하였지만 가시적 성과는 제한적이다. 따라서 부평의 재도약을 위해서는 인천광역시와 연계하는 광역행정이나 송도스타일 국제화 전략을 적극적으로 학습하는 전략수립이 요구된다.

한편 경기지사와 대선후보를 거쳐 2022년 6월 1일 실시되는 인천 계양구을 국회의원 보궐선거에 출마하는 이재명 후보는 지역 공약과 관련해 "판교 테크노밸리 사업은 10년 넘게 걸렸으나 내가 시작한 제2판교 테크노밸리는 3~4년 만에 끝냈고 제3판교 테크노밸리까지 진행됐다"면서 "계양테크노밸리를 제2판교로 만드는 게 내가 할 일"이라고 강조했다. 이어 "인천은 잠재력 뛰어난 도시로 전통도 깊고 수도권 대한민국의 관문이기도 하다"며 인접한 부평구를 비롯해 인천지역 지방선거 지원에도 적극적으로 나서고 있다.

2022년 5월 이재명과 송영길 후보가 선거공약으로 제안한 김포공항 이전과 수도권 서부대개발개발 구상은 균형발전 촉진과 부동산 안정에 유리한 정책 제안이다. 인천국제공항에 국내선을 이전함으로써 발생하는 활주로 부담을 원주공항과 청주국제공항으로 분산한다는 보완대책도 해당 지역의 교통인프라 투자와 지역경제 활성화를 촉진할 것이다. 특히 청주국제공항을 연결하는 내륙 철도망을 구축하면 인구가 밀집한 수도권 남부지역의 항공수요를 상당부분 대체할 것이다. 하지만 선거과정에서 증폭된 여야 간 정책갈등과 지역 간 이해충돌을 단시일 내에 조정하기가 어렵다는 점에서 정책의 실현가능성은 의문시된다. 다만 지방선거 이후 성남과 수원에 포진한 군 공항의 이전대안을 모색하는 과정에서 군 공항을 민간 공항으로 용도를 변경하는 빅딜의 타결가능성도 예상된다.

**❝ 스마트도시로
발전한
송도신도시 ❞**

인천이 대구를 추월하고 부산을 위협하는 광역시의 선두주자로 부상한 결정적 사건은 1990년대 중반 세계화 흐름 속에 본격화된 송도신도시와 인천국제공항 건설이다. 특히 송도신도시는 분당과 일산으로 대표되는 베드타운을 탈피해 자족형 신도시를 표방했다는 점에서 고무적이다. 송도신도시는 국제비즈니스 지구와 주상복합 빌딩, 인천대학교와 연세대학교, 셀트리온과 삼성바이오 등이 어우러진 정보도시이자 스마트도시로 발전하고 있다.

바이오메디컬로 대표되는 신성장동력의 창출은 도시국가 싱가포르 사례와 유사하다. 싱가포르는 기존에 정보통신과 전자부문에 집중적으로 의존하던 경제를 다양화하기 위하여 바이오메디컬산업의 발전으로 전략적 변화를 꾀하였다. 변화의 내용은 생명과학을 전자, 공학 그리고 화학과 함께 싱가포르 경제의 중심적인 산업으로 만드는 것이었다. 바이오 기술연구와 생산활동을 위한 사회인프라는 바이오메디컬 가치사슬의 모든 국면을 점유한다는 야심찬 구상이었다. 이러한 사회인프라를 통해 국내외 기업을 위한 스마트팩토리나 플러그앤플레이 시설도 공급하였다. 대표적인 사회인프라는 2000년 이후 구축된 바이오폴리스(Biopolis)와 투아스 바이오메디컬파크(TBP)였다.

호수와 빌딩이 하모니를 연출한 송도신도시

인천의 역사가 농축된 중구는 1883년 개항을 전후해 항구 중심으로 시가지가 형성되었다. 인천국제공항 개항 이후에는 영종국제도시가 건설되었다. 중구를 대표하는 교통의 테마는 독(dock)과 공항이다. 조수간만의 차이를 극복하는 갑문시설과 세계로 나아가는 하늘길을 접맥하는 혼합전략도 모색해야 한다. 인천 중구에는 지리적으로 가까운 중국 대륙의 상인과 대만계 화교들이 대거 유입되면서 차이나타운이 형성되었다. 또한 인천상륙작전을 지휘한 맥아더 장군의 동상도 자유공원에 있다. 이는 다시 말해 국제도시를 추구하는 인천 중구가 중국과 미국을 연계한 유치 전략을 고민해야 하는 적지라는 생각도 들었다.

인천 중구는 영종국제도시가 건설되면서 신도시 권역과 원도심 권역으로 구분이 이루어졌다. 신도시 도서지역의 경우 지리적으로 근접한 옹진군과의 연계 협력을 모색해야 한다. 원도심 동지역의 경우 여건이 유사한 동구와의 협력 사업도 필요하다. 더불어 중구를 찾아가는 방문객들도 중구가 간직한 테마를 연계한 일정을 설계하기를 권장한다.

인천을 방문하는 관광객들이 빠트리지 않고 가는 곳이 인천의 역사와 미래가 농축된 중구 지역이다. 나는 종종 차이나타운에서 중국 음식이나 전병을 경험하고 월미도로 이동해 항구의 짠내음을 느끼곤 한다. 다만 차이나타운과 월미도를 연결하는 은하레일이 부실공사 논란에 휩싸여 외면당한 일은 안타깝다. 이 점에서 관광용과 출퇴근용 수요를 병행하는 볼리비아 라파즈 케이블카나 대구광역시의 경전철인 하늘철도의 성공사례를 창조적으로 학습할 필요가 있다.

인천의 구도심을 대표하는 동구는 1950~1960년에는 지금의 소래포구를 능가할 정도로 번성했지만, 원도심으로 전락하면서 노인이 주류인 동네로 전락했다. 더욱이 동구청의 인구도 도서지역인 강화와 옹진군을 제외하면 가장 적

인천 중구의 신도시 권역과 원도심 권역 비교

은 곳이다. 하지만 헌책방 거리와 오래된 학교로 대표되는 배다리문화는 지역 공동체의 융합에 기반한 도시재생의 성공사례로 부상했다.

인천시 동구청은 2017년부터 161억 원을 들여 도시재생 뉴딜사업을 벌여 4년 만에 마무리했다. 방치된 11개 빈집을 헐고 48가구가 입주하는 행복주택도 지었다. 이곳은 주거 취약계층인 청년과 대학생, 신혼부부에게 제공했다. 또한 공영주차장 30면을 조성해 마을 주민들에게 제공했고, 협동조합을 설립해 마을 카페와 빌라 청소·관리 등을 맡게 해 일자리도 창출했다. 이러한 노력으로 쇠락하던 화수동이 생동감 넘치는 마을로 탈바꿈한 것이다.

소래포구 전통어시장은 수인선 협궤열차의 추억이 남아있는 곳이다. 최근에는 대형 화재의 아픔을 딛고 재개장에 성공했다. 김장철에는 새우젓 판매도 활발하게 이루어진다. 물론 최근에는 철길 건너편 시흥시 오이도 지역이 상대적으로 넓은 시장 부지를 앞세워 유통과 관광 모두에서 소래포구를 위협하고 있다.

11

왕조의 흥망이 체화된 강화도

강화도는 삼국시대 각국의 이해관계가 충돌하는 요충지로 시작해 고려와 조선이라는 양대 왕조의 관문 역할을 수행했다. 방파제 기술의 부족으로 바다에 항구를 건설하기 어려웠던 시절에 고려의 벽란도와 조선의 마포를 후원하는 배후항만 역할을 강화도가 수행했다.

거란(요)과 여진(금)의 남하를 군사외교적으로 통제한 고려의 전성기에는 강화도에서 강진의 청자를 비롯해 송나라 비단과 아라비아의 공예품을 거래했다. 고려를 건국한 왕건의 힘도 영산강의 나주를 비롯한 호족 세력과의 연합에 기인했다. 고려 고종이 몽고의 침입에 맞서기 위해 천도한 곳도 강화였다. 1259년 고려가 몽고에 항복하고 부마국으로 전락한 이후에도 삼별초는 항쟁을 지속하였고 원나라의 공세에 밀려 후퇴한 곳이 해상 연계망의 또 다른 거점 진도와 제주였다.

조선은 건국 직후 한강 유역으로 천도했지만 무역의 거점인 강화도의 위세는 여전했다. 조선 후기에는 단순한 상거래의 거점을 초월해 화문석이나 면직물을 제조하는 거점으로 부상했다. 17세기 이후

개경 송상에서 의주 만상으로의 패권 변화가 이루어지면서 해로보다 육로거래의 비중이 증가했음에도 불구하고 강화도의 정치군사적 중요성은 오히려 배가되었다. 고려시대 대장경 불사를 주도했던 전등사 인근에는 국가의 중요 문서나 의궤를 보관한 정족산 사고를 배치하는 한편 한강으로 진입하는 물길을 방어하는 군사기지인 돈대와 진을 촘촘하게 구축하였다. 참고로 병인양요 당시에 프랑스가 강화도에서 약탈한 의궤는 반환했지만 최초의 금속활자본인 직지심체요절은 아직 돌아오지 못하고 있다.

1840년과 1842년 아편전쟁으로 청나라가 굴복하자 서구 세력은 일본과 조선으로 진출했다. 천주교 신자 박해를 보복한 1866년 병인양요와 제너럴셔먼호 방화에 항의한 1871년 신미양요의 격전지도 강화였다. 뒤이어 1853년 도쿄만에 출현한 페리 함대의 함포외교에 놀라 개항을 선택했던 일본은 1875년 운요호 사건으로 조선을 위협해 불평등한 치외법권 인정과 해로측정 허용 및 부산, 원산, 인천의 개항을 포함한 강화도조약을 1876년에 재연하였다.

특히 강화도가 전화에 휩싸인 1886년 병인양요의 교훈은 지금의 우리가 비판적으로 성찰할 대목이다. 당시 프랑스 군함은 갑곶돈대와 양화진에 출현해 정탐한 후에 초지진을 침공하였다. 양헌수 부대와의 정족산성 전투에서 기습을 당한 프랑스 군대는 철수하면서 외규장각을 불태우고 문화재를 약탈하였다. 이후 흥선대원군은 작은 승리에 도취해 1871년 신미양요와 1875년 운요호 포격을 재연하며 근대화가 지연되는 우를 범하고 말았다. 참고로 조선 최고의 요충지인 강화도에 12진보를 설치해 외부의 침략에도 대비했다. 하지만 진보의 건설에 상응한 무기체계의 저발전은 운요호 포격에 허망하게 무너진 것처럼 방어상의 취약점을 시사한다.

1854년 미일화친조약의 체결 이후 일본은 1868년 메이지유신을 계기로 급속한 근대화를 성공리에 완수하였다. 1854년 개항 이전의 일본은 근대를 준비하는 근세를 표방하며 네덜란드와 나가사키에서 제한된 교역을 유지했기 때문에 서구 제도의 연착륙이 용이했다. 하지만 조선은 하멜의 표류와 같은 기회요인을 제대로 활용하지 못했을 뿐만 아니라 유교근본주의에 입각해 강경한 쇄국노선을 추구한 흥선대원군이 천주교인 수천 명을 처형하는 병인박해를 자행하여 서구의 원성과 침공을 자초했다. 동학혁명과 을미사변을 계기로 시작한

1895년 갑오개혁과 1897년 광무개혁도 주체적인 개혁세력을 형성하는 일에 실패하였다.

강화도 조약으로 3개 항구가 전면적으로 개방하면서 조선의 건국초기 제한적 교류를 허용하던 3포개항 체제가 붕괴된 것이다. 3포개항이란 조선 세종 8년(1426) 쓰시마섬 영주의 요청에 따라 동래의 부산포, 진해의 제포, 울산의 염포를 개방한 일을 의미한다. 제한적 무역으로 왜구의 약탈은 줄어들었지만 1510년 삼포왜란이나 1592년 임진왜란이 시사하듯이 일본의 공세는 계속되었다. 나아가 임진왜란 이후에는 청과의 연행사 방식와 유사한 조선통신사 방식으로 단절된 교류가 회복되었다.

넷플릭스에서 개봉한 〈오징어 게임〉이 성공하면서 〈미스터 선샤인〉도 미국인들의 관심을 끌고 있다. 드라마 도입부에 1871년 신미양요 전투장면이 등장하고 한국계 미군이 주인공이기 때문일 것이다. 엄격한 신분제 사회 조선에서 노비의 삶은 흑인 노예처럼 참혹했다. 어미가 첩으로 팔려가고 아비가 멍석말이를 당하는 와중에 어렵게 탈출한 어린 유진은 달항아리 도공의 도움으로 추노꾼을 따돌리고 도미에 성공한다. 이후 고단한 이민자 생활 끝에 입대한 그는 1898년 미서전쟁에서 전공을 세우고 조선에 장교로 부임한다. 유진 초이 역의 이병헌과 고애신 역의 김태리의 러브 스토리가 훈훈한 드라마는 지키는 의병과 팔려는 고관, 헌신적인 청지기 커플의 헌신, 진고개 너머 명동 상권을 장악한 야쿠자, 미군의 선행과 한국일주 장면 등이 실감나게 펼쳐진다. 얼마 전 대선 국면에서는 미국 외교관이 드라마를 화재에 올리자 이재명 후보가 가쓰라－태프트 밀약에도 불구하고 미국이 헌신적으로 한국을 지원하는 드라마의 역사적 허구성을 지적해 여야가 논쟁을 벌이기도 했다.

지금의 강화도는 남북분단으로 인해 내륙으로 향하는 수로가 단절되면서 침체 국면을 탈피하지 못하고 있다. 20세기 초까지 활발하던 직물(소창)이나 화문석 산업의 영광도 찾아보기 어려운 실정이다. 강화군은 경기도에서 인천광역시로 편입된 이후에도 변화의 동력을 좀처럼 창출하지 못하고 있다. 휴전선에 근접한 접경지역이라는 지리적 한계로 기업의 투자를 유치하는 일에 애로를 경험하고 있다. 각종 규제로 인해 관광산업의 활성화도 제한을 받고 있다.

강화도는 오래된 역사도시답게 근대와 개항을 전후해 형성된 문화유산이

다양하다. 1930년대 민족자본으로 시작해 당대를 풍미한 조양방직 신사옥은 해방직후에 완공되었지만 분단 이후 계속된 강화의 퇴조와 함께 낙후된 모습으로 방치되어 있었다. 하지만 최근 신세대를 강타한 레트로 열풍 속에 엔티크 소품이 가득한 카페로 개조해 성업 중이다. 〈골목길 자본론〉의 저자 모종린은 개성 있는 로컬창업이 지역소멸을 극복하는 지름길이라고 단언한다. 신세대는 차별화된 로컬브랜드에 열광하기 때문이다. 성공회 강화성당은 한국식 기와지붕과 바실리카 건축양식이 어우러진 방주 모양으로 세상을 구원한다는 의미를 담고 있다. 강화도 최북단에 자리한 제적봉 평화전망대는 이산가족 망배단과 설치되어 있을 뿐만 아니라 윤석열 후보의 2022년 설날 방문이 시사하듯이 남북통일의 의지를 되새기는 장소로 각광받고 있다.

최근 2030세대를 중심으로 이동형 캠핑과 고정형 글램핑을 즐기는 문화가 급속히 확산되면서 한적한 곳에서 힐링하려는 사람들이 강화도를 즐겨 찾고 있다. 동막해변을 비롯해 갯벌과 낙조로 대표되는 경관의 명소가 섬 곳곳에 자리해 있기 때문이다. 또한 강화도 북쪽에 자리한 부속섬 교동도는 마치 시간이 멈춘 듯한 오래된 모습에 과거의 추억을 회상하는 장소로 각광을 받고 있다.

12

남산공원에서 포착한 서울의 진면목

남산은 서울의 상징이다. 원도심 중앙에 자리한 남산타워의 존재감도 여의도 63빌딩 전망대를 경유해 송파 롯데월드타워로 넘어간 상태이다. 하지만 추억의 남산케이블카가 여전하고 남산타워에 오르지 않더라도 정상부 목멱산 봉수대 인근에서 전방위 경관을 접할 수 있다. 최근에 미세먼지가 남산의 전망을 가리는 날이 늘고 있지만 청명한 날의 시야는 압권이다.

남산의 느낌은 주야나 계절에 따라 달라진다. 낮에는 산세의 시원한 조망이 우선이라면 밤에는 도심의 화려한 야경이 압권이다. 남산 중턱을 일주하는 드라이브 코스는 봄꽃과 녹음, 단풍과 설경이 번갈아 찾아와 눈을 즐겁게 한다. 또한 명동에서 서울역 사이의 고가도로를 개조한 생태길인 '서울로 7017'도 뉴욕의 '하이라인파크'와 마찬가지로 번화한 도심지의 숨통이자 남산으로 접근하는 유용한 통로이다.

나는 남산 둘레길이 마음에 들어 서울 도심에 집을 구하고 싶다는 생각을 했다. 물론 아직까지는 이러한 소망을 달성하지 못한 상태이다. 하지만 얼

남산공원에서 즐기는 도심지 산보

남산공원에서 조망한 도심지 빌딩

마 전 코로나19로 적조해진 도심지 호텔 사정으로 인해 업무차 힐튼 호텔에 3박 4일이나 체류하는 경험을 했다. 단체합숙이라 행동에 제약이 있었지만 호캉스 스타일로 남산의 전망을 누리고 종종 산보 삼아 남산에 오르는 경험을 하게 되었다.

서울역에서 출발해 전철 지하도를 건너 힐튼호텔 앞 횡단보도를 건너면 남산공원 입구가 나타난다. 저 멀리 길 따라 보이는 남대문까지 연결되어 있던 한양도성은 사라진 상태지만 남산공원 입구에서 중턱인 백범광장까지 거대한 성벽이 복원된 것이다. 성벽 트레킹은 위와 아래 구간 모두에서 가능하다.

일제강점기 남산은 광화문 총독부나 남대문 시장에 진출한 상인들을 위해 조성한 거대한 신사(조선신궁 배전터)가 자리했던 곳이다. 남산 아래 후암동이나 이태원 자락에는 일정 시절에 건축된 주택이 남아 있다. 도심으로 진출하면 확실한 존재감을 발산하는 은행이나 백화점 용도인 석조 건축물도 있다.

이처럼 일제에 의해 훼손된 남산 일대지만 중턱에 백범광장과 안중근 의사 기념관이 들어선 일은 그나마 다행이다. 남산도서관 옆에 자리한 한양도성 발굴현장도 살아있는 역사공부의 장이다. 남산에는 정상으로 향하는 등산로와 병행하여 산자락을 감아 도는 7.5km 길이의 아름다운 산책로인 남산둘레길이 조성되어 도심 속 힐링의 장소로 활용되고 있다.

남산공원을 찾아가는 방법은 다양하다. 관광객들은 명동에서 가까운 남산케이블카나 서울역에서 가까운 남산공원 등산로를 애용한다. 하지만 순환도로 인근 시민들은 남산둘레길을 선호한다. 최근에는 외국인 관광객을 위해 도심에서 정상부를 순회하는 버스 노선도 개설된 상태이다.

남산공원 입구에는 서울의 브랜드로 자리잡
은 해치의 문양도 보인다. 이명박에서 오세훈을
경유해 박원순으로 시장이 교체되면서 서울의 CI
와 도시개발 패턴도 변화했다. 즉, 청계천과 서
울로7017은 대비되는 상징적 장소이다. 뉴욕이
나 런던과 달리 도시재개발과 도시재생의 공존을
모색하려는 노력도 치열한 정쟁의 와중에 실종된
상태이다. 하지만 조선의 궁궐을 지키던 해치가

남산타워 야경

그나마 서울을 대표하는 상징적 브랜드로 남아 명맥을 유지한 것이다.

1960~1980년대 개발시대를 거치며 서울의 관선 시장들은 서울의 스카이
라인을 바꾸는 일에 주력해 왔다. 물론 외관을 바꾸는 일도 중요하지만 서울의
역사와 문화가 살아있는 내면을 발견하는 일에도 유의해야 한다. 또한 개발의
시대에서 생활의 시대로의 전환도 병행해야 한다. 스카이라인과 지역공동체가
공존해야 서울의 지속성이 강화될 것이다.

이명박 시장이 도시재개발한 청계천물길

박원순 시장이 도시재생한 서울로7017

13

대도시의 각자도생을 극복한
성미산 마을공동체의 영향

**" 공동체촌으로
발전한
성미산 마을 "**

우리나라의 도시화는 매우 빠른 속도로 진행 중이다. 특히 수도 서울의 경우는 전통 한옥촌이나 달동네 골목을 찾아보기 어렵다. 지금도 진행되고 있는 자본 주도의 도시재개발은 젠트리피케이션의 폐해인 마을공동체의 붕괴를 조장해 왔다.

대도시 서울에 자리한 성미산 마을은 마포구 성미산 일대에 자리한 마을공동체다. 1994년 젊은 맞벌이 부부들이 모여 공동육아 방식을 모색하며 만든 성미산마을공동체가 점차 발전을 거듭하면서 교육, 주거, 문화 등 모든 분야에서 공동생활을 추구하는 공동체촌으로 발전했다.

2001년 성미산 개발계획이 발표되자 환경파괴를 우려한 주민들의 반대운동이 시작됐다. 이러한 활동이 외부에 알려지면서 성미산 마을의 존재감이 부각되었다. 성미산지킴이를 자처한 주민들의 노력으로 2003년 성미산 개발사업은 중단됐고, 이후 최초의 마을기업이라 할 수 있는 유기농 반찬가게인 동네부엌을 비롯해 카센터 차병원협동조합, 12년제 비인가 대안학교인 성미산학교 등이 생겨났다. 요즘은 인문학 독서클럽, 연극·사진 동아리, 성미산어린이

합창단 등 다양한 문화활동이 주민의 주도로 운영되고 있다.

성미산 마을이 그동안 이룩한 성과는 내부의 단결이 결정적 변수였지만 외부의 지원도 일조했다. 일례로 성미산 지킴이 활동에 참여연대를 주도한 박원순 변호사가 조력자로 동참했다. 홍대에서 시작해 마포구 전반으로 확산된 중국계 자본의 침투를 극복하는 과정에서는 사회적 경제를 응원한 언론의 캠페인도 주효했다.

UN이 새로 제시한 SDGs는 기존의 새천년개발목표(MDGs)와 달리 경제적 가치뿐 아니라 사회적·환경적 가치를 추구하기 위한 총 17개의 목표로 구성되어 있다. 어쩌면 시장적 가치에 매몰되었던 신자유주의 시대와 대비되는 새로운 '사회적 가치의 시대'가 도래한 것일지도 모른다. 따라서 사회적 경제 조직과 직결된 시민사회의 관심을 초월해 공공기관과 민간기업의 참여를 촉진해야 한다(김의영, 2019).

성미산마을공동체 운동은 서울시의 도시재생이나 평생교육 강화에도 크게 작용하였다. 하지만 강남권 개발로 촉발된 강남북 간의 격차구조가 재개발 바람을 타고 서울시 전역으로 확산되고 있다는 점에서 지속적인 관심이 요구된다.

이에 서울시는 교육 분야에서 시민주도적인 문제해결을 촉진하기 위해 마을공동체와 혁신교육지구를 추진하고 있다. 서울시에는 구 단위 평생학습관과 동 단위 평생학습센터(동네배움터)가 설치되어 있으며, 시민의 평생학습 참여율은 50%에 달하고 있다. 또한 평생교육 실험공간으로 조성된 〈모두의 학교〉는 학습자가 스스로 교육과정을 기획하도록 교육 디자인 툴킷(toolkit)을 개발해 보급하고 있다.

서울시평생교육진흥원 주도로 교육부 지원사업에 참여한 금천구는 지역아동센터에 프로그램 기획력을 갖춘 평생교육 활동가를 양성·배치하는 방식으로 공적 돌봄을 필요로 하는 지역 아동에게 수준 높은 방과후 프로그램을 제공하였다. 또한 금천구는 문화예술 생태계를 조성하는 민관의 긴밀한 협력체계도 가동해 왔다. 우선 금천 문화예술 거버넌스의 원활한 소통체계를 정립하고 지역 문화예술 네트워크를 형성하였다. 주민이 직접 축제를 기획하고 실행하도록 '하모니어스'를 구성해 프로그램을 기획하고 운영했다. 그리고 커뮤니티 공간 확대를 위해 독산동 서남권 시민청을 활용하고 있다.

성동구는 핫(hot)하고 힙(hip)한 동네에서 트렌드 변화에 소외된 지역주민을 위해, 디지털 특화 평생교육 활동가를 양성하고 디지털 리터러시 교육을 추구하고 있다. 공업지역에서 상업지역으로 급변한 성동구(성수동)는 청년층이 유입되는 등 각광받게 되었지만, 빠른 트렌트 변화에 지역주민이 소외되는 문제가 커지고 있다.

14

서울 도심에 남겨진 문화유산과 통치기제

**" 역사를 그대로
간직한 서울 "**

　　서울시 하수도 혁신방안에 관한 연구용역에 참여했다. 덕수궁 옆 서울시청 별관에 자리한 물순환안전국이 발주처인 관계로 자연스럽게 덕수궁 주변의 문화유산과 통치기제를 둘러볼 기회가 많았다. 시민에게 개방된 시청별관 전망대에서는 정동 일원은 물론 경복궁과 청와대도 조망이 가능하다. 더불어 용역의 수행과정에서 서울시 산하 25개 구청 하수도 담당자들을 면담하고 중랑, 난지, 서남, 탄천 등 4개 물재생센터를 살펴본 일은 공공서비스의 현실을 이해하는 유용한 기회였다.

　　조선왕조 500년과 근대한국 100년의 영욕을 경험한 수도 서울의 곳곳에는 다양한 통치유산이 남아 있다. 특히 왕조시대 권력의 중심이었던 조선의 5대 궁궐(경복궁·창경궁·창덕궁·덕수궁·경희궁)과 공화국의 정점인 청와대 주변에서 변화무쌍한 통치의 흔적을 발견할 수 있다. 또한 왕릉과 종묘, 국립묘지와 대통령 기념관에서는 지나간 지도자들의 리더십을 회고하거나 성찰하기에 유용하다.

석탄일 조형물이 설치된 서울시청 광장

경복궁에서 바라본 정부중앙청사

　　서울에 거주하는 시민이나 여행자들은 꽃, 녹음, 단풍, 눈 등과 같은 계절의 변화와 어우러져 멋진 풍광을 연출하는 통치의 현장을 사랑해 왔다. 조선 최초의 궁궐인 경복궁은 왜군을 피해 도성을 비운 임금에 분노한 시민들의 방화로 사라졌지만 세도정치로 피폐해진 왕실의 권위를 되찾겠다는 흥선대원군의 열망으로 부활에 성공하였다. 하지만 을미사변으로 노골화된 일본의 위협을 피해 고종이 아관파천을 단행하자 경복궁은 권력의 무대라는 정체성을 상실하였다. 이후 경복궁은 한동안 일제 식민통치의 무대인 조선총독부와 해방 이후 대한민국 정부 중앙청사에 자신의 공간을 양보해야 했다.

　　덕수궁도 경복궁 못지않은 고난과 역경의 장소이다. 임진왜란으로 파괴된 경복궁을 대신해 대군의 사저에서 왕국으로 변신에 성공했지만 아관파천이 이후까지 별다른 역할을 수행하지 못했다. 독립협회의 요구로 환궁한 고종의 거처로 자리했지만 국권상실이라는 비운을 목격하였다. 지금도 가을철이면 덕수궁 정문인 대한문 옆으로 이어진 돌담길의 운치를 찾아오는 이들이 많다. 그리고 돌담길 넘어에는 정동교회, 이화여고, 예원학교, 러시아공사관터, 경향신문 등이 자리하고 있다. 그리고 최근에는 지역의 특성과 다소 생뚱맞은 국토발전 전시관이 개관을 준비 중이다. 아마도 싱가포르 도시재개발국 청사에 마련된 도시계획 전시관을 벤치마킹한 것으로 보이는데 보다 가치중립적인 방향으로 명칭의 변경을 검토해야 한다.

　　이 밖에 태종이 지어진 창덕궁은 조선의 5대 궁궐 중에서도 가장 아름다운 궁궐로 손꼽힌다. 그래서 1997년 유네스코 세계 문화유산에 등재되기도 했다. 창덕궁은 1610년 광해군이 정궁으로 지정한 이래 1868년 고종이 경복궁으로 떠날 때까지 258년 동안 왕이 머무른 궁궐이다. 또한 태종이 세종에게 양위한 이후 지은 창경궁은 성종이 중건했지만 식민통치 기간에 동물원으로 사용되는 치욕을 경험하기도 했다. 그리고 광해군이 건립한 경희궁은 이후 여러 임금의 거처로 사용되기도 했지만 식민통치를 거치며 다른 용도로 전환되었다가 최근 에야 복원사업이 이루어졌다.

한편 조선의 왕들은 4대문에서 멀리 떨어진 곳에 왕릉을 마련했지만 현대 의 대통령들은 국립묘지에 안장되고 있다. 특히 지금도 잘 보존된 조선왕조의 왕릉과 종묘는 도시민을 위한 그린벨트의 수호자이자 수려한 조형미를 발휘해 세계문화유산으로 등재된 상태이다. 하지만 인조가 반정에 성공하면서 원종과 인헌왕후로 추존된 부모의 묘지인 장릉의 조망권까지 확보하겠다는 발상은 유 네스코 세계문화유산 여부를 떠나 현대의 장례문화나 공화국 시민상식에 비추 어 과도하다는 생각이 들었다.

얼마 전 국가평생교육진흥원 혁신자문단 회의에 참석하기 위해 시내에 들 렀다. 지하철 2호선 을지로입구역에서 서울시청역 사이에는 롯데호텔, 프레지 던트호텔, 조선호텔, 플라자호텔 등과 같은 숙박시설이 밀집해 있다. 시간이 남 아 주변을 돌아보니 롯데호텔 앞에는 조선시대 한성부 남부 관아터 표지석이 보인다. 바로 앞에는 일제가 건설한 서울시청 석조 건물과 유리 외관의 신청사 건물이 불편한 동거를 하고 있다.

프레지던트호텔과 조선호텔 중간에는 원구단 입구가 보인다. 원구단은 고려 시대부터 하늘에 제사를 지내던 장소로 1897년 광무개혁으로 대한제국이 출범 하면서 황제취임식이 열린 곳이다. 옆에는 1902년 고종의 취임 40주년을 기념해 제작한 조형물인 석고 3개도 나란히 도열해 있다. 이마도 고종의 거처인 덕수궁 과 아관(러시아공사관)이 길 건너에 자리했던 인연이 크게 작용했을 것이다.

한편 동대문 인근에 자리한 선농단과 선잠단 터도 유사한 시설이다. 조선 은 농업과 잠업이 국가의 기간산업이었다. 이에 조선의 왕들은 궁궐 내의 친경 (親耕)으로 농사의 소중함을 백성에게 알리고 왕비는 내명부와 외명부를 거느리 고 친잠례(親蠶禮)를 거행했다. 따라서 선농단(先農壇)과 선잠단(先蠶壇)에서 농업 과 잠업을 주관하는 신에게 풍년을 기원한 제사는 종묘·사직제와 더불어 중요 한 국가 제례의식이었다. 참고로 한양(漢陽)에 도읍을 정한 조선 태조는 고려의

서울시 신구 청사의 불편한 동거

대한제국의 출범을 알린 원구단

제도를 따라 경복궁 동쪽에 종묘(宗廟), 서쪽에는 사직단을 설치하였다. 종묘제가 왕실의 선조에게 올리는 제사라면 사직제는 토지와 오곡을 주관하는 신에게 드리는 제사이다.

국가평생교육진흥원 혁신자문단 회의에서는 원장님이 2021년에 새로 수립한 중장기 계획의 내용을 발제해 주셨다. '평생교육 진흥을 통한 국민 평생학습 활성화'라는 미션과 '온(溫) 국민 평생교육 안전망, 온(on) 시민 평생학습 플랫폼'이라는 비전이 명료하다. 4대 핵심가치인 공공성, 도전성, 혁신성, 신뢰성 등에 부응하는 전략방향과 전략과제도 구체적이다. 하지만 이러한 과제를 제대로 달성하기 위해서는 기관, 부서, 개인이 융합하는 성과관리체계의 제도화가 필수적이다. MBO 기반의 개인평가와 BSC 기반의 부서평가는 기관에 부과된 경영평가 지표와 연계해야 한다. 또한 중앙정부가 수행한 기관평가 결과를 유관 지표를 담당하는 부서로 연동시키는 한편 부서별 내부평가 결과도 개인의 성과급이나 승진과 연동시켜야 한다. 나아가 개인평가는 연공서열이 작동하는 경력평가 비중을 줄이는 대신에 실적 기반의 근무평가나 조직민주주의 확보기제인 다면평가의 비중을 늘려야 한다. 더불어 호봉제를 대치한 연봉제의 강화는 합리적 실적경쟁을 촉진하는 긍정적이지만 협업을 촉진하는 공동체 조직문화의 약화를 조장한다는 점에서 신중하게 활용해야 한다.

15

서초와 종로의 도시브랜드와 이미지전략

서울특별시에는 25개 자치구가 존재한다. 후발 주자인 광역시들은 역내 군지역을 활용해 개발역량을 보충하고 있지만 서울은 경기도 위성도시들에 포위된 형국이다. 이를 반영해 서초구와 종로구도 재개발을 활용해 성장가능성을 타진하고 있다. 서초구의 경우 순차적으로 진행중인 반포동 아파트의 재개발이 지역의 부동산 가치를 배가시켰다. 종로구도 세운상가 재개발을 주도했던 오세훈 시장의 귀환으로 개발에 대한 기대감이 커지고 있다.

서초구는 '서리풀'이라는 별칭의 도시브랜드 확산에도 공을 들이고 있다. 서리풀은 서초구의 옛 지명으로 임금님께 바치던 '상서로운 풀'이라는 뜻을 지니고 있다. 과거의 서리풀은 들판의 벼를 의미했지만 요즘의 서리풀은 도심 속 녹지공간을 강조하는 의미로 지닌다. 서리풀 페스티벌과 서리풀 공원으로 인지도를 확보한 서초구의 별칭은 달구벌이나 빛고을의 유명세를 따르고 있다는 점에서 고무적이다. 최근에는 무더위나 강추위를 피하는 양산 모양의 서리풀 원두막과 비닐 재질의 서리풀 이글루가

철거가 예정된 구반포 재개발단지

철거가 예정된 구반포 재개발단지

재개발이 완료된 신반포 아파트단지

재개발이 완료된 신반포 아파트단지

실용성과 디자인 모두에서 국내외의 호평을 받기도 했다.

서초구는 2018년 지방선거에서 유일하게 야당 구청장을 배출한 지역이다. 이러한 이유로 서초구정은 도시재생을 중시하는 박원순의 서울시정과는 차별화를 시도해 왔다. 경부고속도로 지하화, 주택보유세 인하, 재건축 규제완화 등과 같은 도시개발이 구청장의 대표적 정책정향이다. 더불어 부자 동네답게 양호한 재정능력을 앞세워 쾌적한 교육환경 조성, 1인 1악기 사업지원, 코딩·로봇·소프트웨어 교육과정 지원, 복합체육시설 확대, 방배숲도서관 개관 등과 같은 생활밀착형 정책의제 발굴에 주력하고 있다.

서초와 종로는 걷기 여행의 명소로 부상하고 있다. 서초에는 한강시민공원 반포지구와 서리풀공원 연결 산책로가 유명하다. 국립중앙도서관과 서래마을을 연계한 도심지 산보도 유용하다. 종로의 경우에는 조선의 궁궐을 비롯해 청와대 인근 삼청동과 청운동이 도심의 휴게공간으로 각광받고 있다. 종로의 피맛골은 재개발로 인해 오래된 서민 골목의 정취를 상실하였지만 과거의 명성을 간직한 맛집들이 여전히 성업 중이다.

서울의 중심에 자리한 종로구는 도심공동화로 인구가 줄고 있지만 조선의 건국 이래 정치1번지이자 대한민국의 정체성이 분출하는 곳이다. 더불어 입법, 사법, 행정의 3권에 부가해 제4의 권력으로 지칭되는 중앙 일간지들도 종로를 사수하고 있다. 청와대를 비롯해 광화문 중앙청사와 외교부 청사는 대다수 정부 부처가 세종시로 옮겨간 이후에도 종로를 지키는 행정부의 핵심이다. 미국과 일본으로 대표되는 우방의 대사관도 종로의 존재감을 더하고 있다. 물론 최근에는 반미집회나 수요집회로 인해 친근한 이미지가 상당 부분 퇴색한 상태지

반포지구에서 바라본 한강변 노을

반포천 산책로의 만추

만 해외 뉴스의 산실임에 분명하다. 나는 2010년 미국으로 연구년을 떠나기 위해 미국대사관을 방문해 비자 인터뷰를 진행했던 경험이 있다. 더불어 중국 출장을 위해 개별적으로 단수비자를 신청했던 적도 있다. 미국이 최근에 전자신고 방식으로 단기비자를 간소화시킨 것처럼 중국도 한중협의를 통해 상응하는 조치도 취할 필요가 있다.

종로구청은 도시기본계획 2100으로 〈차별과 소외가 없는 따뜻한 상생도시〉를 추구하고 있다. 평창동과 부암동은 산세가 아름다운 부자 동네지만 창신동과 숭인동은 골목마다 봉재공장이 넘쳐나는 도시빈민 밀집지대이다. 더불어 이화동과 혜화동은 성균관과 서울대가 자리한 이래로 학술의 중심지로 명성이 높다. 나아가 서울의 중심인 종로1가에서 6가에는 다양한 상업시설이 자리해 있다.

나는 종로구시설관리공단을 방문해 용역과 평가를 수행하기도 했다. 공단 초기 동사무소로 사용하던 허름한 공공청사에 입주해 미래를 개척하던 임직원들의 열의가 생각난다. 특히 수차례 연임에 성공할 정도로 노익장을 과시했던 이사장의 세심한 업무처리를 보면서 행정의 달인이라는 생각이 들기도 했다. 2010년대 중반 다시 찾아간 공단의 본부는 스포츠센터 건물에 입주해 있었다. 이사장이 체육관을 찾아오는 손님들을 친절하게 맞이하던 모습이 인상적이었다. 또한 평가보고서는 지표별 간지에 자체평가 결과를 요약할 정도로 직원들의 노력과 정성이 담겨 있었다.

Chapter 02

동북권: 대구경북과 강원

지속적인 혁신으로 도시정체성을 재정립한 대구

" 행복한 시민, 자랑스러운 대구 "

대구는 좀처럼 바뀌지 않는 보수의 무대로 알려져 있다. 여기에는 내륙지방에서 확고하게 뿌리내린 유교의 전통이나 박정희-전두환-노태우로 이어진 군사정부의 확고한 지지기반이라는 인식이 크게 작용하였다. 물론 이러한 사고는 1907년 서상돈이 주도한 국채보상운동이나 1960년 4.19혁명을 촉발한 2.28학생민주운동이라는 혁신적 시도에 비추어 다소 편향적이다.

1991년 낙동강 페놀 유출사건, 1995년 대구 상인동 가스폭발사고, 2003년 대구지하철화재참사, 2020년 신천지 대구교회 코로나19 집단감염사건 등과 같은 대형 사고나 재난은 대구의 부정적 이미지를 강화시켰다. 반면에 달성토성, 대구읍성, 팔공산 갓바위, 약령시, 근대문화골목, 큰장 서문시장, 가수 김광석길, 동인동 찜갈비, 1981년 대구직할시 승격, 2011년 대구육상선수권대회, 2019년 국가물산업클러스터 조성 등은 상대적으로 덜 알려져 있다는 점에서 적극적 도시마케팅이 요구된다.

대구를 관광 목적으로 찾아오는 사람은 드문 것이 엄연한 현실이다. 안동과 경주 및 해인사를 방

팔공산 품안에 자리한 골프장 풍광

대구 근대골목 서상돈 고택

문하는 과정에서 교통과 숙박을 연계하는 경우가 많았다. 이제는 대구 도심의 근대유산과 경제신화 및 김광석을 앞세운 골목투어가 각광을 받기 시작했다. 달성토성과 대구읍성 및 경상감영은 대구의 역사를 반추하기에 적합한 분위기를 연출한다. 특히 웅장한 토성의 품안에 조성된 달성공원의 조경과 동물 우리는 토성길 산보의 흥미를 배가시키는 요소이다. 약령시 인근에는 선교사와 화교가 남긴 청라언덕과 화교학교가 남아 있다. 시 외곽에는 달성습지, 대명유수지, 도동서원 등으로 대표되는 낙동강권의 명소를 비롯해 동구에 자리한 불로동 고분군과 동촌유원지, 비슬산 인근의 대구수목원과 송해공원이 생태관광의 가능성을 타진하고 있다.

스마트시티를 표방하는 대구광역시의 비전 '행복한 시민, 자랑스러운 대구(Happy Citizens & Proud Daegu)'는 시청의 회의실은 물론 도심지 육교에도 보인다. 이를 구체화한 5가지 시정목표는 기회의 도시, 따뜻한 도시, 쾌적한 도시, 즐거운 도시, 참여의 도시이다. 역점 시책은 신공항 건설, 취수원 다변화, 신청사 건립, 서대구역세권 대개발, 미래 신산업육성 등이다. 이러한 난제들은 내외부의 우려에도 불구하고 비교적 순항하고 있다. 하지만 부울경에 필적하는 대구경북 메가시티의 미래상을 개척하기 위해서는 정책창안과 관리혁신을 지속해야 한다.

최근에 나는 각종 위원회 위원으로 대구시청을 종종 방문했다. 적극행정 경진대회 심사는 공직자들의 창의적 변화의지를 확인하는 자리였다. 낙후지역인 서대구 두류정수장 터로 시청사를 이전하기로 결정한 일은 재검토 논란을 극복한다면 원도심 활성화에 기여할 것이다. 나아가 대구도시철도공사, 대구도시공사, 대구시설공단, 대구환경공단 등 지방공기업들이 안정적인 성장세를 지

달성공원 내부의 편안한 조경

달성공원 외곽의 달성토성 둘레길

속하고 있다는 점을 지방공기업 경영평가에서 확인한 일도 고무적이다.

대구 북구에 자리한 경북도청 자리는 대구시청 별관으로 사용되고 있다. 별관에는 경제부시장실, 자치경찰위원회, 도시재창조국, 여성청소년교육국, 녹색환경국, 건설본부, 통합신공항건설본부 등이 자리한다. 또한 일자리노동정책과, 투자유치과, 섬유패션과, 민생사법경찰과, 취수원다변화추진단 등 특이한 명칭의 조직도 인상적이다. 도청 후적지 개발구상이 지연된다는 지역사회의 문제제기가 있지만 안정적 배치상태로 보아 대구시청 신청사를 서두를 필요는 없다는 생각이 들었다. 나아가 2021년 대구시를 빛낸 시정 Best 3에는 도시철도 엑스코선 건설사업 예타통과, 대구-광주 달빛고속철도 구상, ICT 활용 소방정보화시스템 지원기반 확대 등이 선정되었다.

대구광역시의 일자리 전략은 "리스타트 대구! 성장플러스 일자리 창출!"로 2021년도 일자리 목표는 고용률 64%와 취업자 110만 명 달성이다. 구체적인 추진전략은 대구형 청년일자리, 민간일자리 창출지원, 코로나19대응 경제방역, 일자리 안전망 구축, 일자리 중심 시정운영 등 5가지이다. 이에 부응하는 일자리 정책수단은 1조 2,222억 원을 투입하여 108,864개의 일자리를 창출하는 것이다.

하지만 대구시 고용노동정책의 특징은 산업성책 중심적 고용정책과 노동정책의 배제로 규정할 수 있다. 따라서 개별적인 사업이나 제도의 도입보다는 지역 차원에서 지역고용정책의 독립성과 차별성 확보가 필요하다. 이에 대구대 이승협 교수는 대구시의 고용노동정책 방향으로 고용노동 거버넌스의 재정비, 지역고용정책의 핵심전달체계인 중간지원조직 강화, 조례와 기본계획 수립 등 제도적 지원 등을 제안하였다.

최근 5년 동안 약 3만 명의 청년이 대구를 떠나 타 시도로 유출되었다. 대구의 인력공동화 현상을 치유하기 위해서는 역량 있는 청년들이 지역사회에 정착하도록 지원해야 한다. 이에 대구광역시는 젊은 인재들이 떠나는 도시에서 지키는 도시를 표방하고 있다. 대구광역시청과 대구시교육청이 협업해 2018년 시작한 대구형 현장학습 사업과 2021년 교육부 지원사업으로 선정된 직업교육혁신지구 사업은 직업계고 학생들의 지역안착을 유도하는 정책이다. 중견기업이 고졸 채용을 꺼리는 이유는 군 입대와 대학진학으로 인한 조기퇴사이다. 이에 혁신지구사업은 2년간 군 입대 유예와 일학습 병행을 통한 전문학사 취득이 가능하도록 설계하였다. 기업은 학생들이 재직 중 후학습을 할 수 있도록 배려하고 군 제대 후에는 가산점을 제공하여 정규직으로 채용될 수 있도록 인센티브를 제공하였다.

직업계고 일자리 창출과 안착을 위해서는 제조업과 병행하여 서비스업 일자리에 대한 관심도 강화해야 한다. 한국의 4년제 대학이 소유한 우수한 교양교육 인프라를 직업교육과 연계하여 전문성과 창의성을 증진하는 방안도 고려할 필요가 있다. 4차산업혁명 등 경제사회가 복잡해지면서 신축적인 다기능 인재를 양성할 필요성이 커지고 있기 때문이다.

모종린이 〈골목길 자본론〉에서 소개한 한국의 전통공예건축학교보다 일본의 가나자와공예공방의 경쟁력이 높은 이유는 심화교육을 담당하는 직인대학과 지역사회 활성화와 연계된 시민예술촌에 기인한다. 직인대학의 경우 입학생의 자격제한이 없는 한국과 달리 수준 높은 기법을 전수받을 수 있도록 대부분의 연수생에게 10년 이상의 전문가라는 자격조건을 부과한다. 또한 가나자와 방직공장을 리모델링한 시민예술촌은 시민의 예술활동을 촉진시켜 도시재생을 선도했다. 즉, 공예의 대중화와 산업화를 통해 인기 있는 관광지로 부상한 모범사례이다.

골목산업이 문화산업의 성격을 지니기 때문에 골목장인을 발탁하고 스타로 키우는 기획사 기능도 필요하다. 이 점에서 마케팅, 콘텐츠, 정보화 등을 담당하는 지방자치단체 출자·출연기관을 연계하는 임시조직의 설립과 운영을 시도해야 한다. 물론 중장기적으로 케이팝(K-Pop) 스타를 제조하는 연예기획사처럼 훈련, 데뷔, 커리어 관리 등 모든 과정을 책임지고 원스톱으로 지원하는 전담조직의 설립도 적극 검토해야 한다.

대구광역시는 타원형 분지의 외곽에 자리한 동구와 달성군이 대부분의 면적을 차지하고 있다. 동구에 신서혁신도시를 건설하고 달성군에 국가산업단지를 배치한 일도 광활한 면적과 무관하지 않다. 반면에 인구는 각기 동서를 대표하는 신도시인 수성구와 달서구에 밀집된 상태이다. 수성구가 명문 학군으로 전국적인 유명세를 타는 곳이라면 인구 55만 명의 달서구는 구단위 인구순위에서 66만 명의 송파구와 58만 명인 강서구 다음을 차지할 정도로 압도적이다. 나아가 대구의 원도심을 대표하는 중구, 남구, 서구, 북구 지역은 도시재개발이나 도시재생이 활발하게 추진되고 있다.

박근혜 대통령의 정치적 고향이자 사저가 자리한 달성군은 공단의 확충과 병행해 문화마을 조성도 활발한 편이다. 문화와 마을이 도시재생에서 중요한 이유는 오래된 과거가 미래의 테마를 제공하기 때문이다. 낙동강변에서 연근밭을 일구며 어렵게 살아온 전재민촌 봉촌2리는 역사를 현대적으로 문화재생한 하빈 평화기념마을을 표방한다. 2019년 도시재생지원사업으로 개관한 PMZ평화예술센터를 중심으로 관광객들에게 마을의 역사를 소개하고 마을협동조합은 연근도시락을 판매한다. 연근 농사가 주력인 마을의 특성을 살려 골목길은 연잎 디자인 벽화로 예쁘게 단장했다. 그리고 이러한 도시재생의 스토리를 주민들이 직접 나서서 해설한다. 그리고 달성군은 대구광역시의 모태이자 대구광역시의 절반인 지역답게 자연이 수려하고 문화가 다양하다. 낙동강 주변의 습지와 보 및 저수지를 토대로 화원유원지를 비롯해 생태관광의 명소들이 늘어나고 있다.

대구광역시와 경상북도 간의 광역통합구상은 지역 간 이해갈등과 공직사회의 비협조로 좀처럼 진척되지 못하고 있다. 도시와 농산어촌 지역의 교류와 통합은 결코 용이한 과제가 아니다. 부울경이나 광주전남이 통합보다 연합을 지향하는 것도 비슷한 이치이다. 참고로 경상북도는 전국 17개 시·도 중 지리적 면적 1위, 인구밀도 16위인 지역이다. 그만큼 낙후지대가 광활하고 인구감소도 심각한 지역이다.

산업생태계 전환과 구미의 도시경쟁력

"내륙형 산업도시 구미"

경북 구미시는 경부고속도로 건설과 더불어 성장한 지역답게 고속도로가 도심을 동서로 양분하고 있다. 최근에 낙동강 너머 동편으로 시가지가 확장하자 강물이 가세해 구미스타일 삼분지계를 완성한 형국이다. 도농통합 이전의 선산군 지역은 공단지역의 고속성장에도 불구하고 전형적인 농촌의 모습을 유지하고 있다.

북한산과 수락산이라는 장벽에 가로막혀 남하를 선택한 서울 시가지와 마찬가지로 구미는 금오산성을 품은 산악지형 때문에 동진을 선택했을 것이다. 금오산은 내륙형 산업도시 구미의 생태경쟁력을 보충하는 숨터이다. 금오산 일대는 구미를 찾은 방문객들이 숙박이나 관광을 위해 즐겨 찾는 곳이다. 내가 금오산 호텔에 여장을 푼 계기도 안동에 이어 경상북도 출자·출연기관 경영평가 때문이다.

구미는 근대화를 선도한 박정희 대통령의 고향으로 유명하다. 도심에서 멀지 않은 박대통령 생가는 배고픈 보릿고개를 경험한 은퇴자 세대가 열광하는 성지이다. 일본스타일로 표현하자면 '민족중흥관'은 박정희를 반인반신으로 기리는 신사와 유사하다. 더

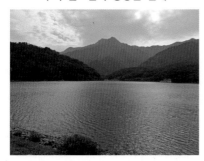
구미 금오산의 웅장한 산세

계곡을 따라서 왕래하는 금오산케이블카

불어 구미시장 3선과 경북지사 3선을 합해 자치단체장 연임 기록인 6선을 달성하고 은퇴한 김관용도 지역이 배출한 행정가이다. 하지만 최근에는 정권교체와 세대교체라는 협공을 앞세워 민주당 장세용 시장이 출현해 관심을 끌었다.

구미 도심에는 차로가 협소하고 보행로가 단절된 곳이 많다. 시내를 조금만 벗어나면 공단을 누비는 대형 트럭이 고속 질주한다. 역시 공장을 앞세우는 산업화 도시는 시민행복에 대한 배려가 부족하다. 아직은 젊은 도시이지만 고령화를 대비하는 준비도 서둘러야 한다.

금오산 초입은 운동강도가 등산과 걷기의 중간 수준이라 여성 트레커들이 많이 보인다. 백숙집이 밀집한 입구에는 계곡물을 가둔 금오지를 일주하는 산보가 인기를 끌고 있다. 이곳은 정비된 산책로를 따라서 저수지와 산자락을 동시에 느낄 수 있다는 점에서 매력적인 장소이다. 이번 평가의 동행자 한 분은 일본 유후인의 상징인 긴린코 호수의 풍광에 필적한다고 금오지를 극찬하셨다.

최근 대구시가 취수원을 구미공단 상류 해평취수장 이전 구상을 밝히자 갈등을 표출했다. 대구권 낙동강에 강정고령보가 설치되면서 수량의 문제가 해결되었지만 수질까지 확보된 것은 아니다. 부산이 낙동강 취수원을 진주 남강댐 수계로 전환하려는 구상도 유사한 이치이다. 창원시의 경우 저수지를 활용한 소규모 급수원이나 강변여과수 확대에 기대를 걸고 있다. 반면에 남구미 인근에 칠곡보가 설치되면서 구미는 수량과 수질 및 수변공간이라는 기대 이상의 편익을 누리고 있다. 경부고속철도를 타고 낙동강 건너 보이는 칠곡보 인근에는 공원과 캠핑장이 잘 단장되어 있다. 더불어 구미시가 환경부의 해평취수장 공동활용 대안을 조건부로 수용한 일은 1991년 발생한 낙동강 페놀오염 사태의 아픔을 기억하고 있는 대구시민들의 불안해소에 기여할 것이다.

나는 첫날 평가 일정을 마무리하고 학창시절 친구를 만나 시내에서 한잔했다. 대화의 와중에 금오산도 화제였는데, 단풍이 물든 금호산 정상 현월봉과 인근 약사암을 오르기로 약속했다. 오늘의 식당 '청담'은 젊은이들의 양지답게 양고기 갈비구이와 스텔라 생맥주 맛이 일품이다. 다음날 금오산 백숙단지에서 발견한 하와이안 새우구이 집에서 재확인한 사실이지만 구미의 소비문화를 주도하는 청년의 힘과 취향이 느껴졌다. 아마도 이러한 취향이 불황의 심화와 결합해 '구미식 노래방'이라는 향락문화를 몰아냈을 것이다.

전날의 과음으로 어렵게 업무를 마무리한 나는 가벼운 운동 삼아 금호산케이블카에 탑승했다. 5시 45분에 탑승해 7분을 올라가 상부 정류장에 내린 관계로 6시 15분 막차까지 남은 23분이 우리에게 부여된 관광일정이다. 금오산 중턱 해발 400미터 지점의 대해폭포는 지척이라 무리가 없었지만 인근 절벽에 자리한 도선굴을 넘보기에는 무리였다. 하지만 욕심을 부리다 케이블카를 놓치는 사달이 났다. 만약 설악동이나 얼음골 케이블카였다면 멧돼지 출몰까지 우려하는 야간 하산을 감수했을 것이다. 하지만 넉넉잡아 30분이면 하산이 가능하다는 등산객의 말에 우리는 안도했다.

마지막 평가일정을 위해 경북경제진흥원으로 향하는 출근길에 구미공단의 모습을 유심히 살펴보았다. LG디스플레이, 코오롱인더스드리, 삼성전자, 도레이 첨단소재 등과 같은 유수의 공장들이 보인다. 하지만 타지나 해외로 빠져나간 생산설비를 보충하는 신규 투자는 절대적으로 부족하다. 더욱이 대다수 중소기업들은 코로나19 불황으로 가동률이 떨어진 상태이다. 공단주변 상가나 원룸도 공실이 늘면서 가격이 급락했다.

이러한 문제상황을 타개하기 위해 경상북도는 경제성장의 3대 변수인 노동, 자본, 기술에 각기 특화한 경제진흥원, 신용보증재단, 테크노파크 등으로 삼각편대를 구성해 구미공단을 방어하고 있다. 하지만 지역산업정책의 주도자인 경상북도나 구미시가 중앙정부나 기업과의 협력체제를 제대로 구축하지 못한 상태에서 산발적 지원을 남발할 경우 좀비기업을 양산하는 부작용을 초래할 것이다. 나아가 구미공단의 부활을 촉진하기 위해서는 구로나 시화공단처럼 스마트 산업단지로의 전환을 병행해야 한다.

이 책을 마무리하는 단계에서는 화상으로 진행된 2022년 4월 지방공기업 경영평가에서 구미시설공단 이사장과 직원들과 질의응답할 기회가 있었다. 구미시 주차시설 위탁관리에서 시작해 체육문화와 환경시설을 구미시로부터 수탁한 구미시설공단은 지난 수년 간 지방공기업 경영평가에서 우수한 경쟁력을 대내외에 과시한 상태이다. 41만 구미시의 공공시설 관리를 책임지는 공단은 내부관리와 사업혁신 모두에서 우수사례를 창출했다. 나아가 낙동강변에 자리한 구미시에는 대구시와의 공동활용이 모색되고 있는 해평취수장을 비롯해 구미캠핑장과 신라불교초전지 같은 시설이 들어서 시민행복 증진에 기여하고 있다.

구미시설공단은 최근에 화두로 부상한 ESG경영을 선도적으로 주창하며 중장기 체계도에 반영했을 뿐만 아니라 주니어보드 신설, 환경기술단, 이해관계자 참여, 열린혁신 추진단 등을 중시하였다. 또한 사회적 가치를 촉진하기 위해 상생플러스라는 브랜드를 도입하는 한편 협력업체들이 공단의 신용도 수준으로 현금화를 보장하는 상생결제제도를 도입하였다. 그리고 하수처리장 인력의 장기근속을 유도하기 위해 직업계고 출신을 대상으로 특채도 실시하였다.

구미시설공단 중장기 체계도

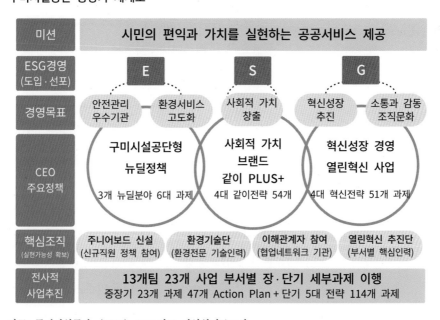

자료: 구미시설공단. (2022). 2021년도 경영실적보고서.

중앙선의 부활이 선도하는 안동의 재발견

**❝선비문화의
보고이자
인문정신의
보루❞**

청량리에서 시작해 경주로 이어지는 80년 역사의 중앙선 철길이 지나는 곳들은 우리나라를 대표하는 지방소멸 위기 지역이다. 남북분단 이후 고립된 반도로 전락한 대한민국에서 허브 항구나 공항과 멀다는 지리적 제약은 곧바로 지역의 침체를 의미했다. 더욱이 산업화 이후 발전의 중심축이 경부선에 집중되면서 중앙선은 호남선을 부러워하는 처지로 전락하고 말았다.

강원도 원주를 경유해 충북과 경북으로 이어지는 중앙선의 대표 도시는 제천과 단양, 영주와 안동, 의성과 영천을 들 수 있다. 해당 지역은 중앙고속도로 개통 이후에도 좀처럼 교통망 개선의 혜택을 누리지 못해 왔다. 고속도로가 외곽순환도로의 역할을 병행한 대구나 대전과 달리 경부축의 교통량 분산이라는 목표달성에 충실했기 때문이다.

이러한 사정에 비추어 중앙선의 부활은 가뭄의 단비가 분명하다. 물론 블랙홀 수도권의 위력이 여전한 현실에서 교통망 개선의 역설을 초래할지도 모른다. 하지만 중앙선에는 제천이나 영주처럼 자연과 문화에서 정체성이 분명한 저력 있는 도시들이 포진해

안동 하회마을을 감아 도는 낙동강

있다는 점에서 지역특화발전에 대한 기대를 높이고 있다.

특히 안동은 경북도청 이전은 물론 중앙선 부활의 대표적 수혜도시이다. 외견상 안동시의 인구가 줄고 있지만 접경인 예천군 지역에 도청신도시가 건설된 일에 따른 일시적 현상이다. 향후 도청신도시의 주거지가 안동시 지역으로 확산되고 임시 개통한 중앙선이 제 모습을 보이게 되면 내륙의 중심지로 부상할 것이다. 대구경북 행정통합이나 통합신공항 무산위기가 위협요인으로 작용할 수 있지만 거대한 변화의 추세를 역행하기는 어려울 것이다.

경북 북부권의 균형발전을 선도할 안동은 선비문화의 보고이자 인문정신의 보루이다. 찜닭, 소주, 국시, 식혜, 간고등어, 헛제삿밥 등과 같이 안동이 들어간 향토음식도 도시브랜드를 각인시키는 주역이다. 우리나라에서는 호남을 대표하는 근대문화도시 목포와 군산, 백제의 흔적이 남겨진 공주와 부여, 신라와 가야의 무대인 경주와 김해 등이 안동과 유사한 발전잠재력을 지니고 있다.

안동은 내륙 산악지형이지만 2개의 댐이 조성되면서 물의 도시로 변모했다. 안동댐 수문 아래 월영교나 임하댐 물길이 지척인 만휴정은 경관이 탁월하다. 이에 안동시와 경북문화관광공사는 안동호 주변에 호텔, 골프, 유교랜드, 식물원, 수상레포츠, 세계물포럼 기념센터 등을 연계한 안동문화관광단지를 조성하였다. 안동호 상류에 자리한 도산서원과 고산정 및 한국국학진흥원은 호젓한 산세와 어우러져 명산대찰에 필적하는 입지경쟁력을 자랑한다.

안동이 포함된 경북 북부권은 지역의 블랙홀 대구광역시는 물론 포항과 구미가 선도하는 경북 남부권과 서부권보다 발전이 지체된 상태이다. 하지만 광역도 차원의 균형발전 수단인 도청 이전을 계기로 재도약을 추구해 왔다. 도청신도시와 인접한 하회마을은 지역관광의 활성화를 선도하는 첨병이다. 또한 백신을 제조하는 SK바이오사이언스가 입주하면서 안동바이오산업단지의 경쟁력도 강화되었다.

결국 한반도 내륙지방의 활성화는 우리가 추구할 참발전의 척도이다. 유교 인문정신의 정수이자 항일 독립전쟁의 본향인 안동의 재발견은 자본주의나 분단체제의 한계를 극복하는 단서이다. 나아가 수도권 집중을 해소하는 대안으로 출향민의 '리쇼어링(reshoring)'에도 유의해야 한다.

안동과 예천의 접경에 자리한 도청 신도시의 정주 여건은 점차 안정을 찾고 있다. 대구경북 행정통합이 위협 요인이지만 기존의 추세를 뒤집기는 어려울 것이다. 지방자치법 전면 개정안이 시행되면서 지방의회의 권한도 강화되었다. 하지만 지방의회는 인사권의 독립에도 불구하고 지원조직의 분리가 이루어지지 못한 기형적인 상태이다. 지배 정당의 공천권이 위력을 발휘하는 지방정치 구도에서 의원의 자질 시비도 여전하다. 의원입법은 양적으로 높은 성장세를 보였지만 실효성이 부족한 실적 위주의 조례제정이라는 비판을 받고 있다. 다만 의정활동을 지원하는 전문인력의 확대가 지방의회 활성화의 안전핀으로 작용하고 있다.

얼마 전 경상북도의회가 시행한 정책지원관 6급 선발시험에 면접위원으로

도청사 공원과 인접한 신도시 주거지역

도청사와 인접한 신도시 교육시설

참여해 지방자치의 미래를 성찰할 기회가 있었다. 한옥 양식으로 건축한 도청사는 신라와 유학이라는 경북의 상징을 구현한 모습이다. 유학적 의미를 담은 건물 명칭인 흥민관과 안민관은 물론 천마나 첨성대가 청사단지 조경의 핵심 소재로 활용되었기 때문이다.

경상북도청사의 상층부에는 광역행정의 구현사례인 소방본부가 입주해 있다. 하지만 광역자치단체에 소속된 소방관의 신분이 지방직에서 국가직 공무원으로 전환된 일은 지방자치의 본질에 역행하는 처사이다. 앞으로 소방과 자치경찰 모두 지방직으로 신분을 전환하고 기관의 독립성과 전문성이 강화되기를 기대해 본다.

면접 과정에서는 의회의 상임위원회 근무를 통해 전문성을 확보한 응시자들의 전문지식을 청취할 기회가 있었다. 우선 비수도권 지역은 시군의 절반 이상 지방소멸위기와 인구감소지역에 포함된 상태이다. 따라서 최근에 고양된 자치권을 토대로 특화발전이나 자구노력을 모색해야 한다. 하지만 지역 여건의 미비로 인해 수도권에서 활성화된 특수목적법인(SPC) 방식의 민간투자를 기대하기가 어려운 실정이다. 또한 보수적인 지역정서로 인해 인권조례나 지역문화재단의 발전도 상대적으로 지체된 상태이다. 치유농업 강화나 노인일자리 확대도 전담조직과 위탁기관을 규정한 조례는 제정했지만 구체적 사업내용은 절대적으로 미흡한 실정이다.

지방자치단체의 공공마케팅을 촉진하기 위해서는 홍보의 달인들이 포진한 전문 기획사의 활용이 불가피하다. 안동간고등어의 상업적 성공에는 영덕에서 소금을 뿌려 내륙지방 안동까지 유통시킨 안동간잽이의 삶을 조명한 홍보전략

경상북도의회 청사인 흥민관의 기풍

경상북도청사 안민관의 수려한 모습

이 주효했다. 더불어 공중파의 아성을 위협하는 유튜브 채널을 활용한 정책홍보도 유용하다. 선진사례인 충주시의 창의적인 영상기획은 시정홍보의 강화는 물론 지역 중소기업을 지역기업을 지원하는 형태로 진화하고 있다. 따라서 경북도 세계 속의 한국이 아니라 세계 속의 우리 지역을 알리는 전략적 홍보전략을 추구해야 한다.

군위에서 낙후지역을 개조하는 사람들

**❝지방소멸
위기 대응❞**

일본의 시코쿠(四國) 가가와(香川) 현에 자리한 나오시마(直島)는 인구 삼천 명이 사는 작은 섬이지만 1992년부터 문화의 바람이 불면서 지금은 매년 수십만 명이 찾아오는 예술섬으로 각광을 받고 있다. 우리에게는 쿠사마 야요이의 호박과 이우환 미술관으로 알려진 곳이다. 공해에 찌들어서 쇠락하던 섬을 개조하는 프로젝트의 총지휘자는 후쿠다케 소이치로(福武總一郎) 베네세홀딩스 회장 겸 후쿠다케 재단 이사장이다.

그는 안도 다다오(安藤忠雄)라는 당대 최고의 건축가에게 의뢰해 외딴 섬 땅속에 지중(地中)미술관을 지었을 뿐만 아니라 당시로서는 다소 모험적인 베네세하우스라는 숙박시설 투자도 감행했다. 그리고 섬에 산재한 가옥을 현대 미술의 최첨단 작업실로 바꾸는 이에(家)프로젝트까지 실행했다. 나아가 '후쿠다케서점 그룹'이라는 가문 회사도 예술섬 프로젝트와 관련된 '베네세 그룹'으로 변경했다. 라틴어로 '베네'는 '좋다', '에세'는 '산다'는 의미로 '경제는 문화의 머슴'이라는 그의 철학이 담겨 있다고 한다(동아일보, 심규선 대기자, 2016.06.29.).

이와 유사한 시도가 경북 군위의 사유원(思惟園)에서 진행중이다. 지방소멸 위기에 직면한 인구 2만여 명의 작은 지방자치단체를 살리는 건축프로젝트이다. 사유원은 세계적인 건축가들의 작품이 모인 건축테마파크이자 현대인을 위한 수도원을 표방한다. 한학에 조예가 깊은 유재성 태창철강 회장의 주도하에 세계적인 건축가 승효상과 알바로 시자(Alvaro Siza)가 참여하고 있다. 예약제로 140명의 손님을 받기 시작했는데 예약 경쟁이 치열했다.

태창철강은 대구에 있는 기업으로 유 회장은 일본에 팔려가는 모과나무가 안타까워 땅을 사고 수목원을 조성하기 시작했다. 마스터플랜처럼 완벽한 계획 없이 조성되어 아직도 미완성인 수목원을 지금도 조금씩 손수 고쳐나가고 있다. 수백 년 된 모과나무는 풍설기천년이란 이름의 언덕에 108그루가 자리 잡고 있다. 수억 원을 호가하는 한국형 소나무도 사유원 곳곳에서 굽이진 자태를 뽐내고 있다(서울신문, 윤창수 기자의 연재기사, 2022.04.07.).

경북 군위군은 대구·경북 통합 신공항이 들어서게 되면서 대구시로 편입하는 과정에 있다. 지역 간 합의로 행정구역 통합이 이뤄지는 첫 사례가 될 예정이지만, 경북 지역구 의원들의 반대로 진통도 예상된다. 별다른 관광자원이 없는 군위에서 야심차게 만든 삼국유사테마파크를 사유원이 능가한다는 평가가 나올 정도이다. 규모 면으로 따지면 국내 다섯 번째 정도지만 민간에서 조성한 수목원으로는 경기 양평의 세미원 다음으로 면적이 넓다. 반드시 직접 가보고 이해해야만 하는 건축은 지역 가치를 한없이 높이는 작업이며, 좋은 건축으로 지방이 살아날 수밖에 없다는 점에서 유용한 지역발전전략이라고 승효상은 제언한다.

수려한 건축물을 활용해 도시마케팅에 성공한 선구적 사례로는 스페인 바르셀로나의 가우디 건축물과 빌바오의 구겐하임 미술관이다. 특히 빌바오는 미술관을 유치하여 쇠락한 철강도시에서 문화도시로 변신하는 계기를 마련했다는 점이 낙후지역 재생과 보다 연관이 있다. 세계적으로 잘나가던 산업도시 빌바오는 한국을 비롯한 동아시아 국가의 산업추격에 직면해 퇴조했다. 1980년대 후반부터 지역쇠퇴를 만회하는 대안적 발전전략으로 도시재개발이 시작되었고 공항, 지하철, 다리 등을 새로 정비했다. 이러한 전략의 하나로 미국에 자리한 구겐하임 미술관의 분관을 유치하는 프로젝트가 가동되었고 1997년 10월에 개

관했다. 미국의 프랭크 게리(Frank Gehry)가 설계한 건축물은 이후 빌바오를 세계에 알리는 이정표 역할을 담당하고 있다. 이러한 유명세에 부응하기 위해 우리나라 관광객들도 항공편으로 빌바오에 들어갔다가 산티아고 순례길에 도전하는 경우가 늘고 있다. 여름철에는 시에스타로 인해 늦은 오후에 포도주와 음식을 즐기는 시민들이 많아 관광객들이 스페인의 풍성한 밤문화를 체험하기에 유리한 곳이기도 하다.

　　사유원은 잘 조성된 수목원으로 수려한 건축물과 청정한 자연이 조화를 이루고 있다. 체류형 관광보다 반나절 산보하며 힐링하기 유용한 곳이다. 사유원의 진정한 가치는 팔공산 북사면에 자리한 한국 최고의 오지에 자리한다는 점이다. 최근에 상주영천고속도로 동군위IC가 생기면서 접근성이 나아졌지만 대중교통을 활용한 접근은 불편하다. 사실 수목원의 미적 감각을 중시하는 마니아가 아니라면 쉽사리 용기를 내기가 어려운 곳이다.

　　이러한 이유로 슬로시티로 부상한 군위의 명소를 의성이나 영천과 함께 들르는 대안을 제시하고자 한다. 각기 30분 이내의 드라이브로 도착하는 의성 조문국과 탑리, 군위 화본역과 삼국유사테마파크 및 사유원, 팔공산 은해사와 갓바위를 둘러보고 템플스테이나 사일온천에 도전하기를 추천한다. 특히 중앙선 간이역인 화본역을 둘러싼 화본마을에는 레트로 감성을 자극하는 추억의 장소들이 밀집해 있다. 폐교를 활용해 엄마 아빠 세대에게 추억의 공간을 제공한다는 마을만들기 기획은 일본의 사례를 벤치마킹한 것으로 보이지만 지역의 특성에 부합하는 시도라는 점에서 의미가 있다.

화본마을 관광의 중심지인 화본역

폐교를 활용한 엄마 아빠 추억의 공간

지방소멸 위기에 부응한 문경과 영주의 부활전략

**❝ 지방자치단체가
지원하는
도시청년시골
파견제 ❞**

경북 북부에 자리한 문경은 광산으로 번성했던 지역이다. 산골 오지에 철로가 놓이고 학교가 건설된 사정이다. 박정희 대통령이 대구사범학교를 졸업하고 초등교사로 근무하다 만주국사관학교로 진학한 지역이 문경이다. 나의 경우는 박사학위 지도교수님이 안동사범학교를 졸업하고 문경에서 초등교사로 근무하다 서울로 진학하신 일화를 기억하고 있다. 퇴직 후에 칠순을 넘겨 문단에 등단한 지도교수님은 팔순을 넘겨 〈문경의 새벽〉이라는 단편소설을 출간하셨다.

나는 대구대학교 교수로 근무하면서 학과 MT 지도교수 자격으로 문경을 자주 찾기도 했다. 문경새재에 자리한 성벽이나 관문은 전봇대와 같은 문명의 이기가 침투하지 않은 곳이라 사극 촬영의 적지로 평가되고 있다. 경북 내륙의 오지는 김주영이 〈객주〉에서 묘사한 것처럼 조선후기 금난전권이라는 시전상인의 특권이 작동하지 않았던 일종의 규제자유지역이자 보부상단의 활동무대였다. 물론 보부상단도 전국적인 조직을 갖기도 하였다. 산재한 조직을 전국적인 상단으로 묶어 소규모 자본의 행상을 규합하기도 했다.

탄광도시 문경은 광산이 문을 닫으며 관광산업의 가능성에 주목하기 시작했다. 정부가 지원하는 폐광 지원금을 활용해 리조트도 건설하고 골프장도 유치했다. 새재의 관광단지 구상을 추진한 것도 이러한 영향이다. 문경관광공단을 신설해 온천단지의 활성화를 주도하고 테마가 있는 숙박시설도 확충했다.

근자에 문경을 찾는 도시청년들의 발걸음도 늘어나고 있다. 볕 잘 드는 마을이라는 뜻의 산양면 현리에 도시에 거주하던 20대 도시청년이 동료들과 팀을 이루어 '화수헌(花樹軒)'이라는 게스트하우스와 카페를 열었다. 이 사업은 지방소멸을 극복하기 위해 지방자치단체가 지원하는 도시청년시골파견제라는 정책에 기인한다. 나는 얼마 전 대학원 동기가 도시청년시골파견제를 주관하는 경상북도경제진흥원장으로 부임한 일을 계기로 관심을 공유하며 담화를 나누었다. 제일기획과 삼성전자에서 홍보 업무를 담당했던 경력을 살려 지방공공기관에 부임한 전원장은 도시청년의 시골이주를 촉진하기 위해서 시골진입이라는 첫 단추를 넘어, 청년과 기존 주민의 경제적·감정적 상생, 청년들의 안착, 기존 주민들의 삶의 질 개선을 같이 달성해야 한다는 점을 강조하였다(전창록, 2018).

영주시 풍기가 고향인 전원장은 얼마 전 지인들과 함께 다녀온 선비길 탐방 일정을 지역 신문에 소개하는 애향심을 발휘하기도 했다. "토요일 아침 영주 무섬마을에서 선비의 생활상을 목격한 다음 오후에 소수서원을 찾아 기폐지학 소이수지(旣廢之學 紹而修之)라는 소수의 의미를 새기고, 부석사 무량수전 배흘림 기둥에 기대 서서 떨어지는 낙조를 보았다. 순흥 선비촌에서 1박 후, 안동 도산 서원으로 가서 아플 때 매화분을 치우게 한 이황 선생의 깨끗함과 절개를 듣고, 석주 이상룡 선생의 고택인 안동 임청각에서 여행을 마무리했다(전창록, 2020)."

낙동강 수계 내성천에 자리한 무섬마을은 안동 하회마을이나 예천 회룡포처럼 물길이 조성한 비경을 간직한 곳이다. 하천에 부설된 목조 다리는 미얀마 만달레이 외곽의 명소인 우베인 다리의 축소판을 연상시킨다. 또한 1542년 풍기군수 주세붕이 성리학을 최초로 도입한 고려 유학자 안양을 배향하기 위해 건립한 백운동서원에서 시작한 소수서원에는 1550년 명종 시기에 사액을 주도한 퇴계 이황의 흔적도 남아 있다.

이들이 다녀간 경북 산골기행은 단순한 먹거리와 볼거리를 추구한 여행이 아니다. 먹거리와 볼거리에 부가해 정신적 깨우침을 추가했기에 여행의 의미가 배가된 것이다. 일례로 지방소멸 대책인 인구유치 경쟁은 한계가 있다. 이는 개별 대학중심의 취업경쟁과 유사한 이치이다. 이에 지방소멸 문제의 정책의제형성을 선도한 일본도 정주라는 정책대안의 한계를 깨닫고, 지방의 문제를 정주가 아닌 이동의 시각으로 풀려는 시도를 강화하고 있다.

경북의 벌판에 묻힌 조문국과 압독국의 자취

대한민국에서 가장 넓은 자치단체인 경북은 산악과 벌판이 어우러져 매력적이다. 경북은 인구가 가장 많은 50만 명 이상의 포항시와 가장 적은 1만 6천 명 정도의 영양군이 약 30배 격차를 보일 정도로 격차가 심한 곳이다. 65세 이상 고령인구 비율이 22.7%로 전남의 24.3% 다음으로 높은 곳이다. 나아가 인구감소에 따른 지방소멸 현안이 확대되고 있으며, 이를 극복하기 위해 이웃사촌 공동체 조성을 추진하고 있다.

백두대간의 품안에 자리한 경북의 벌판은 경주, 경산, 의성 등이 유명하다. 삼국시대 신라의 영토였던 이곳은 5세기 이후 마립간이 출현하기 이전인 이사금 시대에는 6부족 연맹체 가야처럼 다양한 부족국가가 번성했다. 역사의 세밀한 기록이 아니라 경주 대릉원과 유사한 고분의 발굴을 통해 세상에 알려진 소왕국으로는 의성의 조문국과 경산의 압독국이 대표적이다.

조문국은 신라 9대왕 벌휴이사금이 185년에 복속한 것으로 삼국사기가 전하고 있다. 조문국 도읍지로 알려진 의성군 금성면 일대는 제법 큰 고분

의성 벌판에 남겨진 조문국의 흔적

수백 기가 자리하고 있다. 1960년대 이후 계속된 고분 발굴을 통해 다양한 묘제와 유물이 알려졌다. 묘제는 고인돌이나 동굴묘 방식이 진화한 모습인 횡혈식석실은 물론 옹관묘나 돌무덤이 결합해 발전된 형태인 적석목곽분 양식이 확인되었다. 부장품으로는 금동 관모, 귀 항아리, 동물문양 순장품 등이 대표적이다.

의성군청은 조문국 고분군을 단장해 지역 관광의 대표적 명소로 활용하고 있다. 2013년 개관한 의성조문국박물관은 지역의 역사와 민속유산을 체험하기에 유용한 장소이다. 인근에 자리한 탑리에 들르면 통일신라시대 5층석탑의 위용을 감상할 수 있을 뿐만 아니라 지방소멸 1순위를 무색하게 하는 시골 5일장의 활력도 느낄 수 있다.

의성군의 잠재적 발전역량은 마늘과 사과 및 쌀로 대표되는 지역특산물은 물론 대구경북 통합신공항이나 중앙선 복선전철에 대한 기대감이 증폭된 상태이다. 경북을 대표하는 노포이자 김재도 사진갤러리를 겸하고 있는 탑리버스정류장의 정겨운 모습과 지역재생의 전도사를 자임하는 도시청년의 시골유입을 확인한 일도 인상적 장면이다.

경산벌은 달구벌을 능가하는 큰 땅이다. 경북 경산시는 대구의 위성도시이자 대학도시로 외부에 각인된 상태지만 묘목 특구나 대추 산지로도 유명하다. 지리적으로 경주에 인접한 압독국은 조문국에 비해 앞선 시기인 102년 파사이사금 시절에 신라에 투항한 것으로 삼국사기에 기록되어 있다. 일성이사금 시기인 146년에는 압독국이 반란을 일으켰으나 평정했다는 기록도 존재한다.

의성 탑리 5층석탑

의성 탑리 버스터미널

압독국의 흔적은 도읍지인 경산시 압량읍 일원에 산재해 있다. 우선 영남대학교 정문에서 가까운 임당동과 조영동 일원에는 대단지 고분이 자리해 있다. 대학가 원룸단지로 변모한 해당 지역은 완만한 구릉지로서 의성군 금성면처럼 마늘이나 대추 재배가 가능한 전답이 밀집해 있을 뿐만 아니라 주민들이 즐겨 찾는 산보의 명소로 부상한 상태이다.

압독국이 자리했던 지역은 원효·설총·일연이라는 삼성현을 배출한 곳이다. 이에 경산시는 2015년 삼성현역사문화관을 조성해 이들의 업적을 기리고 있다. 한국 불교의 대중화를 선도한 원효대사, 한국 유학의 종주로 이두(吏讀)를 집대성한 설총선생 그리고 역사, 신화, 향가 등 한국학 연구의 보고인 삼국유사를 저술한 일연선사는 모두 우리 민족의 선각자 분들이다.

고대국가로 발전한 신라는 부족국가인 2세기에 사라진 조문국과 압독국에 비해 기록과 유물이 풍부하다. 하지만 신라 초기의 역사도 고분 발굴을 통해 진일보하는 경우가 많다. 천마총의 발굴로 당시의 선진적 묘제인 적석목곽분의 웅장한 모습이 알려지고 유리잔, 금장식 등 유라시아 교류의 단서를 제공한 유물이 출토되었다.

신라의 라이벌인 백제의 경우도 무령왕릉을 통해 웅진시대의 화려한 묘제와 유물을 과시한 바 있다. 또한 고구려 국내성 인근에 산재한 석실묘의 대표적 사례인 장군총은 피라미드를 연상시키는 압도적 규모를 자랑한다. 이처럼 무덤의 양식이나 부장품은 사라진 왕국의 영광을 반추하고 회상하는 유용한 기제인 것이다.

경북은 산악과 벌판과 더불어 낙동강이라는 물길이 역사의 핵심 변수로 작용해 왔다. 삼한시대에는 낙동강을 중심으로 24개의 부족연맹체가 번성한 것으로 알려져 있다. 고대의 낙동강 유역은 북쪽의 철기문명을 수용하고 남쪽과 해양교류도 병행했다. 그리고 대가야와 신라가 성벽을 축조하며 대립한 곳이다. 대구와 구미 사이에 자리한 조선시대 왜관나루터는 국내외 교역의 통로로서 낙동강의 중요성을 대변하는 사례이다. 1901년에는 동산의료원 선교사 부부가 사문진나루터를 통해 피아노를 들여오기도 했다. 하지만 경부선이 개통한 1904년 이후에는 물류의 중심지 역할을 상실하였다. 과거 상주의 낙동나루, 구미의 이실나루, 칠곡의 강정나루 등 주요 나루터가 있던 교류의 중심지에는 1954년 정주영의 현대건설이 보수공사를 수행해 유명해진 고령교와 같은 다리가 부설되었다. 그러나 낙동강은 6·25 한국전쟁에서 최후의 방어선 역할을 성공리에 수행했을 뿐만 아니라 산업화와 도시화 이후에는 댐과 보를 건설해 수자원 공급기지 역할을 수행하고 있다. 다만 낙동강 수질이 악화되면서 대체 수자원을 발굴하려는 지방자치단체의 사투가 목격되고 있다.

대학도시 경산이 시련을 극복하는 방법

**" 한국을
대표하는
대학도시 "**

대구와 인접한 경산은 부산남구나 천안아산과
더불어 한국을 대표하는 대학도시이다. 또한 SKY
로 지칭되는 서울의 명문대학이나 지방의 거점국립
대학들도 지역활성화의 주도자 역할을 수행하고 있
다. 예일, 시러큐스, 스탠퍼드 등 미국의 대학도시
들이 캠퍼스 타운화를 통해 지역발전을 선도한 것
처럼 우리 대학들의 책임도 막중하다. 대학도시가
자리한 자치단체들도 대학로라는 명칭을 경쟁적으
로 부여하는 한편 교통여건 개선을 추구하고 있다.

경산시도 관내 10개 대학과의 협력사업에 주
력하고 있다. 대학도시라는 명칭에 부합하는 평생
교육 연계서비스가 대표적이다. 성인교육을 담당하
는 미래융합학부를 소유한 대구대를 비롯해 주요
대학들이 평생교육원을 운영하고 있다. 얼마 전 제
2차 경산시 평생교육 중장기 계획 용역 발주에 즈
음해 열린 평생교육협의회 자리에서는 참석한 시장
님과 용역진에게 주민주도 평생교육체제를 구축하
는 한편 인근 대학과 협력해 패션뷰티, 음악예술
등 고품격 특화 프로그램을 개발해 달라는 위원들
의 당부가 이어졌다.

과거와 현재가 공존하는 중앙대 흑석캠퍼스

중앙대와 접한 재개발단지와 캠퍼스타운

대구 도심에 자리하던 대학들은 1980년대 이후 정원이 늘어나자 외곽으로 이전을 시작했다. 경부선 철로 경산역 인근에는 영남대와 대구한의대 등이 자리한 반면에 대구선 하양역 인구에는 대구대, 대구가톨릭대 등이 포진했다. 최근에는 양 지역에 대구지하철 연장공사가 이루어지면서 대중교통 여건이 개선된 상태이다. 하지만 코로나19와 더불어 심화된 지방대 미달 사태는 "벚꽃 피는 순서대로 망할 것이다"라는 경고를 현실화시켰다. 다시 말해 지방대학 소멸과 대학도시 침체를 가중시키는 위협적 상황을 연출한 것이다.

대구대의 경우 교통여건이 불리한 경산캠퍼스의 입시경쟁력 약화되자 대구 원도심에 자리한 대명동 캠퍼스의 고밀도 재개발 구상을 검토하기 시작했다. 중앙대 흑석캠퍼스는 대학 리모델링과 캠퍼스 타운화에 성공한 선구적 사례이다. 두산이라는 자본을 유치한 이후 고밀도 재개발이 본격화되고 대학의 브랜드 가치가 상승하자 인근 지역의 캠퍼스 타운화와 도시재개발도 촉진되었다. 흑석동이라는 서울의 원조 달동네가 중앙대와 마찬가지로 고도차를 극복하는 입체적 주거단지로 재탄생한 것이다.

대구와 영천을 연결한 대구선은 1916년 대구-하양 구간을 필두로 1918년 포항까지 노선이 확장되었다. 오랫동안 단선으로 운영되던 대구선은 신경주-울산-부산을 연결하는 동해남부선 복선 공사가 완공되면서 활성화된 상태이다. 대구지하철 1호선 연장을 대비해 재단장한 하양역은 상징물인 연리지를 재단장한 역사 광장으로 옮겨 심고 주차장 부지도 확충했다.

경산에는 넓은 벌판을 적시기 위해 조성한 반곡지와 남매지 같은 저수지들이 연꽃과 데크를 장착하면서 시민의 휴식공간으로 재편된 상태이다. 또한 일

복선전철 개통 이후 새단장한 하양역

경산에 찾아온 도화의 향연

조량이 풍부한 경산은 묘목특구로 지정될 정도로 나무산업이 활발한 곳이다. 대추나 포도의 경우 크기나 당도에서 타의 추종을 불허한다. 이처럼 비옥한 토양이 인접한 나무의 발육을 촉진시켜 연리지라는 후천성 쌍둥이 나무를 탄생시키는 비결이다. 연리지는 국내에서는 희귀한 존재지만 대구보다 일조량과 강우량이 풍부한 아열대 지역에서는 흔한 존재이다. 물론 그곳의 나무는 등나무 줄기의 갈등구도를 연상시킬 정도로 복잡한 모습을 하고 있지만 하양역의 연리지는 나무 간의 합체를 알아보기 어려울 정도로 매끈한 모습이다. 인근에 자리한 대구대의 경우도 산자락에 친자연적으로 조성한 골프연습장 한가운데에 연리지가 자리해 존재감을 발휘하기도 했다. 하지만 이 연리지는 골프연습장 리모델링을 추진하면서 인터불고 골프장에 기증해 지금은 보기 어렵게 되었다.

지방대학의 활성화 방안은 거점 국립대와 지역 사립대로 구분해 논의하는 것이 바람직하다. 거점 국립대는 질적 고도화를 위해 정부 예산을 투입하고 채용도 우대해야 한다. 과거 국립대 사범대학 수준의 고용안정성을 확보해야 우수 인재들이 몰려들 것이다. 따라서 지역의 혁신도시로 이주한 공공기관과의 협약을 통해 우수한 졸업생의 고용을 보장하는 방식으로 입학 단계부터 우수 인재를 유치해야 지방대학이 살아날 것이다.

지역 사립대의 경우 양적 다변화를 위해 중앙정부보다 지방자치단체와 연계한 지역특화발전을 추구해야 한다. 미국의 공영화 성공사례인 주립대 모델을 차용해 지역 사립대가 경상북도의 출연금을 지원받아야 한다. 이러한 구상이 가시화되면 북부에 자리한 경북도청의 지리적 한계를 극복하기 위하여 경북도청 별관을 경산의 주요 대학 캠퍼스에 유치하거나 경상북도가 설립한 주요 지방공기업이나 23개 출자·출연기관과의 협력도 필요하다. 이는 오지의 전문대

대구대 서편 캠퍼스의 전원적 풍광   모네의 정원을 연상시키는 대구대 연못

를 인수하는 기존의 도립대 모델의 한계를 극복하는 모범사례를 창출한다는 점에서 경상북도 지사에게도 유용한 전략이다.

지역대학의 붕괴는 지방소멸을 재촉하기 때문에 지방자치단체도 발등에 불이 떨어졌다. 가뜩이나 수도권 집중화로 위축된 지역 경제가 송두리째 무너질 상황에 처했기 때문이다. 이에 지역별로 교육청과 시의회가 협업해 지역대학의 위기대응에 주력하고 있다. 광주시와 시의회, 시교육청, 지역 내 17개 대학은 '광주광역시 대학발전 협력단'을 구성하였다. 부산시 교육청과 지역 대학들도 '부산지역 인재 육성을 위한 교육감과 지역 대학 총장 간담회'를 통해 실무협의회를 결성했다(대학저널, 2021.04.27.). 또한 경상북도는 500억 원 규모의 장학기금 확대 및 특성화 인프라 개선을 추구한다.

이러한 공조나 지원체제 구축과 병행하여 위기에 직면한 지역 대학의 자구노력도 필요하다. 일례로 광활한 캠퍼스를 소유한 대구대의 경우 산학협력과 창업보육을 강화하는 전략이 필요하다. 대구대 남쪽과 북쪽에는 진량저수지와 금호강이라는 수변공간이 자리해 있다. 얼마 전 진량저수지 뚝방길과 여수로가 정비되고 금호강 절벽트레킹이 가능한 둘레길까지 단장된 상태이다. 지하철 1호선 대구대역 개통을 대비해 금호보와 인근에 교량과 도로도 개설될 것이다. 이는 단순히 대구대 통학로 확충효과에 부가해 진량산업단지와 와촌지식산업단지 또는 신설 예정인 평사IC와 와촌IC를 남북으로 연결한다는 의미가 있다.

물론 대구대가 모험지향적인 대규모 투자를 유치하는 일은 예측불가능한 재정위기나 젠트리피케이션을 촉발할 우려가 있다. 따라서 적립금 예산과 교직원 인력을 활용한 점진적 개발전략이 필요하다. 리조트형 캠퍼스 조성이나 대학가꾸기 차원에서 서편 캠퍼스 유휴부지에 골프장 홀을 단계적으로 늘려나간

다면 조경과 수익이라는 두 마리 토끼를 잡을 수 있다. 기존에 골프연습장과 수영장이 입주한 체육센터 건물을 클럽하우스로 재편해 미니 골프장이나 퍼블릭 골프장을 운영하면 최소한의 투자로 안정적 수익창출과 지역사회의 관심유도가 가능할 것이다.

물론 이러한 중장기 전략의 수립과 안정적 집행을 위해서는 대학거버넌스를 구성하는 재단과 본부의 공조가 필수적이다. 대구대 공동체를 구성하는 내외부 이해관계자들이 역지사지로 협력해야 학교발전이 촉진되기 때문이다. 나아가 대학거버넌스의 강화는 지역사회나 수험생들의 학교이미지 형성에 긍정적으로 작용할 것이다.

08

창조도시 포항의 가능성을 탐색하기

**❝ 영일만의
기적을 이룬
포항 ❞**

포항은 산업화 초기에 제철소를 통해 영일만
의 기적을 창출한 곳이다. 이성계나 박정희를 연상
시키는 강건한 리더십의 소유자 박태준 회장의 열
정이 투영된 곳이기도 하다. 물론 박태준도 정주영
회장과 마찬가지로 정치에 투신하면서 성공한 경
제인 이미지가 퇴색했지만 세계적 철강기업 포스
코를 일군 공로를 과소평가하기는 어렵다.

포스코는 기업도시 포항의 정체성 확립을 선
도했을 뿐만 아니라 광양시에 또 다른 철강도시를
건설하기도 했다. 최근 포항제철소는 과도한 공해
배출과 반복적 산재발생으로 따가운 눈총을 받고
있다. 이에 포스코는 야간 경관조명이나 지역사회
환원활동을 통해 분위기 반전을 시도하고 있다. 더
불어 명문대학으로 부상한 포항공대의 선도적 역
할도 기대된다.

포항제철소 정문에는 '자원은 유한, 창의는 무
한'이라는 슬로건이 적혀 있다. 박태준 회장시절부
터 견지한 경영의 핵심 원칙이라고 한다. 이를 원
용해 포항시도 창도도시를 미래의 비전으로 설정

불철주야 가동하는 포항제철소 전경

포항운하에 전시된 포항함의 위용

한 상태이다. 포항시가 지속가능하기 위해서는 제철을 넘어서는 신성장동력을 창출해야 한다. 세계적인 철강도시에서 환경도시로의 이미지 변신에 성공한 기타큐슈도 포항이 학습할 모델이다. 포항시가 그린웨이 추진과를 설치한 것도 이러한 노력의 일환으로 평가된다.

찰스 랜들리는 창조도시(creative city)란 도시의 위치와 규모 차이에도 불구하고 상상력이 풍부하면서도 혁신적이고 창의적인 방식으로 성공가능성을 제고한다는 의미이다. 이러한 창조도시의 요건으로는 우선 해당 지역이 어떻게 관리되는가의 여부, 즉 제도적 틀의 안정성이다. 거버넌스와 유사한 제도적 틀이란 도시의 관리에 참여하는 공공부문, 민간부문, 비영리부문 등 다양한 조직 간의 연계관계를 포괄하는 개념으로 상호협력에 기초한 시너지의 극대화를 추구한다. 일례로 어느 도시가 개발사업을 성공리에 추진하기 위해서는 인허가 권한을 지닌 중앙정부의 지원은 물론 지역기업이나 주민단체들의 적극적인 협력을 유도해야 한다.

다음으로 중장기 전략기획의 강화이다. 도시의 가능성을 증진하기 위해서는 자신에게 부과된 미션과 능력에 대한 냉철한 인식을 토대로 미래의 비전과 목표를 구체화시켜야 한다. 더불어 비전과 목표의 설정은 일정 수준의 위험을 감수하는 도전적인 방식으로 설정하는 것이 바람직하다.

더불어 리더십과 관리역량의 극대화이다. 도시의 전반적인 영향력과 효과성을 제고하기 위해서는 환경변화에 신축적으로 대응하는 적응적 리더십은 물론 환경의 변화압력을 신성장동력으로 전환시키는 변혁적 리더십이 요구된다. 또한 성과평가의 논리에 기초해 실무책임자들에게 권한을 부여하는 한편 결과에 대한 인센티브를 강화시켜야 한다.

도시를 개조하는 작업은 복합한 예술 장르를 창조하는 일에 비유할 수 있다. 우리가 말하는 최고의 도시라는 것은 인간이 상상하고, 그 형체를 만들고 실제로 작업하는 최고의 예술작품 그 자체다. 거기에는 인간의 정성이 깃들어 있을 뿐만 아니라 인간의 최고 역량이 농축되어 있다.

　　이때 도시개조에 요구되는 핵심역량은 도시의 필요성에 대한 동태적 인식, 3차원의 공간창출, 인간욕구의 이해, 지역사회의 협력유도, 도시의 순환과 이동을 촉진, 영감자극과 동기부여, 외부의 조망과 내부적 요소와 결합, 전통자산의 현대적 재활용, 도시의 내재적 특성을 중시, 한적한 시골의 가치와 번잡한 도시의 가치를 결합, 환경친화적인 녹색가치의 중시 등이다.

　　미래 도시의 유토피아는 실리콘밸리, 바르셀로나, 꾸지지바 등 이미 세계 각지의 우수사례 속에 녹아있다. 거기에는 고용을 창출하거나 기술을 응용하고 주민들의 역량을 촉진시키는 혁신적인 방법들이 존재한다. 도시의 정신과 정체성을 대표하는 건축물, 에너지 절약형의 시설물, 편리한 공공교통, 오락과 학습 기능을 겸비한 상가, 사람들을 끌어모으는 중앙광장, 비일상적인 축제 등이 존재한다.

　　경북 제1의 도시로 인구 50만 명을 넘겨 행정구가 설치된 도시 포항은 KTX 개통을 계기로 산업도시에 부가해 관광휴양도시 역량을 강화하고 있다. 최근 드라마나 예능의 배경으로 자주 등장한 포항시 관광의 거점인 호미곶 일출광장과 내연산 보경사는 물론 불꽃축제로 유명한 영일대 해수욕장, 스페이스워크와 스카이워크, 죽도시장 과메기, 해병대 훈련소, 울릉도행 카페리, 형산강 드라이브, 포항운하 야경 등이 높은 잠재력을 지니고 있다.

　　포항은 제철소 오염물질의 과다배출과 지열발전소 지진여파로 고전해 왔다. 전국적 경기침체에 부가해 지역적 요인까지 결부되자 지역경제가 장기침체 국면으로 접어들었다. 굴뚝산업을 보완하는 창조도시 구상을 표방해 왔지만 예기치 않은 암초에 걸린 형국이다. 포항은 산업화 이전부터 호미곶과 내연산을 비롯해 해수욕장, 운하, 강, 절, 서원 등 우수한 관광자원을 많이 가지고 있다는 점에서 관광의 기본기는 양호하다.

　　동해안 겨울 바다는 거센 파도가 만드는 풍광이 멋진 곳이다. 해안절벽 드라이브의 최고봉인 아말피 코스트를 연상시키는 호미곶 곳곳에서 포착되는 하

구룡포 산자락에 자리한 보리밭

겨울철 호미곶에 몰려드는 파도의 향연

얀 포말은 장쾌한 감동을 선사한다. 이에 나는 북극의 한기가 내려오는 북풍이 부는 날에 호미곶 일주를 떠나곤 한다. 동해안 최일선 돌출부인 포항 호미곶은 울산 간절곶과 더불어 신년 해맞이 명소로 잘 알려진 곳이다.

학기말 출근길에 현관문을 열자 거센 바람의 힘이 느껴졌다. 점심 무렵에 기말고사를 마치고 떠나온 오늘의 여정에서 목적지까지는 한 시간 반이 소요되었다. 호미 모양인 반도일주의 진입로는 북쪽의 철강공단과 남쪽의 구룡포항 모두에서 가능하다. 하지만 오늘은 늦은 점심을 해결하기 위해 구룡포항 쪽으로 정했다. 과거 항구에서 경험한 싱싱한 복어탕의 기억이 상큼했기 때문이다. 하지만 오늘은 주차할 장소를 찾다가 지난번 식당의 위치를 지나치고 말았다. 시간이 촉박해 무작정 선택한 식당의 해물탕은 후추 육수에 동태와 오징어가 주연이다. 물론 식감이 좋은 관자를 품은 키조개 한 개와 향이 좋은 백합조개도 서너 개 들어갔지만 후추의 강한 맛에 압도당한 형국이다. 대게가 주력인 관광지 식당에서 해물탕은 무리였던 모양이다. 황급한 식사로 시작한 오후 반나절 나들이였지만 호미곶 드라이드 와중에 포구 방파제에서 파도의 포말이 내 차의 보닛을 위협할 정도인 역대급 바람과 파도를 체험한 일에 만족하기로 했다.

해맞이 광장이 조성된 호미곶의 정점에는 멋진 조망의 명소가 산재해 있다. 최근 〈갯마을 차차차〉라는 드라마를 통해 정겨운 포구와 호젓한 동산이 소개되어 유명세를 타기도 했다. 내가 드라마의 무대를 처음 접한 그날은 2002년이다. 박지성이 활약한 포르투갈과의 경기가 열리던 날 1년차 신임교수였던 나는 학과 교수를 대표해 신설 야간부 학생이 참여한 MT에 참여했다. 대보면 능선에 자리한 청소년수련관 뜰에서 한잔하고 해안가 마을로 내려가 생선을 말리는 평상에 누워 반짝이는 은하수를 감상했던 기억이 지금도 생생하다.

파도가 잔잔한 날이면 구룡포 인근 해안에는 낚시를 즐기는 사람들도 많이 보인다. 구룡포항에서 경주시 감포항 사이에 자리한 장길리낚시공원은 포항시청에서 멀리 떨어진 갯바위까지 백여 미터의 다리를 설치해 스카이워크의 역할까지 겸하는 곳이다. 인근에는 어촌마을답게 선장님들이 직접 운영하는 횟집도 자주 보인다. 얼마 전 학교 동료들이 단체로 다녀온 낚시공원 인근의 대만식당은 가정집을 개조해 예약제로 운영하는 소규모 횟집이지만 자연산 생선회는 물론 다양한 해산물 찜을 경험하기에 유리한 곳이라 호평이 자자하다. 오늘 나는 식당 장소만 확인하고 그냥 돌아가지만 조만간 그들과 어우러진 해안가 펜션에 자리를 잡고 이삼일 체류하며 맛집과 카페는 물론 낚시와 별밤까지 느껴볼 계획을 수립한 상태이다.

구룡포항 남쪽 해안을 일주하고 경산으로 돌아오는 길에는 포항의 오지 장기면에 자리한 장기유배문화체험촌에 들렀다. 신라가 멸망하면서 변방으로 전락한 장기는 조선시대 제주, 남해, 강진 등과 더불어 대표적인 유배지였다. 포항시가 관광잠재력의 저변확대 차원에서 체험촌을 조성한 이후 사람들의 발걸음이 이어지고 있다. 얼마 전 포항의 북단 영일만항 인근에 자리한 월포해수욕장에서 미역줄기 줍기라는 이색 체험을 경험한 이후에 장기에서 유배문화까지 확인하고 보니 수년 전 지방공기업 경영평가장에서 포항시의 관광잠재력이 무궁무진하다는 포항시시설관리공단 신팀장님의 설명이 이제야 제대로 이해가 되었다.

우암 송시열이 생활한 유배지 가옥	장기면 농촌의 봄철 농경지

장기유배문화체험촌은 조선을 대표하는 주자학자와 실학자인 우암 송시열과 다산 정약용의 흔적을 재연한 장소이다. 우암은 1679년 거제도로 이배되기 전까지 4년여를 장기에 머물렀다. 우암은 당대의 석학이자 정객답게 유배지에서도 다양한 문인들이 몰려들어 학문을 연구했다. 반면에 다산은 1801년 신유박해 사건으로 장기에 유배를 왔지만 황사영 벽서사건이 터져 한양으로 재소환되기 전까지 7개월여를 장기에서 생활했다. 당시 다산은 장기읍성의 동문에 올라 해돋이를 감상하거나 신창리 앞바다에 나가 어촌 생활을 체험했다고 한다. 다산의 경우 잘 알려진 것처럼 한양으로 재압송된 이후 강진으로 다시 유배를 떠나 다산초당을 무대로 학문활동에 정진했다.

09

늦가을 경주의 야경을 즐기자

**❝ 천년고도
역사의 도시
경주 ❞**

오늘은 야간에 경주시 3050 시민들을 대상으로 여행을 테마로 평생교육 특강을 진행했다. 역사고도 경주의 관광잠재력을 극대화시키는 대안의 모색과 관련하여 유사도시 비교에 착안할 것을 주문하였다. 내가 코로나19 직전에 다녀온 동남아 불교도시 일주와 코로나 동행기에 체험한 제주도 여행을 비교 대상으로 설정해 강연을 이어갔다.

동남아에 산재한 불교도시는 다양하지만 치앙마이, 만달레이, 바간, 양곤 등은 경주와 유사한 불교왕국의 흔적이 남아있다. 특히 만달레이는 방글라데시를 비롯해 인도 북부지역에 자리한 이슬람 세력권의 동진을 막아낸 불국토의 보루였다. 물론 지금은 이슬람의 전초기지 역할을 수행하였던 로힝야 족을 탄압하는 군사정부의 거점으로 변질된 상태이다.

제주는 경주와 마찬가지로 한국 관광의 시작을 알리는 양대 지주였다. 1970년대 중문단지와 보문단지의 개발을 시작으로 다양한 테마가 부가되었다. 하지만 지금의 경주는 제주와 경합하기 어려운 상대로 밀려났다. 우리 겨레의 역사학습장 역할을 수행해 왔다는 점에서 경주는 천안의 독립기념관과 닮은꼴이지만 결정적 한방이 부족한 곳이다.

체류형 관광단지로 거듭나기 위해 경주는 매서운 추위에 굴복한 유바리의 실패를 반면교사하고 온화한 기후를 전략적으로 활용한 올랜도의 성공을 정면 교사해야 한다. 더불어 겨울철 관광이 어려운 춘천이 수도권 근접성을 활용해 2022년 5월 레고랜드를 개장한 일에도 착안해야 한다. 사계절 체류형 관광이 가능한 경주는 유니버셜스튜디오나 복합리조트를 적극 유치하는 전략을 구사해야 한다. 나아가 왕국의 수도에서 관광의 명소로 탈바꿈한 로마나 교토와의 비교를 통해 벤치마킹 포인트를 발견해야 한다.

나는 경주에 업무차 들를 때마다 역사적 명소를 둘러보고 귀가하는 편이다. 오늘 강의할 장소로 이동하면서 미리 점찍어 둔 장소는 야간 조명이 아름다운 대릉원 고분군이다. 가장 먼저 찾아간 노동리 고분은 시가지와 근접했을 뿐만 아니라 은은한 조명이 단풍잎에 투영된 고목 서너 그루를 봉분에 이고 있다는 점이 나의 눈길을 끌었다. 맞은편 천마총은 아홉 시를 넘긴 야간에도 내부관람이 가능했다. 동궁과 월지에서 빅히트한 야간개장이 이곳에 영향을 미쳤을 것으로 추정된다. 늦가을 스산한 밤에 묘지 내부를 나 홀로 관람하는 일이 조금은 어색했지만 유라시아를 넘나든 신라의 대외교류 루트를 학습하는 유용한 기회였다. 적석목곽분 형태의 마립간 무덤인 천마총은 동복과 같은 생활의 도구는 물론 서역에서 수입한 소품이나 장식을 부장품으로 남겼기 때문이다. 대릉원 지구 주변에는 황남빵집과 한식당을 비롯해 다양한 테마를 간직한 상점들이 밀집해 황리단길로 명명한 특화거리의 지명도를 높여가고 있었다.

빠르게 돌아가는 도시에 살다가 경주를 찾는 관광객들이 느끼는 황리단길의 진정한 주인공은 북적이는 카페 골목이 아니라 북촌한옥마을을 연상시키는 생활의 현장인 골목길의 정겨운 모습이다. 더욱이 황리단길 인근에는 한옥과 더불어 고분이나 유적이 공존한다는 점에서 독보적이다. 하지만 황리단길은 서울의 가로수길과 마찬가지로 기존 상가나 주택이 젠트리피케이션의 위협에 직면해 있다는 점에도 유의해야 한다.

경주 대릉원의 은은한 야경

경주 감포항의 정돈된 모습

　이전에도 나는 경주 특강기회를 활용해 다양한 명소를 들렀던 경험이 있다. 한번은 2019년 7월 국립경주박물관에서 적극행정 특강이고, 다른 한번은 2019년 9월 한국수력원자력의 사회적 가치 특강이었다. 특강 직후 경험한 경주박물관 투어도 인상적이었지만 최부잣집이 포함된 교촌한옥마을과 반월성 주변을 산보한 일이 만족스럽다. 경주에서 경산으로 돌아오는 길에는 들른 운문댐 드라이브도 청량했다.

　관광도시에 부가해 원전도시를 표방한 경주시 남부권의 활성화는 한국수력원자력의 선도적 역할과 직결된 문제이다. 실제로 한국수력원자력은 지역상생과 직결된 사회적 가치를 중시해 왔다. 문재인 정부 출범 이후 공공기관들은 외부 경영평가에서 사회적 가치 배점이 강화되자 추진체계를 정비하고 다양한 정책수단을 고안하였다. 대부분의 공공기관들이 사회적 가치를 창출하는 내부 전담조직과 외부 전문가로 구성된 위원회 및 대국민 소통채널을 마련하여, 로드맵을 공유하고 실행성과를 점검하였다.

　공공기관의 사회적 가치창출을 촉진하기 위해서는 기관의 사명과 특성에 부합하는 상시적 추진체계를 확립하는 한편 외부 경영평가와 마찬가지로 내부평가 지표에 사회적 가치 지표를 반영해야 한다. 그리고 사회적 가치 추진체제와 병행하여 해커톤(부서별 분임토의)을 활용한 구성원들의 인식전환과 문화혁신도 유도해야 한다. 나아가 직원들의 역량강화와 조직혁신을 유도하는 릴레이 독서학습, 체험과 봉사활동, 제안 유도 등도 유용한 수단이다.

**" 영천시에 부는
변화의 바람 "**

오늘은 2021년 한해를 마감하는 날이다. 코로나19 변종인 오미크론의 습격으로 망년회가 사라진 연말이지만 어제 저녁은 학교 동료들과 경북 동해안 특산물인 가자미회와 찜 안주에 내가 들고 간 안동소주까지 비웠다. 올해 마지막 날의 점심은 45도의 여운을 달래기 위해 팔공산 명물 송이의 향과 국물이 일품인 송이돼지국밥집을 찾았다.

평상시에 내가 선호하는 해장 메뉴는 영천시 금호읍에 자리한 소머리국밥집인 하양할매곰탕이다. 하지만 너무나 추운 오늘은 차선으로 보다 뜨거운 국물이 시원한 돼지국밥집을 찾았다. 물론 다양한 국밥보다 나의 최애 메뉴는 풍미가 넘치는 영천축협 한우프라자의 소고기 숯불구이다. 이곳의 국거리 양지는 소고기뭇국과 미역국을 만드는 핵심 재료이기 때문에 주변에 선물하거나 택배정보를 제공할 정도로 애용한다.

나의 직장 대구대학교는 정문은 경산인데 후문은 영천일 정도로 넓은 땅을 지니고 있지만 주변 벌판은 보다 광활하다. 본관 건물 스카이라운지에 올라가면 미국 대학이나 유럽 성당의 종탑을 능가하는 시원한 벌판이 펼쳐진다. 이러한 이유로 미국 대학에나 있을 법한 대학부설 골프장을 건설하자는 제안이 교내외에서 끊이지 않고 있다. 만약 대구대 서문에서 시작해 정문까지 골프장을 건설한다면 최고의 경관을 지진 리조트형 캠퍼스라는 명성을 확보할 것이다. 대구대 인근 경산벌에 자리한 대구CC가 명문 골프장으로 명성이 높다는 점도 대구대 골프장의 성공가능성을 담보하는 단서이다.

오늘은 시리도록 파란 하늘이 감동적이다. 북풍이 몰고 내려온 찬기가 강한 날이지만 한해를 지내며 복잡해진 머리를 정화한다는 생각으로 금호강변 산보를 시작했다. 차가운 날씨에도 강에는 청둥오리와 왜가리 무리가 물질과 군무를 즐기고 있다. 이처럼 자연이 살아있는 곳에서 한해를 마무리한다는 점에 만족했다.

금호에서 시작해 영천일주에 나선다면 지역 출신인 최무선과 정몽주의 흔적을 찾아보기를 추천한다. 금호읍에 자리한 최무선과학관은 인근에 자리한 영천호국원이나 육군3사관학교와 더불어 호국의 의미를 성찰하는 장소이다. 과학관 뜰에는 육해공 무기가 전시되어 있을 뿐만 아니라 인접한 과수원의 호젓한 풍광도 멋지다. 최무선이 개발한 화약 무기들은 1380년 금강 하구 군산 앞바다 진포에 침입한 왜구 함대를 격퇴하는 데 일조했다. 최무선의 화약 무기에 놀라 육전을 선택한 왜구는 지리산 자락 남원 황산에 집결했지만 동북면 출신의 무장 이성계가 활약한 황산대첩에서 궤멸당했다. 1380년 이성계의 황산대첩은 1376년 최영이 부여 지역에서 거둔 홍산대첩에 이어 왜구를 근절한 계기이자 고려 말에 양대 명장을 배출한 동인이다. 금호에는 최근 김유신으로 대표되는 화랑설화마을도 조성되어 어린 자녀를 동반한 가족단위 방문객들이 많이 찾고 있다.

영천에서 탄생한 유학자 포은 정몽주를 기리는 흔적은 임고서원에서 만날 수 있다. 포은이 유년기를 보낸 포항 남구 호미곶 초입의 오천서원 일원에도 정몽주의 흔적이 있다. 고향을 떠나 상경한 정몽주는 당대 최고의 유학자이자 고려의 충신으로 이색과 더불어 고려 공양왕의 조정을 살리려 노력했지만 역부족이었다. '이 몸이 죽고 죽어 일백 번 고쳐 죽어'로 시작하는 정몽주의 단심가는 '이런들 어떠하리 저런들 어떠하리'로 시작하는 이방원의 하여가에 대한 답신으로 지어졌다고 한다. 결국 정몽주를 회유하는 일에 실패한 이방원은 조정과 유림에 대한 포은의 막대한 영향력을 차단하기 위해 1392년 조선 건국 직전에 포은을 선죽교에서 암살하였다. 사후에 역적으로 내몰렸지만 조선의 건국 직후 복권되면서 절의의 상징으로 부활했다. 당초 포은의 묘는 본래 개성에 위치했는데 고향인 영천으로 이장하던 중 용인시 모현읍에서 명정이 바람에 날아가 떨어지는 바람에 그곳에 안치했다는 일화가 전해진다.

산업화라는 외풍에도 오랫동안 농업지대로 남아있던 영천시는 최근에 교통여건이 개선되면서 변화를 시작했다. 영천을 둘러싼 고속도로망의 확충과 병행하여 동대구－영천－신경주－울산－부산으로 이어지는 복선 전철도 얼마 전에 개통했다. 안동에서 영천 구간의 중앙선 복선 전철공사까지 완공되면 내륙도시나 서울로의 접근성은 획기적으로 나아질 것이다. 교통망의 확대는 지역경제의 활성화는 물론 은해사, 보현산천문대, 운주산승마자연휴양림 등 영천이 지닌 문화관광자원의 활용도를 배가시킬 것이다. 대구12경, 칠곡 SCENE 8경 등 자치단체별로 경관일주 코스를 개발하는 경우가 늘어나면서 영천시도 영천8경을 지역브랜드 홍보에 적극 활용하고 있다.

11

강원도 라이벌 춘천-원주-강릉의 지역발전전략

춘천은 강원도청의 소재지로 행정과 교육을 앞세워 역사적으로 지명에서 강원도의 정체성을 대표하는 강릉과 원주를 압도해 왔다. 그러나 수도권과의 지리적 근접성이라는 기회요인에도 불구하고 휴전선 접경지대와 상수원 보호구역이 지역발전의 제약요인으로 작용해 왔다. 원주와 마찬가지로 미군기지 반환과 교통상의 호재에도 불구하고 산업유치와 인구증가는 시민들의 기대에 미달한다. 춘천시는 미군부대가 이전하자 춘천도시공사를 설립하고 시가지 개발사업을 추진했지만 가시적 성과창출은 제한적이다. 더불어 LH와 더불어 지역의 대규모 개발사업을 주도할 강원도개발공사의 경우도 알펜시아리조트로 대표되는 평창동계올림픽 인프라 투자의 후유증을 좀처럼 극복하지 못하고 있다. 다만 경포대로 대표되는 강릉처럼 춘천의 관광산업을 견인해 온 하중도에 레고랜드를 유치해 2022년 5월 개장을 앞두고 있다는 점이 최고의 위안거리이다.

강원도를 대표하는 도시 간 대결구도는 2022

년 6·1 지방선거를 통해서도 재연되고 있다. 민주당이 강원지사 후보로 원주가 지역구인 3선의 이광재 의원을 전략공천했고, 국민의 힘이 춘천이 지역구였던 김진태 전의원을 경선에서 후보로 선출했기 때문이다. 이번 강원지사 선거의 핵심 공약도 자치권 확대와 직결된 강원특별자치도 지정, 수도권 GTX 노선의 춘천과 원주 연장, 동해안 재난방지 프로젝트 추진, 강원도 접경지역 국군장병 지원, 인구소멸지역 주택의 1가구 2주택 제외 등이다. 특히 강원특별자치도가 지정되면 도민 생활에 획기적 변화가 예상된다. 이에 강원도는 입법논의가 진행중인 국회에 특별자치도가 실효를 거두기 위해 18개 시·군 각각의 법인격(고도의 자치권·직선제 유지) 보장, 재원 확보를 위한 행·재정 특례 부여, 기반산업과 항만·물류, 관광산업의 특례 부여 등 3대 핵심권한의 반영을 요구한 상태이다(강원일보, 2022.04.29.).

원주시는 한반도의 중심부이자 강원도 서남방에 위치한다. 면적은 868.27㎢이고, 1읍, 8면, 16동으로 구성되어 있다. 인구는 35만 명으로 28만 명의 춘천과 21만 명의 강릉을 제치고 강원도에서 가장 많다. 지리와 교통의 이점을 앞세운 인구증가세는 기업도시와 혁신도시의 병행 추진에 기인한다. 더불어 미군기지 캠프롱 반환, 남원주역 역세권 개발, 도시재생 뉴딜사업 추진, 디지털 헬스케어 국가산업단지 조성, 원주천 정비, 여주-원주 전철 복선화 등도 원주시 발전의 플러스 요인으로 작용해 왔다.

원주는 1990년대 중반부터 지역경제 활성화를 촉진하기 위해 시청 주도로 공영개발사업을 추진했다. 사업시행 초기에는 토지분양실적이 저조해 미분양 용지를 콩밭으로 활용하기도 했다. 하지만 헬스케어 산업에 특화한 기업도시 구상이 본격화되면서 부동산이 움직이기 시작했다. 혁신도시 조성으로 건강보험심사평가원, 국립과학수사연구원, 국민건강보험공단, 한국지방행정연구원 등의 공공기관이 이전한 일도 지역경제 활성화에 기여하였다.

춘천의 북한강과 강릉의 동해안에 필적하는 원주의 상징은 치악산이다. 치악산 자락을 관통하는 중앙고속도로는 경관드라이브의 명소이다. 치악산 인근 산자락에 위치한 토지문학관은 제2의 박경리를 꿈꾸는 국내외 작가나 예술인들의 산실이다. 그동안 원주 토지문학관 창작실을 거쳐 간 인사로는 이강백 극작가, 홍명진·김도연·은희경 소설가와 서영인 평론가 등이 대표적이다. 원주가

문학에 기반한 스토리텔링의 산업화를 추구해 온 영국의 도시들을 벤치마킹해 관련 지원사업을 강화하는 일도 의미 있는 시도이다.

　　강릉은 평창동계올림픽 빙상종목 경기장을 유치하면서 인프라 투자가 촉진되었다. 서울역이나 청량리역에서 KTX가 다니기 시작했을 뿐만 아니라 원주와 곤지암을 연결하는 고속도로가 개통하면서 강남이나 동서울에서 출발하는 고속버스도 3시간이 안 되어 강릉에 도착한다. 조금만 서두르면 언제든지 당일치기 여행이 가능해진 것이다.

　　아직은 강릉역과 도심지 간 연계교통이 불편한 상태지만 점차 개선되고 있다. 강릉을 찾는 관광객들은 중앙시장으로 이동해 지역특산물인 감자옹심이와 감자전에 도전하는 경우가 많다. 시장에는 닭강정과 마늘바게트를 비롯해 새로운 맛집도 늘고 있다. 시장에서 점심을 해결했다면 경포대에 자리한 카페에서 강릉의 테마인 커피를 즐기는 사람도 많다. 인근은 강문해변과 초당순두부 및 오죽헌을 비롯한 명소들이 밀집한 관광단지이기 때문이다.

12

속초에서 진단한 공공부문 생태계

지방공기업 경영진단을 위해 속초에 다녀왔다. 태풍이 지나간 속초시와 동해안 일원은 청량했다. 설악동 소공원 입구에는 토왕성폭포의 시원한 물줄기를 감상하는 여행객들로 붐볐다. 하지만 설악동 소공원은 이윤을 추구하는 불교사찰 신흥사와 민간소유 케이블카의 무대로 전락한 상태였다. 설악동 등산로에 자리한 신흥사가 문화재 관람료를 징수해 논란이 되고 있다. 2022년 대선에서는 국정감사에서 문제를 제기한 의원이 불교계의 단결된 힘에 곤욕을 치르기도 했다. 또한 1969년 박대통령 일가에 허가된 케이블카 사업은 1970년 국립공원 지정 이후에도 변함이 없다.

설악산 관리는 우리나라 자치분권의 축소판이다. 민간의 소유권이나 권력자의 위세가 지방의 논리를 압도해 왔다. 공공의 역할은 국립공원 관리나 산림청 헬리콥터를 관장하는 중앙이 지방에 우선한다. 광역자치단체 강원도는 설악동 무료 주차장이나 육지의 산불진압 임무를 통해 존재감이 엿보인다. 하지만 설악동에서 속초시청이나 속초시시설관리공단의 흔적을 찾기는 어려웠다. 사천과 통영처

태풍이 지나간 설악산 폭포의 물줄기

단풍이 장식한 설악산 봉우리

럼 지방공기업이 케이블카를 운영하거나 관광시설을 관리하는 일과 구별된다. 지역의 대표 관광지에서 수익을 창출하지 못하는 속초시시설관리공단은 경영수지의 악화로 인해 행정안전부의 경영진단 대상으로 선정되었다.

속초시는 거주인구가 8만 1천여 명이지만 유동인구가 곱절이나 많은 전형적 관광지다. 인구와 면적에서 발전의 동력이 약화된 속초시는 인근 양양군과의 도농통합을 추진했지만 자리보전에 급급하고 교부세에 의존하는 공무원들의 소극적 행태로 무산되었다. 최근에는 서울양양고속도로의 개통과 서울속초고속화철도사업 추진으로 재도약의 전기를 맞이하였다. 하지만 아직은 부동산 급등락과 고성·속초 산불의 후유증을 극복하지 못하고 있다. 동절기에는 개점휴업 상태인 양양국제공항이나 금강산 관광의 장기 중단은 지역관광의 침체를 대표하는 사례이다.

우리나라 동해안은 중남미와 마찬가지로 천혜의 항구인 석호를 품고 있다. 속초의 경우 설악산에 부가해 청초호와 영랑호라는 석호가 관광단지 구상의 핵심 자산이다. 하지만 체류형 휴양지로서의 매력을 배가시키는 단지시설과 운영관리는 절대적으로 빈약하다. 제주도나 남부권 자치단체들이 생태마을, 박물관, 놀이동산 등을 확충한 일과 비교된다. 속초시시설관리공단은 해수욕장이나 포구 인근의 공영주차장 운영에 수입을 의존하고 있다.

중앙정부가 정점인 공공부문 생태계의 말단에는 지방공기업이 있다. 속초시시설관리공단의 사업구성은 환경, 체육, 청소년, 교통, 장묘 등 공공성 위주로 편재되어 있다. 하지만 효율성을 우선하는 속초시의 보수적 정책기조로 인해 근무여건 개선은 지연되고 있다. 인력의 노령화나 환자의 증가에 대한 시청의 배려도 기대하기 어렵다. 지방자치단체 공무원들이 아프면 상수도로 발령이 나지만 공단소속 환경미화원이 아프면 대처가 어렵다. 공단의 수지비율이 저조하다는 이유로 기능직의 일반직 전환은 물론 무기계약직과 환경미화원의 정규직화도 지연되고 있다. 인건비 인상의 여파는 주차장 관재설비 도입, 청소차량 교체, 체육시설 유지보수 등에 대한 투자 감소로 이어졌다. 더욱이 산불 추경의 지연으로 악화된 속초시 재정은 공단의 중장기 발전역량이나 사회적 가치창출을 제한하고 있다.

공공부문을 구성하는 조직들이 내부와 외부 모두에서 수직적 서열화를 좀처럼 탈피하지 못하고 있는 것이다. 따라서 자치분권과 협치의 시대를 맞이하여 기존에 유지된 생태계를 재편하려는 공공부문의 혁신이 강화되어야 한다. 나아가 공공의 한계를 보완하는 민간의 창의적 지역발전 아이디어도 중요하다. 폐업한 칠성조선소를 재생해 청초호가 보이는 전망이 좋은 카페로 재단장하거나 닭강정 브랜드로 전국을 재패한 속초중앙시장의 저력도 주목할 대목이다.

13

안보에서 생태로 전환하는 강원도 접경지대

속초에서 경영진단 일정을 마무리하고 서울로 돌아가는 길은 서울양양고속도로가 아니라 미시령 터널을 관통해 양구와 화천에 산재한 안보관광지를 둘러보았다. 속초에서 점심을 먹고 오후 1시에 출발한 바쁜 일정이었지만 결과적으로 탁월한 선택이었다. 한 달 전 후배 홍교수와 함께 백담사와 화진포를 경유해 고성에서 숙박한 다음 한계령 필례약수와 인제 스피돔에 들렸다가 귀경한 코스가 선사했던 감동에 필적했다. 당시는 고속도로 귀경이 재미없다는 홍교수의 권유에 떠밀린 선택이었지만 한계령 등반로를 거닐고 필례약수 인근의 온천장을 찜해둔 일이 유익했다.

속초시 종합운동장에서 시작한 드라이브는 곧바로 울산바위의 시원한 풍광과 마주한다는 점에서 매력적이다. 어제 설악동에서 확인한 남쪽 방향의 화강암 울산바위가 요세미티 하프돔(Half Dome)이나 북한산 인수봉을 연상시킨다면 소나무와 어우러진 북쪽 봉우리 형상의 울산바위는 황산 연화봉이나 장가계 어필봉에 가깝다. 특히 교통량이 줄어든 미시령 터널 인근의 갓길에 차를 정차하고 풍경을 감상할 수 있다는 점이 좋았다.

미시령 터널을 지나면 선녀탕과 백담사 입구를 지나게 되고 오래지 않아 북쪽 양구 방향으로 향하는 표지판이 나온다. 오랜만에 만나는 초행길이라 다소 긴장했지만 계곡을 돌아가는 드라이브가 상쾌하다. 양구 초임에 진입했지만 특별한 목적지가 있는 것은 아니었다. 우연히 마주친 자연생태공원 이정표를 따라 올라가니 군부대에서 식재한 소나무 가로수가 사열을 위해 도열한 장병들을 연상시킨다.

동쪽에서 시작한 양구 여정에서 만난 자연생태공원은 분재원과 산책로가 테마이다. 하지만 여유가 없었던 나는 다음 목적지를 정하기 위해 관광지도 안내판에 응시했다. 언젠가 신문에서 본 시레기마을 펀치볼과 을지전망대의 위치를 확인한 순간이다. 을지전망대는 소정의 입장료와 신청서를 쓰고 출입이 가능했는데 인근에 있는 제4땅굴도 패키지로 관람하는 경우가 많다고 한다. 시간도 없지만 철지난 안보관광은 내키지 않아 전망대 코스만 선택하였다. 전망대에 오르면 남북으로 고봉과 분지를 조망하지만 좌우에는 만리장성을 연상시키는 철책의 흔적이 이어진다. 특히 화채 그릇(punch bowl) 모양의 펀치볼 분지는 완만한 능선과 개간된 농지가 멋진 하모니를 연출한다는 점에서 인상적이다. 최근 남북의 합의로 몇몇의 GP가 철거되고 DMZ 관광이 시작되었지만 외세를

양구 펀치볼의 광활한 전경

화천 평화의 댐 전경

화천댐 선착장의 호젓한 풍경

대리한 과거의 남북대결 구도를 청산하는 민족공조의 본격화에는 다소의 시간이 걸릴 것으로 보인다.

다음 여정은 북한의 수공에 대응한다는 명분을 앞세워 화천군 북단에 건설된 평화의 댐이다. 휴전선만큼이나 한심한 문제의 댐은 한적한 산골과 어울리지 않을 정도로 말끔한 모습을 하고 있었다. 건설비용에 관리비용까지 감안하면 아마도 단군 이래 최악의 예산낭비이자 국민선동 사례로 역사에 기록될 것이다. 다만 새로 건설된 댐에 막혀서 두 동강 나버린 비수구미 마을은 남쪽 방향만으로도 아름답다는 점에서 강변 생태길을 걸어보고 싶다는 생각이 들었다.

평화의 댐에서 서울로 향하는 길에는 일제 강점기에 화천댐 건설로 조성된 파로호에 들렀다. 파로호 선착장 초입에는 지금은 한가해진 파로호 안보전시관이 자리해 있다. 낭만적 호수 대붕호를 '오랑캐 중공군을 궤멸시킨 호수'라는 전투적 장소로 둔갑시킨 파로호(破虜湖)라는 이름을 다시금 환기시키는 안보관광 시대의 유산인 것이다. 지도에서 살펴보면 동서로 늘어선 두 마리 용의 모습을 한 파로호와 소양호는 북한강 수계의 물 안보를 책임지는 파수꾼이라는 점에서 높은 가치를 지니고 있다. 다만 광활한 호수 면적이 지역발전을 제약해 왔다는 점에서 혜택을 입은 수도권의 재정적 배려가 강화되어야 한다.

화천에서 춘천으로 이어지는 북한강 변은 푸근한 모습이다. 아마도 화천 산천어 축제가 성공한 최고의 비결은 축제장까지 이어하는 환상적인 강변드라이브가 아닐까하는 생각이 들 정도였다. 다음번 휴가나 주말에 춘천에서 화로구이 닭갈비와 막국수를 먹고 오늘 오후에 속성으로 일주한 코스를 역으로 올라가면서 한가한 힐링의 시간을 보내겠다는 다짐을 하면서 어둠이 내린 서울춘천고속도로를 질주하였다.

14

강원 남부권 낙후지대인 태백과 삼척의 분투

" 인적 역량의 부족 "

강원 남부권에 자리한 태백과 삼척은 강원 서부권인 영월과 정선처럼 폐광으로 지역경제가 심각한 타격을 입은 곳이다. 1980년대 후반 이후 한국의 에너지 패러다임이 석탄에서 석유로 전환되자 폐광도시라는 숙명을 감내해야 했다. 특히 사북사태를 계기로 고조된 탄광 파업은 대규모 폐광조치를 알리는 신호탄이었다.

태백시는 강원도 남동부의 작은 내륙도시이자 육안으로 은하수 식별이 가능한 고원도시이다. 1970년대에는 도시 전역이 전통적인 무연탄 생산지이자 전국 제1의 광도로서 국가발전의 중추적 역할을 수행했다. 하지만 1989년 석탄산업 합리화 이후 지역경제가 급격히 퇴조하였다. 이에 정부는 〈폐광지역개발지원에 관한 특별법〉을 제정해 강원랜드나 오투리조트 건설을 지원하였다. 그러나 안타깝게도 일본 유바리의 리조트산업 실패가 시사하듯이 열악한 교통과 기후로 인해 소기의 성과를 창출하지 못하고 있다.

일본 홋카이도(北海道) 중부 유바리(夕張)시는

재정파산을 경험한 자치단체다. 2006년에 중앙정부에 파산 신청을 했고, 이듬해 재정재생단체로 지정됐다. 한때 일본 굴지의 탄광·관광 도시로 인구가 10만 명을 웃돌았지만 지금은 8,000여 명에 불과하다. 말이 지자체이지 시는 예산 편성도, 사업도 전부 중앙정부의 동의를 얻어야 한다. 중앙정부와 함께 책정한 재정적자 해소 시기는 2027년 3월이다. 물론 지금은 지사로 선출된 스즈키 나오미치(鈴木直道) 시장의 주도로 특화상품 멜론발굴로 대표되는 부활전략에서 소기의 성과를 거두기도 했다(오영환, 2017).

태백시는 백두대간의 중추인 해발 1,567m의 태백산 봉우리들에 병풍처럼 둘러싸인 수려한 경관을 지니고 있다. 한반도 이남의 젖줄인 한강, 낙동강이 발원하는 곳이기도 하다. 고원도시답게 가장 더운 7월과 8월에도 22.0℃의 기온을 보이고 모기와 같은 해충이 적기 때문에 피서의 최적지라는 명성이 자자한 곳이다.

태백시의 내생적 발전을 위협하는 요소는 인적 역량의 부족이다. 태백시 학력 수준 현황을 살펴보면 저학력 인구가 높고 고학력 인구가 낮은 것으로 나타났다. 태백시의 저학력 인구는 강원도 비율보다 높고, 전국 저학력 비율보다 훨씬 높으며, 고등학교 졸업자 비율은 태백시 전체인구의 31.8%로 전국에 비해 11.9%나 낮은 실정이다. 이에 시청에서는 취업에 유리한 실용적 평생교육 프로그램을 강화하고 있다.

해안과 산맥으로 구성된 삼척시는 인근 울진이나 영덕을 벤치마킹해 원전 유치를 추구하였다. 나는 동일본 대지진이 발생하던 날 삼척에서 원자력에너지 활용방안에 관한 세미나에 참석하고 있었다. 이 사건은 추후 후쿠시마 원전의 폭발로 이어지면서 원전 확대에 대한 여론을 역전시키는 분기점으로 작용했다. 물론 울진 원자력 단지의 신규원전 공사가능성이 높아질 정도로 상황이 호전됐지만 삼척 신규원전을 기대하기는 어려운 상태이다.

석회암 지형과 시멘트 산업이 자리한 삼척과 동해는 동굴과 계곡을 활용한 관광잠재력이 높은 곳이다. 동해안에 자리한 해수욕장이나 해안도로도 기대이상의 감동을 제공한다. 하지만 수도권과의 지리적 거리와 교통기반의 미약이 결정적 제약요인이다. 동해시의 경우 울릉도행 여객선을 유치하면서 호텔을 비롯한 관광기반시설이 늘어났다. 하지만 동해대학교의 폐교가 암시하듯이 지역경제를 위협하는 요인이 여전한 실정이다.

Chapter 03

동남권: 부산·울산·경남

세계도시를 표방한 부산의 도시경쟁력

"부산은 한국의 근대 무역도시 에서 세계도시 로 전환 중"

부산은 평안북도 신의주와 더불어 한국을 대표하는 근대 무역도시에서 세계도시로 전환하고 있다. 가덕도신공항과 2030부산월드엑스포는 부울경(부산·울산·경남) 메가시티의 성공적 추진과 직결된 문제이다. 부울경이 통합된 글로벌 해양융합복합도시를 통해 인구 800만 명 규모의 광역경제권이 출범하면 수도권에 필적하는 남부권의 비상이 본격화될 것이다.

부산시는 가덕도신공항에 대한 정치적 약속을 확보한 상태에서 2030부산월드엑스포 유치전략에 부심하고 있다. 여수엑스포 사례가 시사하듯이 국제박람회를 유치하기 위해서는 중앙정부의 지원과 지역주민의 열망이 결정적 변수이다. 따라서 부산시는 국제박람회기구(BIE) 현지실사를 대비해 여수시 사례처럼 관민협치에 기반한 치밀한 홍보전략을 구사해야 한다.

부산에는 샌프란시스코처럼 언덕과 해안이 어우러진 범어사와 용궁사를 비롯해 경관의 명소들이 도처에 포진해 있다. 용두산공원 전망대에서 바라보는 원도심 항구의 조망은 물론 영도 카페의

부산 범어사의 청명한 가을

해운대가 지척인 동부산 관광단지

야경도 눈부시다. 제주나 완도처럼 말을 키우던 영도의 산비탈에는 한국전쟁 이후 피난민들이 몰려와 주거지를 형성했다. 태종무열왕이 반했다는 태종대와 2명의 기녀가 진주성 논개처럼 순국한 장소인 이기대 해안산책로는 트레킹에 유리하다. 스카이워크가 설치된 오륙도 앞바다를 기점으로 구분되는 동해와 남해, 해파랑길과 남파랑길을 걸으며 태평양과 한반도가 연출한 하모니를 감상하는 일은 내가 체득한 힐링의 노하우이다. 해운대와 송정을 연결하는 해안가 고지대에 부설된 블루라인파크 해변열차도 인기를 끌고 있다.

부산의 원도심에는 도시재생과 도시재개발로 부활한 명소들이 주목의 대상이다. 국제시장, 자갈치시장, 감천문화마을, 흰여울 문화마을, 아미동 비석문화마을, 보수동 책방골목, 동구 이바구길, 영화의 전당 등은 독특한 자기만의 역사와 테마를 활용해 관광객들의 관심을 끌고 있다. 부산국제영화제가 열리는 영화의 도시답게 피난수도 부산의 치열한 현대사를 배경으로 〈국제시장〉이라는 영화가 만들어졌다. 이북이 고향인 피난민의 소울푸드인 냉면이 전분을 구하기 어려웠던 부산에서 밀면으로 재탄생한 대목도 전쟁이 낳은 애절한 스토리다.

부산을 대표하는 도시재개발 사례는 선봉장인 센텀시티를 비롯해 엘시티, 에코스마트시티, 동부산관광단지, 북항지구 등이다. 우선 벡스코가 자리한 센텀시티는 2002년 부산아시안게임을 대비해 특수목적법인(SPC) 방식으로 조성한 신도시이다. 센텀(centum)은 백이라는 완결된 수를 의미한다는 점에서 완결성 높은 미래형 도시의 건설을 추구했다. 센텀시티와 유사한 방식으로 추진된 해운대 엘시티는 최근에 사업추진을 둘러싼 지역 토호들의 부정부패 논란으로 관심을 끌기도 했다.

부산도시공사와 한국수자원공사가 개발을 주도한 동부산과 서부산 지역은

부산의 3대 권역별 유형화

동해남부선 복선전철 개통과 가덕도신공항을 앞세워 전국적 관심을 유도한 상태이다. 동부산 개발이 추진된 기장군 일대는 북으로는 울산 울주군 남으로는 해운대구와 접하고 있다. 동부산 개발단지에 들어선 아웃렛과 호텔 및 골프장은 지명도를 제고하고 있다. 멸치와 곰장어의 산지로 유명한 기장의 해안에는 용궁사가 관광객들의 발길을 잡고 있다. 또한 부산의 변두리 강서구는 최근 지속적 인구 증가율을 보이고 있다. 철새 도래지 을숙도가 테마인 에코델타시티 조성으로 다양한 파급효과도 기대된다. 실제로 2023년 사업이 완료되면 7조 8천억의 경제적 파급효과와 4만 3천 명의 고용유발 효과가 기대된다. 하지만 명지신도시와 대저토마토라는 대비적인 상징이 시사하듯이 도·농이 복합된 지역의 특성을 감안한 균형발전 전략을 마련해야 한다.

부산을 대표하는 항구는 가덕도 맞은편 부산신항과 부산역 동편에 자리한 부산북항이다. 부산진해경제자유구역에 자리한 부산신항은 대규모 컨테이너 항구이다. 따라서 강서구 일원에 개발되고 있는 주거지와 신공항은 서부산 권역의 활성화를 촉진하게 될 것이다. 부산북항의 재개발은 침체된 원도심의 재도약과 직결된 문제이다.

부산시 행정구역은 크게 남구와 영도구가 위치한 원도심 권역, 사하구와 강서구가 자리한 서부산 권역, 수영구와 기장군이 포진한 동부산 권역으로 구분된다. 부산광역시 인구는 335만 명으로 광역시 중 1위지만 인구유출이 심화되고 있으며 고령화율도 19.4%로 높은 실정이다.

원도심에 자리한 남구는 세계 유일의 유엔기념공원과 유엔평화기념관, 일제강제동원역사관 등이 어우러진 유엔평화문화특구로 지정된 상태이다. 부경대학교와 경성대학교 사이는 서울의 대학로를 연상시키는 활력을 느낄 수 있다. 지역경제를 책임지는 신성장동력인 해양산업클러스터와 문현금융단지(BIFC)도 주목의 대상이다. 더불어 부산을 대표하는 관광의 명소인 오륙도, 이기대, 신선대, 황령산유원지 등은 도시와 자연이 조화된 쾌적한 청정도시의 이미지를 고양하고 있다.

부산 남구는 지역의 평생교육 역량을 증진하는 생애단계별 전략으로 1020 청소년세대의 재능 및 진로 프로그램, 2030세대의 직업 전문성 지원을 위한 일의 달인 사업, 4050세대의 중장년층을 대상으로 일과 삶의 균형의 워라밸(work-life balance) 지원 프로그램, 5060의 은퇴 및 제2인생 설계를 위한 신(新)청춘도전학교 사업, 7080 Brovo! 100세 라이프 사업 등을 추진하고 있다. 특히 인생후반전지원센터와 안드라버시티(Andraversity)는 신중년 교육수요에 대응하는 전략이다. 안드라버시티란 아동 및 청소년을 위한 교육학 페다고지(Pedagogy)와 구분되는 어른들의 교육학 안드라고지(Andragogy)와 대학(University)을 접목시킨 합성어이다.

부산의 특산물로는 금정산 산성마을 막걸리가 있다. 전통방식인 족타식으로 제조한 누룩을 사용해 발효한 산성막걸리는 청량한 탄산의 맛이 덜한 대신에 걸죽한 미숫가루와 유사한 곡물 맛이 은은하다. 탁주스타일 쌀막걸리를 오래 발효시키면 곡물이 침전된 술항아리 위에 맑은 술이 떠오르는 청주인 동동주가 제조된다. 더불어 보릿고개가 작동하던 1960~1970년대에는 귀한 쌀이 아니라 주로 수입산 밀가루로 지역브랜드 막걸리를 생산했다. 냉장설비가 귀하던 시설에는 막걸리의 유통기한이 짧아서 전국적 유통망 구축은 무리였다. 또한 관의 압도적 우위가 확보된 군사정부 시절에는 면서기가 쌀로 제조한 동동주를 단속한다고 안방에 들이닥치고 다수확 통일벼를 장려한다고 아끼바리(추청미) 못자리를 장화발로 뭉게는 일이 다반사였다.

원조 기업도시 울산의 비상

인구 110만 명의 울산광역시는 해안가 조선소 지대인 동구에서 제조업 침체가 발생했다. 인구가 줄어들고 부동산의 하락세가 시민들의 불안을 자극하고 있다. 전통적인 제조업을 대치하는 수소경제, 해상플랜트, 바이오 등 신성장동력의 육성이 지연되면서 문제가 심화되었다.

울산 북구와 남구는 각기 자동차와 석유화학이 주력산업이다. 현대자동차는 수출경쟁력이 유지되고 있지만 해외생산기지 확대나 지역별 차종특화전략이 위협요인으로 부상했다. 석유화학산업 활성화의 경우 단기적으로는 유가와 중장기적으로 신재생에너지와 연계되어 있다.

나는 1990년대 초 노사분규가 극심하던 시절에 울산을 대표하는 기업의 노동조합을 방문해 임금협상 패턴에 관한 조사를 수행한 경험이 있다. 당시 현대중공업 조선조 안쪽에 자리한 노동조합 사무실로 이동하기 위해 직원의 오토바이에 편승해 이동하면서 골리앗 크레인의 위용을 목격했다. 최근에는 울산 오토밸리에 자리한 신생 지방공기업 북구시설관리공단을 방문해 컨설팅을 수행한 적이 있다. 당시 울산광역시청 공무원 출신으로 퇴직한 공단 이사장의 적극행정 의지를 청취하면서 공감을 표시하기도 했다. 공무원 재직 당시에 본인이 주도했다는 울산과기대 부지의 안정적 확보와 주상복합 건물 간 연결통로 확보와 관련된 무용담이 흥미로웠다.

울산의 태화강은 포항의 형산강과 더불어 동해안 해운과 어업의 중심지였다. 태화강 상류에 위치한 반구대의 암각화는 사연호로 인해 물길이 단절된 상태이다. 수렵채취생활을 하던 신석기 시대에는 강 안쪽에 깊숙이 자리한 이곳이 인구밀집지대였다. 낙동강 상류 밀양 인근에서 패총 유적이 발견된 일과 유사한 이치이다.

울산 중구에 자리한 태화강변 십리대숲을 기반으로 국가정원이 지정되고 부산−울산−포항을 연결하는 고속도로가 개통된 일은 지역의 호재이다. 향후 울주군을 포괄하는 도시철도나 순환도로 구상이 본격화되면 울산의 발전역량이 배가될 것이다. 더불어 동해남부선 복선전철의 개통으로 해운대와 부전역은 물론 신경주와 동대구역을 연결하는 교통망이 완성된 일도 주목할 일이다.

울산의 관광명소는 고래잡이 항구 장생포와 청정수원인 회야강 사이에 자리한 일출의 명소 간절곶과 영남알프스의 중심인 신불산이다. 이곳은 각기 대구나 부산에서 접근이 용이하다는 점에서 영남권 지역통합을 촉진하는 연계관광의 적지이다. 더불어 고속철도 울산역 인근에 자리한 양산 통도사가 역사 명칭의 부제로 들어 있다는 점에도 유의해야 한다. 금정산 범어사와 더불어 동남권 대표 사찰인 양산 통도사는 사찰 주변의 풍광이 아름다운 산보의 명소이자 문재인 대통령의 사저가 조성되었다. 불심이 강한 부울경의 신자들은 소원 기도에 효험이 있다는 팔공산 갓바위가 동남권을 바라본다는 사실에 착안해 깊은 애정을 표시할 정도이다. 최근에는 산업도시 울산의 문화적 토대를 강화하기 위해 울산동헌 터에 건립한 울산시립미술관과 푸른 바다와 돌 무리가 조화로운 모습을 연출하는 대왕암공원도 시민들이 자주 찾는 힐링의 명소로 부상한 상태이다.

울산은 지역발전을 촉진하기 위해 본청은 물론 구군 공무원들이 다양한 규제개혁 과제를 발굴하고 있다. 수년 전 전통주 유통기한을 확대하기 위한 산도 규제를 완화한 일이 전국적인 관심을 끌었다. 주세법에 따라 술은 크게 4가지로 나뉜다. 소주를 만드는 주정, 탁주·양주·맥주 등 발효주류, 소주·위스키 같은 증류주류, 그리고 기타주류가 있다. 하지만 '총산도' 제한으로 국내 전통주의 다양화가 가로막혀 있었던 것이다. 총산도란, 산(acid)의 세기 정도를 의미하는데, 산이 높을수록 신맛이 난다. 총산도 규격은 전통주로 대표되는 탁주 0.5, 약주 0.7, 청주 0.3이하 등으로 제한되지만 맥주, 와인 등 과실주는 산도 제한을 받지 않았다. 더불어 울산광역시는 이러한 성과를 앞세워 지역의 제조업이나 서비스업을 육성하는 각종 규제나 서비스를 발굴하는 일에도 적극적으로 나서고 있다는 점에서 고무적이다.

장맛비 와중에 수행한 마창진 경영평가의 교훈

**❝물 인프라
관리의 광역화
구현❞**

경상남도는 총 3,362,553명의 인구를 지니고 있다. 전국 면적의 약 10.5%를 점유한 경남의 행정구역은 18개 시·군(8개 시, 10개 군), 5개 행정구, 305개 읍면동 등으로 구성되어 있다. 경남의 도시경쟁력을 선도하는 창원시는 2010년 마산-창원-진해가 통합한 이래 지금은 103만 명 인구로 특례시 지위를 확보했다. 향후 이러한 행정통합의 대열에 김해시까지 동참하면 160만 명을 넘겨 부울경 메가시티의 주도권을 행사할 것으로 기대된다.

나는 2000년대 중반 상수도 경영평가에 참여해 당시 경남의 대표적 도시를 장마철에 일주한 경험이 있다. 마창진은 물론 금관가야와 아라가야의 무대인 김해나 함안도 연담도시의 성격을 지닌다. 중소규모 도시들이 각기 상수도를 운영하는 과정에서 광역행정의 유용성을 구현하지 못했던 것이다. 일례로 창원시와 김해시는 청정 상수도 원수를 확보하기 위해 각기 강변여과수 개발을 추진하면서 중복투자라는 시행착오를 경험했다.

2010년 통합 직후 각기 3개의 지방공기업으로 운영하던 상수도와 하수도는 운영과 시설은 물론 요금의 통합이라는 난제를 지방의회에서 격론 끝에 타결하였다. 하지만 통합 이후 신도시 지역인 창원과 진해로의 쏠림현상이 부각되면서 원도심에 해당하는 창동 상업지구를 비롯해 마산지역의 소외감이 커지고 있다. 더불어 체육, 문화, 복지 등 각종 공공시설 인프라를 3대 권역별로 분산배치하는 과정에서 발생하는 비효율성 시비도 여전한 실정이다.

국내외 도시는 수위도시나 세계도시에 필적하는 경쟁력을 확보하기 위해 도시통합이나 도시연합을 시도하고 있다. 우리는 1995년부터 정부 주도로 도시통합을 추진했다. 하지만 통합과정에서 지역이기주의 확산에 직면했다. 이에 광역협의회, 조합, 위탁계약 등을 활용한 도시연합의 가능성에 주목하고 있다. 부울경 메가시티 구상이나 광양만권 3개 도시연합이 대표적 사례이다. 도시연합은 상·하수도를 비롯해 주택, 교통 등과 같은 도시문제의 해결을 추구한다. 1919년에 창설된 보스톤 광역행정위원회는 보스톤 주변의 40여 개 시에 대한 상·하수도와 공원 및 자치경찰 서비스를 제공했다. 또한 미국의 유역관리위원회는 주와 지방정부를 초월해 통합 물관리 기능을 수행한다.

프랑스 지방도시는 배후지 거주민의 도심지 접근을 촉진하는 교통수단인 노면전차(LRT: light railway transit) 구축, 상업과 교통을 연계한 도시계획, 소규모 상점을 지원하는 상업조정제도, 법규와 세제의 신축적인 정비, 도시개발 전담조직과 마스터플랜, 지방정치와 행정의 건설적 협력관계 등을 활용해 지역발전의 동력을 확보해 왔다(뱅상 후지이 유미 저, 조용준 역, 2021). 대표적 사례인 스트라스부르는 파리에서 440여 km가 떨어진 독일 접경의 소도시지만 취업은 물론, 자연, 문화, 역사, 교육기관, 소비나 오락 시설 등이 균형 있게 공존해 있다. 프랑스 중세의 모습이 잘 보존해 세계적 관광지로 부상한 '쁘띠프랑스'가 있는 곳이다. 동시에 유럽연합(EU) 의회가 위치한 유럽의 중심이다. 그리고 지금은 프랑스 혁신산업의 대표 도시로 부상하는 중이다.

일본에서는 지방소멸 위기를 극복하기 위해 거점도시를 중심으로 인근 시정촌을 연계한 압축도시(Compact City)를 추진했다. 일례로 도야마시는 현청 소재지로 북알프스라 불리는 고산 관광과 유리 공예로 유명한 곳이다. 도야마시의 도전은 2002년 모리 마사시(森雅志) 시장 당선과 더불어 시작됐다. 모리 전 시장은 지속가능한 도시발전을 위해 자동차 편중을 탈피하는 대신에 철도와 노면전차 등 대중교통망을 강화해 역사에 상업·업무·문화, 거주 기능을 집약하는 다극(多極) 네트워크형 압축도시를 건설했다. 지역발전의 난제를 해결한 모리 시장은 광역교통망 건설이나 도시재생 구상이 행정의 주도만으로 완수하기 어렵다고 역설한다. 따라서 시민을 집요하게 설득하는 방식으로 협치를 구현했다(오영환, 2021). 더불어 중앙－지방정부 간 협력관계를 토대로 지방창생 비전과 전략도 준비했다. 지방소멸을 극복하는 중장기 비전으로는 출생률 향상과 인구의 유지를 내걸었다. 구체적 전략은 민간의 핵심 성과지표(KPI)를 원용해 연간 10만 명의 도쿄 전입 해소, 젊은이 지방 일자리 30만 개 창출 등을 제시했다. 더불어 관광이 지역활성화의 요체라는 인식하에 외국 관광객 소비 증대 방안과 어린이의 농산어촌 체험 강화를 추구했다(오영환, 2019).

일본의 기초자치단체인 시정촌은 규모의 측면에서 우리나라의 읍면동과 유사해 광역행정의 구현에 불리하다. 이에 규모의 경제를 구현하려는 지방상하수도 통폐합은 활발한 편이다. 도쿄나 오사카 같은 대도시 상하수도는 관로, 펌프장, 수해방지 등 물순환 전반을 포괄하는 범위의 경제에 주목하고 있다. 그리

도쿄도 수도국의 2020~2040년도 중장기 전략

사업환경 변화	사업운영 전략	3대 목표와 실행전략
1. **시설의 상황변화** -인구감소와 수도수요 -정수장 일제갱신압력 -기후변화와 수질변동 2. **인력의 상황변화** -노동인구 감소 -현장인력의 고령화 -민간위탁 증가 3. **재정의 상황변화** -수도요금 수입감소 -시설투자 기채발행 -경영합리화 요구증대	① 인구감소로 수도수요나 요금수입이 감소해도 안정적 공급을 위해 필요한 시설의 정비는 착실하게 추진할 것 ② 조직정원의 감소 추세에 부응해 민간위탁을 포함한 효율적인 운영체제를 구축하는 것 ③ 사회경제 변화에 부응하는 고객 서비스의 향상과 업무의 효율화를 추진하는 것 ④ 끊임없는 경영혁신 노력이나 기채발행 여력을 구축하는 것	1. **단계별 시설정비** ① 수도시설 확충 ② 대규모 정수장 갱신 ③ 다마지구 수도재정비 ④ 관로의 주기적 교체 ⑤ 재해대응 ⑥ 수질과 수원관리 강화 ⑦ 환경대책 2. **스마트 행정** ① 원격검침(검침자동화) ② 관제고도화(ICT확충) ③ 공공관계(홍보와 소통) 3. **거버넌스 역량강화** ① 경영기반 강화 ② 인재확보·육성 ③ 국내외 수도사업체 지원 ④ 재정운영 합리화

출처: 도쿄도 수도국 홈페이지.

고 도쿄도 상수도는 민간기업을 활용한 아웃소싱도 활용한다. 즉, 수도국과 민간업체가 수도사업을 협력적 거버넌스 방식으로 추진한다. 1980년대 후반부터 일본국제협력단(JICA)과 함께 개발도상국 수도사업의 시설개선도 지원해 왔다. 더불어 중장기 계획의 수립과 집행에도 적극 나서고 있다.

오사카광역수도기업단은 오사카부 상수도를 계승한 조합 형태의 특별지방자치단체로서 2010년도에 오사카부 내의 42개 시정촌이 공동으로 설립하였다. 2011년부터 수도 용수를 42개 시정촌에 공급하는 수도 사업과 산업용수를 부 내의 약 420개 사업소에 제공하는 공업수도 사업도 운영 중이다.

일본과 마찬가지로 우리도 의왕, 안양, 군포가 공동으로 건설한 청계통합 정수장을 비롯해 통합 취수장이나 하수처리장의 건설이 늘어나고 있다. 또한 특별자치도 출범을 계기로 물 인프라 관리의 광역화를 구현한 제주도를 비롯해 국가공기업이 주도한 공공위탁 방식의 지방상수도 통합관리, 충청남도 서부권의 도 단위 상수도 통합구상 등이 추진되고 있다.

음악과 레저도시로 부활을 추구한 통영

한국의 나폴리로 알려진 통영시는 좌우에 거제도와 남해도가 방파제 역할을 수행하고 있을 뿐만 아니라 앞바다에는 부속섬인 41개의 유인도와 110개의 무인도가 밀집한 도서지역이다. 이순신 장군이 학익진을 구사해 승리한 한산도대첩의 무대인 통영만 일대는 마리나와 같은 해양레포츠의 천국으로 부상한 상태이다. 내해 항로의 요지에 자리한 통영은 번성한 항구지만 고려 공민왕 시절부터 왜구의 침입을 경험하기도 했다.

산비탈과 도서로 이루어진 통영시는 상하수도 관로를 비롯한 운영에서 애로를 경험해 왔다. 수도 관계자들의 열정과 노력에도 불구하고 상하수도 보급률이 저조할 뿐만 아니라 조그만 섬에는 급수선까지 운영해 왔다. 이러한 이유로 효율성을 중시하는 지방공기업 경영평가에서 만년 하위권을 차지해 경영진단과 공공위탁 대상으로 선정되었다. 이러한 문제를 해결하기 위해 나는 수차례 통영을 방문했고 통영의 매력을 동료나 학생에 전파하고 인도하는 가이드 역할을 자임했다.

통영이 고향인 박경리와 윤이상은 도시마케팅

의 홍보대사 역할을 수행하고 있다. 통영을 찾는 이들은 소설 〈김약국의 딸〉에 묘사된 통영의 모습을 발견하려고 노력한다. 육로보다 해로가 빨랐던 시절에 부산과 여수 사이를 내왕하는 항로의 중간지점이자 벽화마을의 전국적 확산을 선도한 동피랑과 같이 산비탈로 항구도시의 한계를 보완하기 위해 어업과 양식 및 나전칠기 공방도 발전했다. 물론 지금의 통영은 조선이나 관광이 주력산업 으로 부상한 상태이다.

통영을 음악도시로 각인시킨 인물은 세계적인 작곡가 윤이상이다. 동서양 음악을 창조적으로 혼합하는 일에 매진한 그의 성과는 국내외에서 극찬을 받고 있다. 그는 임수경에 앞서 북한을 방문했다가 1967년 김형욱과 김대중처럼 중 앙정보부 요원에게 납치되는 고초를 겪었다. 물론 수감중에 작곡한 오페라 〈나 비의 미망인〉이 초연되자 호평을 받고 동백림 사건의 불법적 체포과정이 알려 져 국제사회의 여론이 악화되자 1969년 형집행정지로 풀려나 서독으로 돌아갔 다. 얼마 전 문재인 대통령의 부인이 독일 베를린에 있는 윤이상(1917~1995)의 묘소를 참배한 일이 논란을 일으켰다. 음악에 조예가 깊은 김정숙 여사가 윤이 상의 고향인 경남 통영에서 공수한 동백나무를 묘지에 심은 일을 보수 언론이 비평한 것이다.

나는 2000년대 초반 상수도 업무차 통영을 방문해 공공청사를 리모델링한 윤이상 기념관 건물에서 상수도 평가와 진단 업무를 수행하는 와중에 그를 접 하게 되었다. 또한 통영운하가 내려다보이는 통영시민문화회관에서는 상수도를 한국수자원공사에 공공위탁하는 공청회에 참석해 토론을 수행하기도 했다. 나 아가 2010년대 초반에는 연수차 통영마리나 요트클럽의 리조트를 방문해 인근 에 개관한 통영국제음악당의 웅장한 모습에 감탄하기도 했다.

미륵도 관광특구의 핵심인 도남관광단지 일대는 유람선이 출발하고 군선 을 둘러보는 해안 관광지이다. 인근에는 조망의 명소 한려수도케이블카와 루지 코스도 자리해 차량과 인파가 붐비는 곳이다. 여수 앞바다 돌산도와 마찬가지 로 오래전부터 연육교가 부설된 미륵도에는 박경리기념관과 묘소를 비롯해 해 저터널 식당가, 달아공원, 산양일주도로, 수륙해안산책로 등이 인기를 끌고 있 다. 나는 과거 현지인의 안내로 시내 횟집에서 자연산 돌멍게를 잘라 만든 소주 잔으로 통영의 풍미를 느낀 적도 있다. 더욱이 통영은 굴과 멍게에 특화된 수협을 운영할 정도로 해산물이 풍부한 곳이다.

사실 통영을 찾는 술꾼들은 통영항여객선터미널 인근 구시가지에 산재한 시장통 횟집이나 선술집을 찾는 경우가 많다. 어업의 전성기에 생겨난 통영 다찌는 저렴한 수산물 안주의 천국으로 알려져 있다. 다음날에는 도다리 쑥국이나 대구탕 국물로 해장하기에 유리한 곳이기도 하다. 더불어 관광객이 몰리는 구시가지 도로변에는 시간에 쫓기는 어부들이 즐겨 먹던 충무김밥과 통영 꿀빵 집들이 밀집해 통영의 인지도 확산에 기여하고 있다.

통영 인근에서 시작해 남해안 서쪽에 자리한 영호남 접경지대는 소규모 반도와 부속 섬들이 어우러진 멋진 곳이다. 특히 경남 거제시 지심도에서 전남 여수시 오동도까지 300리 뱃길에 자리한 남해, 사천, 통영 등은 1968년 한려해상 국립공원으로 지정되었다. 육해공 모두에서 체험이 가능한 남해안의 보물섬을 찾아가는 가장 손쉬운 방법은 김해나 대구에서 출발해 제주도나 동남아로 향하는 항공기를 탑승하는 일이다. 날씨가 좋으면 남해안 해안선과 섬의 자태를 감상할 수 있다. 환상형 바다목장 형태인 거문도는 천혜의 항구였기 때문에 러시아의 한반도 진출을 견제하려는 영국 함대가 점령해 상당 기간 주둔했을 것이다. 거문도의 인근에 자리한 백도의 비경도 멀리서나마 확인이 가능하다.

전원형 교육도시를 표방한 거창

거창군은 경남 최서북부 내륙지대로서 전라북
도와 경상남도를 대표하는 산악지대를 접하고 있
다. 분지과 계곡 형태인 농경지에서는 사과를 비롯
한 지역특산물이 재배되고 있다. 시가화된 도심을
포함한 거창에는 36개의 학교교육기관과 다양한
평생교육기관이 시너지를 창출하고 있다. 이에 거
창군은 미래명품 교육도시를 군정목표로 '더 큰 거
창도약 군민행복시대'를 지향하고 있다.

교육과 더불어 품격 높은 문화·체육도시를
알리는 명소로는 창포원, 금원산, 수승대, 스포츠
파크, 문화센터 등이다. 특히 미래의 청정 자연환
경을 대표하는 3대 국립공원(지리산, 덕유산, 가야산)
을 비롯해 1,000m 이상의 명산 23개를 활용해 항
노화힐링랜드, 빼재산림레포츠파크, 가조온천 등이
인지도를 확대하고 있다.

합천과 인접한 거창의 초입인 가조면은 아늑
한 분지이다. 산의 형세가 소의 머리를 닮은 우두
산(1,046m)은 9개의 봉우리가 빼어난 풍광을 연출
한다. 최근에 우두산 중턱인 620m 지점에 계곡 위
세 곳을 연결한 y자형 출렁다리가 부설되어 사람

거창사과전망대의 수려한 디자인

아델스코트에서 바라본 거창의 고봉과 산군

들이 몰리고 있다. 더불어 출렁다리를 활용한 등산코스도 인기이다. 일례로 항노화힐링랜드 입구에서 데크로드, 목계단, 야자매트 등으로 조성한 트레킹길을 따라 출렁다리를 이용하는 비교적 짧은 순환코스에 관광객들이 몰리고 있다.

거창군은 서북부 경남의 행정·교육·문화의 거점 도시로서 외지에서 유학을 오는 농산촌 군으로 유명하다. 2013년 인문도시를 표방한 이래 인문 탐방 및 특강, 길 위의 인문학, 글쓰기, 하브루타 토론 전문가 양성 및 청소년 특강 등 연간 10개의 프로그램을 운영하고 있다. 거창군의 교육정책 방향은 '뭐든知 가능한, 더 거창한 학교'로 도시 전체가 학교, 마을 전체가 교실이 되어 누구나 학생, 어디든 학교, 무엇이든 가능하고 언제든 배울 수 있는 체제의 구축이다. 이를 위한 핵심적 수단인 하브루타 토론 전문가 보수교육은 기존에 양성된 하브루타 지도사의 전문능력을 함양시켜 학습과 일자리 연계를 통한 소득창출을 의도하고 있다.

거창군은 교육부가 평생학습도시 지정사업을 시작한 초기인 2004년도 평생학습도시로 선정된 일을 전후해 평생교육원 위탁 운영, 평생학습 학술대회 개최, 평생학습조례와 평생학습협의회 구비, 이혈건강마사지와 국악아카데미 같은 우수프로그램 창출, 평생교육사 배치와 종합발전계획 수립 등을 이룩하였다. 최근에는 대한민국평생학습박람회 개최, 이야기할머니 특성화 프로그램 선정, 성인문해교육 중학과정 개설 등을 추진했다. 이러한 성과에는 군수의 강력한 의지와 전문 직원의 헌신이 크게 작용했다. 특히 공무원 사회의 반대에도 불구하고 평생교육사 출신을 6급 팀장으로 임명해 사업추진의 전문성과 일관성을 확보한 일이 결정적 원인이다.

거창군의 평생학습도시 비전과 목표

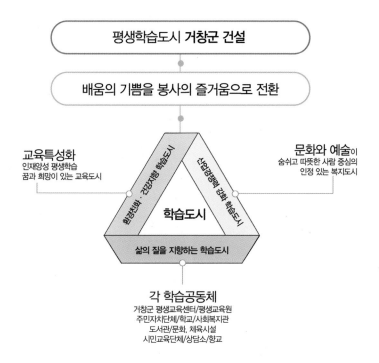

이 책을 교정하던 와중에 다시 거창에 들렀다. 코로나19가 주춤해지자 3년 만에 학생들이 MT를 재개했기 때문이다. 합천호반에 자리한 펜션으로 향하는 길에 가조면에 들러 학과 교수들과 저녁 식사를 했다. 아담한 행정복지센터 앞 골목에 자리한 식당은 두툼한 삼겹살의 풍미와 미나리 재래기의 향기가 일품이다. 가조8경이 자리한 이곳은 관광과 온천의 명소이자 우륵의 고향답게 6월 지방선거 캠페인의 경쾌한 리듬과 어우러진 지역 상권도 활기찬 모습이다. 거점 면소재지 마을답게 생활체육시설도 한옥 형태로 건축해 운치를 더하고 있다.

거창에서 합천댐으로 향하는 길은 댐이 자리한 여느 지역들처럼 한적한 오지의 모습을 하고 있었다. 거창의 산과 계곡에서 발원한 황강이 낙동강으로 합류하기 전에 합천지역에서 호수로 변신한 것이다. 아늑한 합천호반에 조성된 수상태양광 단지가 신재생에너지 활성화에 일조하는 모습도 인상적이다. 황강은 전두환 대통령이 고향 합천을 회상하며 자서전 제목으로 활용해 알려진 곳이다. 호불호가 명확히 갈리지만 전두환 대통령은 군인출신답게 저돌적 승부사형 리더의 전형에 해당한다. 이러한 그의 특성을 대표하는 키워드가 황강, 대구공고, 육사, 쿠데타, 광주학살, 3S정책(스크린, 스포츠, 섹스에 의한 우민정책), 정보화 전도사, 올림픽 유치 등이다.

산악과 벌판에 산재한 가조8경

합천호반에 조성된 수상태양광 단지

한방약초 브랜드를 창안한 산청

**❝ 한방약초의
고장
경남 산청군 ❞**

경남 산청군은 한방약초의 고장이다. 지리산과 황매산으로 둘러싸인 산골이라 그만큼 약초가 풍성했기 때문이다. 조선 중기 임진왜란 직전에 산음지방 명의인 유의태의 제자로 들어간 허준은 약초꾼으로 시작해 한의사 수련기회를 포착하였고 과거시험(잡과)을 통해 궁궐에서 임금의 건강을 돌보는 어의 자리까지 올랐다.

경남을 대표하는 양대 도시인 창원시나 진주시에 비해 지리적 접근성이 떨어지는 산청군은 우수한 연구인력을 확보하기에 불리하다. 하지만 이러한 제약조건에도 불구하고 지역발전의 테마인 한방약초를 진흥하기 위해 지자체 연구소를 설립하고 전통의약 엑스포도 개최했다.

나는 2012년 말에 산청군청의 의뢰로 〈산청한방약초연구소 성과분석과 발전방안〉이라는 연구용역을 수행했다. '2013산청세계전통의약엑스포' 개최에 앞서 지역발전의 거점인 지자체 연구소를 강화한다는 취지였다. 당시 추운 날씨에도 담당 공무원들의 안내로 산청군 이곳저곳을 누비며 아이디어를 짜내던 기억이 새롭다.

전통적으로 우리나라의 산업정책은 시대별 특화산업 육성을 위한 산업입지를 제공하는 일에 주목했다. 1960년대의 섬유(대구)·봉제(구로), 1970년대의 철강(포항)·기계(창원)·전자(구미)·석유화학(울산), 1980년대의 부품소재(반월·시화·남동), 1990년대 이후의 반도체(수원)·자동차(울산)·정보통신(서울디지털) 등이 이를 반영하는 대표적 사례이다. 하지만 산업입지 구축에 초점이 부여된 산업정책은 산학연 연계나 연구개발 인프라가 취약해지는 결과를 초래하였다. 실제로 우리나라의 대표적 산업단지인 구미나 창원의 경우 선진국의 유사 단지인 실리콘밸리나 울루에 비해 클러스터링(clustering) 수준이 미약한 것으로 나타났다.

산업통상자원부(지식경제부)의 재정지원으로 출범한 산청군의 지자체 연구소가 지속가능성을 확보하기 위해서는 경남도청 산하 지자체 연구소들과 연계한 도 단위 거버넌스 체제로의 전환을 추구해야 한다. 더불어 연구소와 지역기업과의 연계강화도 유도해야 한다. 나아가 기초단위 지자체연구소는 지역특화산업을 대상으로 한 응용연구에 초점을 부여해야 한다. 특히 연구동에서 산출한 응용연구의 결과물을 바로 생산활동과 연결시키는 생산동 기능의 활성화 전략이 절실하다.

유사 사례인 임실치즈과학연구소의 경우 생산동이 농림부의 유가공기지구축사업비로 설립한 별도 법인 형태로 운영되고 있다. 따라서 연구소 내에는 시제품 생산을 위한 간단한 파일로트 플랜트 설비만 가동하고 있다. 또한 인건비 부담으로 인해 시제품 생산을 담당하는 별도의 전담인력을 배치하지는 않고 있다. 더불어 5년의 일몰기한이 설정된 연구소 구축단계 이후에 정부의 추가지원이 제공되지 않는다면 현재 계약직인 연구원들의 인건비 자체조달도 어려울 것이다.

하동녹차연구소의 경우 부설 생산동과 독립법인인 생산공장을 병행하여 운영하고 있다. 부설 생산동은 임실치즈와 마찬가지로 전담인력 없이 파일로트 플랜트를 활용한 시제품 생산을 담당한다. 생산공장은 연구소 소속이지만 별개의 사업자 법인으로 과장이 대표이사로 직무를 수행하고 있다. 하동녹차의 생산공장은 공동브랜드를 사용하는 거의 완벽한 녹차제조 공장 수준이다. 나아가 최근에는 해외시장 개척을 위한 마케팅에도 주력하고 있다.

지자체연구소의 안정적 제도화를 위해서는 우수 인력의 확보와 지속적인 교육훈련도 필요하다. 신규채용 단계에서 곧바로 정규직 적용이 어렵다면 고창 복분자연구소처럼 재계약 기한이 돌아오는 직원들을 대상으로 정규직화(무기계약직)의 조건으로 성과평가 기준을 마련해 적용해야 한다. 단기적으로 성과를 창출하기 어려운 연구개발 업무의 성격상 신분이 보장되지 않은 상태에서 우수 인력의 유치는 물론 소속 직원들의 이직 동기를 통제하기도 어려울 것이다.

산청군은 향후 언론의 관심이 집중될 2013엑스포와 연계한 홍보전략도 수립해야 한다. 연구소를 엑스포장의 메인 테마로 설정해 방송접촉을 늘리는 일은 홍보효과의 극대화와 시너지 창출에 기여할 것이다.

이상의 제안과 마찬가지로 산청한방약초연구소는 현재 경남한방항노화연구원으로 재편해 운영 중이다. 한방약초의 본향인 산청은 지리산의 기운을 머금은 곶감과 딸기의 고장으로 부상하고 있다. 엑스포 이후 약화된 항노화 관광지 동의보감촌의 활성화를 위해 케이블카 설치도 추진하고 있다. 동의보감촌 상부에 자리한 왕산에 케이블카를 설치하면 지리산과 황매산을 동시에 조망할 수 있다는 장점이 있다. 하지만 지역활성화의 수단으로 케이블카를 설치하려는 자치단체가 늘어나면서 경쟁력이 떨어지는 일부 자치단체의 케이블카가 적자에 직면한 일을 경계해야 한다.

산청군은 관광객을 유치하기 위해 각종 문화축제나 엑스포를 중시해 왔다. 기산국악제전, 남명선비문화축제, 산청메뚜기 잡기 대회, 산청한방약초 축제, 지리산 산청곶감축제, 지리산 평화제, 산청황매산 철쭉제, 생초국제조각 공원 꽃잔디 축제 등이 대표적이다. 이 중에서도 특히 교육적 가치가 높은 축제가 남명선비문화축제이다. 조선시대 실천유학의 대가인 남명 조식(1501~1572)의 삶과 정신을 기리는 것으로 이와 같은 선비문화체험을 통해 정신문화를 계승하자는 취지이다. 남명은 관직에 나아가지 않고 재야에서 스스로를 갈고 닦은 선비였다. 남명은 벼슬을 고사한 '단성소'를 통해 탐관오리를 비판하고 임금의 무지를 꾸짖기도 했다. 그의 실천의지는 임진왜란 당시 곽재우와 정인홍과 같은 제자들이 의병장이 되는 토대였다.

산청 황매산 자락에서 귀농인을 중심으로 열매지기공동체를 결성한 서정홍 농부시인도 벤치마킹 대상이다. 마을이나 산골 공동체가 베이비붐 세대의 은퇴수요를 충족시키는 대안이기 때문이다. 더욱이 이들이 결성한 공동체는 가정단위 유대관계의 강화는 물론 밀양 송전탑, 강정 해군기지, 세월호 참사, 서울 철거마을 등을 대상으로 연대활동에도 참여하는 등 모범적이다. 농부시인의 제언처럼 스승인 자연(농촌)으로 돌아와 손수 농사짓는 사람이 늘어나면 좋겠다는 말에 공감하게 된다. 도심의 아파트를 주거불안에 시달리는 2030세대에게 돌려주고 마음의 고향인 자연으로 돌아가는 것은 멋진 선택이기 때문이다.

관광산업에 특화한 남해의 녹색성장전략

나는 업무차 남해군에 여러 번 방문할 기회가 있었다. 2009년에는 연구책임자로 중앙공무원교육원이 발주한 공무원 사례교육 교재인 〈남해군 녹색성장 선진사례〉를 집필했다. 2011년에는 남해군청이 지방공기업평가원에 발주한 〈남해관광공사 설립타당성 검토〉에 공동연구원으로 참여했다. 이 과정에서 나는 남해군의 명소를 반복해서 누비는 행운을 누렸다.

세계의 국가와 도시는 부가가치가 높은 제조업에서 서비스업으로의 전환을 추구하고 있다. 우리나라에서 자연환경이 뛰어난 남해군도 예외가 아니다. 남해군은 금산, 상주해수욕장, 독일마을, 충렬사 등 관광자원이 타 지역에 비해 많은 곳이다. 남해 12경으로 지칭되는 한려수도의 포인트도 관광잠재력의 원천이다.

남해군의 관광객은 남해대교의 개통 이래 독일마을, 원예예술촌, 다랭이마을, 나비생태공원 등 지역 명소의 확대와 더불어 꾸준히 증가해 왔다. 하지만 소규모로 파편화된 관광지 개발로 인해 대

남해군 녹색성장 선진사례 연구의 추진계기

배경

- 녹색성장은 중앙정부의 강력한 의지이자 세계적 추세
- 각 지방자치단체들도 경쟁적으로 관련 정책들을 창안하는 일에 몰입
- 녹생성장의 열풍은 기회이자 위협
- 지방자치단체 수준에서 우리나라 녹색성장의 선구적 사례로 평가되고 있는 남해군의 경험을 정책 사례로 구성해 보급하는 기회 마련

분석 대상

녹색산업 육성	자원순환 강화	전원마을 조성
• 스포츠 경관농업 • 스포츠 파크, 힐튼리조트 • 신조선산업	• MBT시설 도입 • 자원순환 테마랜드 조성 • 자원순환 테마마을 조성	• 독일마을 조성 • 가천다랭이 마을 • 미국, 일본마을 조성

부분 경유형 관광에 그치고 있다. 따라서 앞으로는 GREEN, KID, SILVER, SPORTS, STORY‒TELLING 등과 같은 트렌드를 선도하는 관광단지 조성과 마케팅이 요구된다.

남해군은 1995년 민선 지방자치의 개막과 함께 녹색성장의 논리에 부합하는 다양한 사업을 선도적으로 추진해 왔다. 따라서 남해관광공사의 설립과 같은 새로운 기관형성도 필요하다. 녹색성장 패러다임은 환경(green)과 성장(growth)이 상충된다는 고정관념을 탈피하여 두 가치의 상생과 조화를 통하여 시너지를 극대화시키는 정책방향이다. 그리고 창조적 발전에 요구되는 핵심역량으로는 지역의 정체성에 대한 동태적 인식, 3차원의 공간창출, 인간욕구의 이해, 지역사회의 협력유도 등이다.

남해관광의 활성화 수단인 시티투어버스 운영도 강화해야 한다. 기존에는 연간 5월과 10월 축제기간을 중심으로 10회 정도 운영하고 있으며, 회당 50만 원의 관광버스 임대료가 지출된다. 자가용이 없는 관광객들의 불편을 해소하는 한편 문화관광해설사들이 버스에 탑승해 주요 관광지를 코스별로 해설하는 방식도 인기의 비결이다.

한려해상국립공원 상주·금산지구 케이블카 설치사업은 남해군이 발주한 타당성 검토결과 경제적 타당성이 있는 것으로 나타났지만 환경부의 인허가는 물론 사업추진주체와 자본조달방식의 결정 등 난제들이 산적해 있다. 케이블카 사업의 실현은 남해관광공사의 성공과 직결된 문제이다. 따라서 케이블카 사업

에 대한 타당성 검토와 공사 신설을 연계해야 한다.

남해군 케이블카 사업은 이용객들의 지리적 접근성이 떨어지고 정상부에 도달하는 대체 교통수단이 존재한다는 약점을 지니고 있다. 통영시와 여수시를 중심으로 한려해상의 관광거점이 확립될 경우 남해군은 단순한 모방전략으로 차별화를 이룩하기 어려울 것이다.

국민체육센터 실내수영장의 위탁운영도 필요하다. 실내수영장은 주민편익 시설의 성격을 지니고 있지만 서비스업의 성격과 통합관리에 따른 경비절감효과를 고려할 때 전문기관 위탁이 가능하다. 참고로 강릉시의 경우도 관광공사를 설립하면서 관광개발 기능 이외에 문화시설과 체육시설의 위탁운영을 추진하고 있다.

결론적으로 남해관광공사의 설립은 기존의 남해군 이미지를 뛰어넘어 새로운 개념의 국제적 관광명소로 도약하는 기틀을 마련하는 데 기여할 것이다. 또한 지역주민과 외지인은 다양한 관광자원들을 저렴한 비용으로 이용함으로써 높은 만족을 얻게 될 것이다. 공사설립은 군민의 복리증진은 물론 지역경제 및 지방재정에 미치는 파급효과가 매우 클 것으로 전망된다. 하지만 케이블카 사업이나 관광단지 사업이 가시화되지 못한 상태에서 공사를 설립하기는 무리였다. 따라서 남해군은 케이블카나 관광단지 투자유치를 촉진하기 위해 관광도시 이미지 재정립, 관광의 국제화 추진, 지역 간 협력마케팅 전개, 유관 기관과의 파트너십 체결 등과 같은 마케팅 전략을 강화해야 한다.

남해군 관광산업의 중장기 발전전략을 제시하기 위해 SWOT 분석을 적용하였다. SWOT분석은 내부역량의 장점요인(S)과 약점요인(W), 외부환경의 기회요인(O)과 위협요인(T)을 매트릭스 구조로 전환하여 전략을 모색하는 방법이다. 이에 따라 4가지 전략이 도출되는데, OS, OW, TS, TW전략이 그것이다. OS전략은 외부환경의 기회요인을 내부환경의 강점요인으로 승화시키는 비교우위 전략이며, OW전략은 내부환경의 약점을 최소화하는 대신 외부환경의 기회를 최대한 이용하는 창발화 전략이다. 또한 TS전략은 외부환경의 위협요인을 내부환경의 강점요인으로 역이용하는 다양화·차별화 전략이며, TW전략은 외부환경의 위협요인과 내부환경의 약점요인을 모두 최소화하는 네트워크화 전략이다.

SWOT 분석을 활용한 중장기 발전전략의 도출

내부역량 외부환경	강점(Strength)	약점(Weakness)
기회(Opportunity)	OS 전략 전문집중화 전략 (비교경쟁우위)	OW 전략 창발화 전략 (혁신, 효율, 성과)
위협(Threat)	TS 전략 다양 · 차별화 전략 (특화 프로그램)	TW 전략 네트워크화 전략 (유기적 연계)

한편 녹색성장을 표방한 중앙정부의 정책의지가 확인되자 자치단체들도 경쟁적으로 관련 정책을 창안하는 일에 나서고 있다. 하지만 자신의 강점과 약점에 대한 냉철한 인식을 결여한 상태에서 이루어지는 무리한 정책추진은 꿈만 있고 실천력이 없는 백일몽(白日夢)이나 꿈도 없이 일만 벌이는 악몽(惡夢)으로 귀결될 개연성이 크다.

남해군의 녹색성장 정책에서 채택한 정책과정 단계별 분석의 초점은 다음과 같다. 첫째, 정책의제설정 단계에서는 개별 프로그램들을 포괄하는 중장기 계획의 완결성에 주목하고자 한다. 둘째, 정책형성 단계에서는 다양한 이해관계 구도를 포괄하는 거버넌스의 제도화 수준에 주목하고자 한다. 셋째, 정책결정 단계에서는 사업타당성 검토와 정책홍보의 완결성에 초점을 부여하고자 한다. 넷째, 정책집행 단계에서는 단체장의 조정능력과 공무원의 신축적 집행능력에 주목하고자 한다. 다섯째, 정책평가 및 환류 단계에서는 내부 평가시스템의 작동방식과 대외적 평판에 주목하고자 한다.

남해군은 환경친화적 녹색성장의 선구적 사례로 평가된다. 남해군에서 녹색성장이 태동한 시점은 1995년 민선 자치시대의 개막으로 거슬러 올라간다. 무공해 관광휴양산업을 육성하기 위해 스포츠파크 조성을 추진하였고, 이에 필요한 잔디품종개발이 스포츠 경관산업 구상으로 이어진 것이다. 또한 경관을 훼손하고 악취를 유발하는 환경기초시설의 단지화 구상이 자원순환의 강화로 이어지게 되었다. 나아가 잔디품종개량을 위해 시작한 독일과의 교류가 테마형 문화마을 구상과 결부되면서 독일 동포 귀향마을로 나타났다.

남해군 녹생성장 사례를 통해 우리는 네 가지 정도의 토론문제를 제기해 볼 수 있다. 먼저, 형용모순의 문제이다. '녹색성장'이라는 다소 모호한 문제에 대해서 우리는 어떻게 접근해야 하는가? '창의·실용' 등과 같은 정책적 문제에 대해서 명확한 개념정의가 전제되지 않으면 정책의 추진방향을 잃게 되는 문제가 발생할 수 있을 것이다. 두 번째는 일관적인 정책추진의 문제이다. 지자체가 추진하는 정책적 방향이 옳다면 관료들은 일관되게 정책을 추진하는 것이 바람직하며 일관된 정책이 이루어지지 못할 경우에 발생할 수 있는 문제점을 고민해야 할 것이다. 세 번째는 갈등관리의 성공사례와 조건에 대해서 토론해 볼 필요가 있다. 특히 남해군 사례를 국가적 차원으로 확대해서 적용할 수 있을지 토론해 볼 필요가 있다. 마지막으로 정책단계별로 각 사례들이 성공할 수 있는 포인트는 어디였고 무엇이 결정적인 성공의 요인이었는지 각자의 의견을 제시하고 토론해 볼 수 있다.

남해군에는 미국 〈골프다이제스트〉 선정 '세계 100대 코스'에서 9위를 차지한 사우스케이프오너스클럽과 아난티남해CC 등 대형 골프장이 자리해 있다. 참고로 남해군을 위협하는 명문 골프장의 명소로는 해남군을 들 수 있다. 방조제 건설로 조성된 광활한 부지에 해안을 넘나드는 파인비치CC를 비롯해 인근에 유명 골프장들이 자리하고 있다. 또한 주거지 인근에 위치해 골프코스를 조망하며 산보가 가능한 전통의 명문으로는 군포 안양CC와 경산 대구CC를 들 수 있다. 최근에는 코로나19로 특수로 국내 골프장 방문객이 늘어나자 남해지역에서 캐디 부족 현상이 발생하였다. 이에 군청은 남해군 내에서 전문 캐디양성교육 프로그램을 추진하고 있다.

창의행정으로 지역발전을 견인한 사천과 하동

자치분권의 시대를 맞이해 창의행정이 각광받고 있다. 일본에서는 지방소멸에 대응하는 자생적 발전전략인 지방창생이 각광받고 있다. 일례로 도시공원, 학교, 시장, 수변, 가로, 유휴지, 문화시설, 역 등과 같은 공공공간을 재활용한 창의적 혁신사례들이 지역활성화를 선도하고 있다. 일본과 마찬가지로 사회적 가치를 표방한 우리나라의 유사 사례는 사회적 기업, 생활임금제, 주민참여예산제, 슬로시티 등이 있다.

사회적 기업을 비롯해 협동조합, 소셜벤처, 마을기업 등 광의의 사회적 경제 부분은 급속하게 성장하고 있으며, 취약계층에 일자리를 제공하거나 불평등·양극화·환경파괴와 같은 사회적 문제를 해결하며, 지역 주민의 삶의 질을 높이는 복지 및 사회서비스를 확대할 수 있다는 점에서 주목을 받고 왔다. 더불어 이는 2015년 UN이 발표한 글로벌 거버넌스인 지속가능발전목표(SDGs)와도 궤를 같이한다.

산골을 대표하는 라다크와 부탄, 도서를 대표하는 바누아트와 하와이는 세계적인 슬로시티의 명

사천 남해바다케이블카에서 조망한 산쪽 전경　사천 남해바다케이블카에서 조망한 해안 전경

소이다. 여기에 필적하는 한국형 슬로시티의 명소로는 하동 악양과 완도 청산을 들 수 있다. 그리고 슬로시티를 테마로 도시발전을 추구한 사례로는 진주와 사천 및 남해를 들 수 있다. 각기 지리산과 남강, 삼천포항과 남해바다케이블카, 녹색성장과 귀향마을 등이 테마인 해당 지역은 휴양과 관광의 명소로 부상한 상태이다.

　서부 경남의 중심지 진주는 서울에서 접근하기 어렵다는 이유로 성장이 지연되었다. 하지만 고속도로 개통과 혁신도시 이전을 계기로 새로운 활력을 보충하였다. 최근 예비타당성조사를 통과한 남부고속철도는 진주는 물론 통영, 거제, 사천 등 인근 도시의 발전을 촉진할 것이다.

　2018년 4월부터 운행을 시작한 사천바다케이블카는 불 꺼진 삼천포항을 되살린다는 취지하에 시작되었다. 바다와 산을 모두 경유하는 케이블카의 경관은 일품이다. 또한 연계관광이 가능한 삼천포 앞바다 유람선도 어르신들이 선호하는 나들이 패키지의 핵심적 구성요소이다.

　하동군 악양면사무소 인근에는 지리산 남부 능선의 끝자락에 우뚝 솟은 성제봉(형제봉) 등산로가 있다. 나란히 선 두 개의 봉우리가 마치 우애 깊은 형제와 비슷해 붙여진 이름이다. 특히 최근에 성제봉 인근 봉우리인 신선대 900m 지점에 무주탑 현수교 방식의 출렁다리가 부설되었다. '성제봉 신선대 구름다리'에서는 소설 〈토지〉의 무대 악양 평사리 들판의 풍성함과 굽이굽이 흐르는 섬진강의 비경, 섬진강 건너 우뚝 솟은 백운산, 제석봉과 천왕봉을 비롯한 동부 지리산 고봉까지 감상할 수 있다. 참고로 구름다리를 이용할 수 있는 등산코스는 고소성과 강선암 주차장이 대표적이다. 반대편 계곡 화개면 부춘마을에서 임도로 활공장까지 이동하는 코스는 협소한 도로 사정으로 일반인들이 이용하

악양면에서 조망한 지리산 형제봉

가을을 맞이한 지리산 능선

기 어렵다. 더불어 청학동에서 악양면 동매리로 넘어오는 코스도 하동 알프스를 대표하는 코스로 각광을 받고 있다.

Chapter 04

특별자치권: 제주와 세종

코로나19에도 붐비는 제주도의 가을

제주도는 코로나19의 위협으로 어려워진 해외 여행의 대안으로 특수를 누리는 곳이다. 사실상 제 주도가 우리 국민들이 선택가능한 장거리 여행의 해방구로 부상한 것이다. 나는 2020년과 2021년 가을에 연이어 학회를 공동 기획하는 방식으로 제 주에 다녀왔다. 2020년에 경험한 오름 트레킹과 해 안 일주의 감동이 2021년 행사로 이어진 것이다.

그동안 양적 성장에 몰입하던 한국의 학술단 체들도 코로나19에 직면해 변화를 모색하였다. 대 규모 학술대회 개최가 불가능해진 상태에서 소규 모 회의나 비대면 행사가 뉴노멀로 부상한 상태이 다. 2020년 가을 내가 기획한 학술행사도 대규모 학회가 주도한 것이 아니라 각기 영남, 호남, 제주 에 소재한 3개 대학의 연구소가 연합해 작지만 내 실 있는 학술세미나를 개최한 것이다.

제주대학교에서 열린 세미나에는 제주의 전통 마을이나 세계의 생태도시에 관한 사례발표가 관 심을 끌었다. 제주를 대표하는 마을들은 대부분 읍 면동으로 재편된 상태이다. 한라산을 순환하는 방 식으로 배치된 제주특별자치도의 행정구역은 제주

제주도의 생태 보고인 곶자왈지대

거친오름 정상의 오름군락 전망

시 동지역, 애월읍, 한림읍, 한경면, 대정읍, 안덕면, 서귀포시 동지역, 남원읍, 표선면, 성산읍, 구좌읍, 조천읍 등으로 구성되어 있다. 한라산 고지대−중산간 −해안가로 이어지는 제주의 특성으로 인해 육지에 비해 상대적으로 규모가 큰 제주의 리 단위 마을은 상동, 중동, 하동으로 구분하기도 한다. 더불어 일부 리 단위 마을회관은 육지의 면사무소를 연상케 하는 건물 크기와 자치 역량을 과시하고 있다.

세미나를 마치고 경험한 제주의 가을은 감동적이었다. 무리한 등산을 대신해 차선으로 선택한 오름 트레킹은 우리 일행을 흥분시켰다. 제주시 동쪽에 자리한 조천읍 거문오름에서 시작해 구좌읍 거친오름와 다랑쉬오름으로 이어진 트레킹에서 확인한 기생화산 군락의 파노라마는 억세와 어우러진 가을 제주의 비경이다. 물론 이처럼 아름다운 중산간 오름지대가 제주 4.3사건의 비극을 간직하고 있다는 점은 모순적이다.

성산읍 해안가 탐방을 끝으로 세미나에 참석자들과의 동행을 마감한 나는 표선면 처가에 내려와 지내는 친구도 잠시 만났다. 표선해수욕장에서 시작해 해비치리조트와 표선민속촌 사이를 가로질러 해안가 올레길 걷기에 도전했다. 해변의 호젓한 분위기가 조용한 나만의 힐링을 원하는 도시인들을 올레로 끌어들이는 매력이라는 생각이 들었다.

2021년 가을에 다시 찾은 세미나 직후에는 숙소인 신제주 호텔에서 택시를 대절해 제주대학교 인근에 자리한 중산간과 한라산에 다녀왔다. 제주시 북사면 중산간 지대의 오름인 어승생악은 한라산처럼 등산로가 정비된 경관의 명소이다. 주변에는 관음사를 비롯해 공설묘지, 저수지, 승마장, 골프장 등이 자리한다.

한라산 윗세오름에서 조망한 백록담

어리목 방향으로 하산하는 등산로

우리는 제주도에서 가장 오래된 절인 관음사에 들렀다. 조선 숙종대에 잡신정리정책에 밀려 사라진 절은 1909년 경술국치 직전에 재건되었다. 현재 이 절은 조계종의 본사로서 제주도의 말사 30여 개를 관장한다. 경내에는 다양한 건물과 탑이 있었지만 도교적 토속신앙인 삼성각의 존재감이 눈길을 끌었다. 중화권에는 불교와 도교 사찰이 경합하는 구도지만 한국에서는 불교에 흡수된 도교의 흔적을 찾기가 어려운 실정이다.

관음사는 한라산 정상 도전이 가능한 등산로 입구로도 유명하다. 한라산에서 정상인 백록담으로 갈 수 있는 등산로는 북쪽 관음사 코스와 동쪽 성판악 코스 두 개가 있다. 관음사 코스가 성판악 코스보다 힘든 것으로 알려져 있지만 북쪽 능선의 웅장한 산세를 감상할 수 있다는 장점이 있다. 이러한 이유로 관음사 코스로 백록담에 올랐다가 성판악 코스로 하산하기를 추천하는 전문가들이 많다.

관음사를 둘러본 다음 우리 일행은 기사님이 전망의 명소로 추천한 공설묘지에도 들렀다. 이곳은 국립묘지처럼 가문이나 단체별로 묘역이 구획되어 있었다. 풍수지리의 문외한이지만 묘지에서 보이는 제주시와 바다의 시원한 전망은 일품이다. 제주는 공동체 문화가 강해 매장 위주의 장묘문화를 선호해 왔다. 하지만 유골을 잔디나 화초 및 수목 밑에 매장하는 자연장이 인기를 끌면서 명당자리인 어승생 공설묘지의 인기도 떨어진 상태이다.

다음날 아침 영실로 올라갔다가 어리목으로 내려오는 5시간의 산행에 도전했다. 택시를 타고 영실로 향하는 도중에 천백고지 휴게소 앞에 펼쳐진 습지도 살펴보았다. 택시를 이용한 관계로 주차장 진입 대기시간을 줄인 상태로 영실 등산로의 기암계곡과 곧바로 조우했다. 가을은 구름에 가려 좀처럼 모습을 드러내지 않는 영실 산행의 적기이다. 오늘 코스의 정점인 1,740m 고지 윗세오름은 한라산 정상 도전이 불가능하지만 고지 평원에서 백록담을 품은 봉우리와 광활한 능선을 조망한다는 장점이 있다.

제주도 겨울여행에서 체득한 노하우

❝ 자발적이고 적극적인 공동체 활동은 주민자치 시대를 선도하는 우수 사례로 평가된다. ❞

코로나19가 촉발한 관광산업의 침체는 호텔리어인 50대 후반 친구의 정리해고라는 참사를 초래했다. 매일 출근하던 직장이 리모델링에 착수하면서 2022년 1월부터 실업수당을 수령하는 백수생활이 시작된 것이다. 며칠 놀아보니 답답하기도 하고 식구들 눈치도 보인다는 하소연에 내가 여행길 동무를 자청했다. 일단 나의 숙소인 경산에서 이틀을 보낸 우리는 50대 중반에 조기은퇴하고 이제 막 제주도에서 1년살이를 시작한 친구집에도 방문했다.

추위가 매서운 1월 중순이지만 제주는 여행이 가능할 것이라는 기대가 여정선택에 작용했다. 대구공항을 이륙하자 눈에 들어온 팔공산 자락의 전원마을이 아늑해 보이다. 최근 팔공산에 맛집과 카페가 많이 생겨 대구시민들이 자주 찾는 곳이 되었다. 후백제와의 전투에서 패배한 왕건의 목숨을 구한 8명의 공신을 기리는 의미로 탄생한 팔공산 안에는 동화사 대불과 노태우 대통령 생가가 자리해 있다. 항공기가 서쪽으로 기수를 돌리니 비슬산 자락에 위치한 달성공단의 파란색 지붕이 선명하다. 저멀리 해인사가 자리한 가야산 능선도 희미하게 보인다. 합천댐을 둘러싼 산줄기와 봉우리는 육지의 섬처럼 느껴진다. 파도의 침식작용이 해안의 풍광을 조각하는 반면에 다목적 댐의 황토색 윤곽은 계절별 수위 차이가 조성한 작품이다.

지리산에서 발원한 남강과 동호강의 물줄기가 나타났으니 머지않아 남해안으로 진입할 것이다. 대구발 제주행 항공기는 통상 김해나 광주 및 여수 상공을 지나간다. 이 중에 나는 육지와 바다를 모두 조망하는 여수 노선을 선호한다. 최근에 여수에서 출발하는 거문도나 제주도행 배편이 늘어났지만 거문도나 여서도를 경유해 제주로 가는 항로는 아직 없다. 만약 이 노선이 개설된다면 제주도행 여객선의 경유항인 추자도처럼 관광객이 늘어날 것이다.

노화도를 축으로 보길도와 청산도가 자리한 완도 앞바다 상공에서 추자도로 진입하니 본섬을 둘러싼 수십여 개의 암초들이 각기 자태를 뽐내고 있다. 오늘 제주공항 항공기 착륙 순서가 밀려 선회가 길어지는 바람에 좀처럼 가기 어렵다는 만재도 상공까지 감상했으니 순번이 임박한 다도해상 섬기행 일정은 오미크론의 기세가 한풀 꺾인 봄날로 미루어도 좋을 듯하다.

제주의 1월은 육지에서 보기 어려운 초록색 밭과 나무가 있어서 푸근하다. 더욱이 좀처럼 영하로 내려가지 않는 포근한 기후로 겨울 트레킹이 용이한 점도 강점이다. 이번 여정에는 공식일정이 전무한 주당 친구들과의 음주기행 방식이니 가능하다면 음주량을 조절해 겨울이 제격이라는 한라산의 설경도 눈에 담아 오고 싶다.

공항으로 마중 나온 친구 덕분에 서쪽 편 시계반대 방향으로 제주도 일주를 시작했다. 애월읍 곽지해수욕장에서 자장면으로 늦은 점심을 해결한 3인방은 비양도 선착장과 신창풍차해안 풍력단지를 지나쳐 무인도임에도 관광객이 몰리는 차귀도 조망이 가능한 수월봉 전망대로 향했다. 그리 높지 않은 봉우리지만 노을이 아름다운 서쪽 바다는 물론 한라산에서 내려온 광활한 벌판과 조우한다. 우도와 차귀도는 제주의 동서를 대표하는 섬이다. 물론 북쪽의 비양도와 더불어 남쪽에서는 마라도와 가파도가 관광객들의 사랑을 받고 있다.

오늘 저녁은 술을 빼고 진행하기 어려워 대정읍 모슬포항에서 회를 사가지고 표선면 친구 집에서 먹기로 했다. 겨울철 방어잡이 명소답게 항구에는 횟집의 활력이 넘쳐난다. 우리는 항구를 돌아보다 때마침 어창에 보관한 고기를 꺼

제주도 서부해안의 지질명소인 수월봉

수월봉 인근에 자리한 대정 벌판

내 횟집에 배달하는 선장님과 담소를 나누게 되었다. 우리는 선장님의 제안으로 바닷물에 내장을 제거한 대방어 1마리와 서비스인 소라 몇 개를 3만 원에 구입했다. 집에 도착해 서툰 친구의 칼솜씨에 저녁 식탁을 맡기는 도전적인 시도였다.

어제 표선면 집에서 과음한 우리는 해장국 체인점인 '은희네 집'으로 향했다. 싱싱한 국산 내장이 푸짐한 내장탕의 풍미는 제주 3대 해장국집이라는 명성을 실감케 했다. 아마도 해장국의 힘이 식후에 곧바로 성산읍과 표선면 일주에 나서는 우리의 원기를 보충했다. 표선면과 인접한 성산읍 일주는 꽃피는 벽화마을로 유명한 신천리에서 시작했다. 아담한 마을 포구에서는 큼지막한 아귀를 여러 상자 잡아와 하역하는 광경도 목격했다. 광어나 농어가 섞인 잡어 상자도 보이는데 양은 많지 않았다. 젊은 제주도민 선장과 인도네시아 선원 2명이 거친 겨울바다에서 수고한 결실인 것이다.

다음 목적지 신천목장은 말을 키우던 곳인데 지금은 해안가 기암을 감상하는 제주올레 3코스로 유명하다. 광활한 목장 부지에는 귤 껍질을 말리고 있었다. 말을 키우는 1차산업의 연장선상에서 말뼈나 마유크림 및 귤껍질을 가공하는 2차산업과 승마장을 운영하는 3차산업을 결합한 6차산업을 추구하면 경쟁력이 배가될 것이다. 목장 입구에 자리한 브런치 카페나 양식장 건물도 유사한 변화에 직면한 모습이다. 잡는 어업에서 기르는 어업으로의 전환을 확인하는 장소이기 때문이다. 이곳에서 동쪽으로 가면 유명 관광지인 섭지코지와 성산일출봉은 물론 갈치잡이 항구로 자리잡은 성산항을 둘러볼 수 있다. 이 지역은 신공항 예정지로 발표된 상태지만 국내선과 국제선 이원화를 원하지 않는 기존 공

드라마 올인 촬영지로 유명한 섭지코지

항 사수파의 반대에 직면한 상태이다. 강정해군기지 찬반 논쟁과 마찬가지로 도민사회의 분열을 촉발한다는 점에서 우려를 사는 대목이다.

　마지막 날 여정은 고갈된 체력을 감안해 평지를 산보하려고 섭지코지로 정했다. 해안에서 돌출한 육지를 의미하는 곳의 방언인 섭지코지는 풍광이 아름답다. 성산일출봉과 우도까지 조망이 가능한 곳이자 인기드라마 〈올인〉 세트장이 자리해 아직도 많은 사람들이 찾고 있다. 섭지코지에 위치한 화산송이 붉은 오름과 선돌은 관광객들이 선호하는 전망의 거점이다.

　제주는 물이 잘 빠지는 검은색 현무암 지질이라 논농사보다 2모작이 가능한 밭농사에 유리한 곳이다. 봄에 귀리, 율무, 조, 보리 등 잡곡이나 감자를 심은 다음에 추수가 끝나는 가을에는 양배추, 무, 브로콜리, 비트 등 월동이 가능한 채소를 재배한다. 과거 표선리 일대는 밭농사의 탁월한 수익성을 보고 몰려든 티켓 다방의 성지라는 오명이 자자했던 곳이다. 과수원 농사의 경우 노지 감귤의 가격경쟁력이 갈수록 약화되면서 한라봉, 황금향, 천혜향, 레드향 등의 시설재배가 인기를 끌고 있다. 제주공항에서 판매하는 팥고물 오메기떡은 좁쌀로 만든 떡이다. 또한 전통시장에서 만나는 무나물 빙떡은 메밀을 사용한다. 이처럼 제주도는 강원도의 메밀과 수수처럼 잡곡을 활용한 특산물이 많다.

　마지막 날에는 동부 해안가 구좌읍에 자리한 스마트 그리드 실증단지를 방

제주도의 차세대 에너지원인 풍력발전

제주의 역사가 남겨진 성읍민속마을

문해 풍력발전기와 태양광의 활용가능성을 확인하고 신재생에너지의 미래도 타진해 보았다. 중산간을 경유해 표선면 친구 집으로 돌아오는 길에는 성읍민속마을에 들렀다. 우리나라 8개 민속마을 중 하나인 성읍마을은 조선시대 세종 5년(1423)부터 제주 동남부지역을 관할했던 정의현청 소재지로 짚이 아니라 억새로 이은 가옥과 성곽으로 대표되는 하드웨어의 존재감은 물론 제주민요, 오메기술, 고소리술, 초가장 등과 같은 무형문화재가 삶에 스며든 곳이다. 대장금 촬영지로 알려지면서 중국인 관광객들의 방문코스로 인기를 끌었다(뉴제주일보, 2022.04.14.). 하지만 코로나19로 해외관광객 유입이 차단되자 오미자, 백년초, 동충하초, 갈옷 염색 등 지역특산물을 판매하던 업장은 장기휴업 상태이다. 우리나라의 전통마을이 경쟁력을 배양하기 위해서는 전통건물의 관리나 무형문화재 지정을 초월해 보다 대중친화적인 향토음식 육성과 전통문화 확산에 유의해야 한다. 흑돼지 특구조성, 경관농업 강화, 우영팟(텃밭) 체험 등 먹거리나 볼거리 및 즐길거리 확충에 주력해야 한다.

제주도는 우리가 거주한 수도권보다 저위도에 공기까지 청정해서 그런지 오후 2시의 따스한 겨울 햇살이 뜨겁게 느껴질 정도이다. 며칠 전 서울에서 대구로 내려오다 영하 10도 세찬 칼바람을 경험해 그렇게 느꼈을 것이다. 지는 해의 후광도 만만치 않아서 오후 무렵의 제주 일주는 서에서 동으로 이동하는 코스를 선택하기를 추천하고 싶다. 같은 제주에서 울창한 숲을 이루는 측백나무 방풍림이지만 경기도에서는 잘해야 울타리 담장 정도까지 자란다.

제주는 육지에서 사라진 풍습이나 사투리가 살아있는 곳이다. 태양의 위치를 기준으로 한 해를 구분하는 24절기가 집안의 대소사를 결정하는 기준이다.

서귀포시 표선리 4.3 위령탑

지역공동체를 촉진하는 가시리 마을회관

서귀포시 표선리 4.3 위령탑

지역공동체를 촉진하는 가시리 마을회관

실제로 제주에서 이사는 아무 때나 하는 것이 아니라 24절기 마지막인 대한 후 5일에서 24절기 시작인 입춘의 3일 전까지 사이 일주일 정도가 인간이 사는 지상에 하늘의 신들이 없는 기간이라는 의미의 신구간에 택일한다. 육지의 경우 생활의 편의에 따라 신학기 직전에 이사하는 경우가 많지만 아마도 제주에서는 정월 초순을 전후한 겨울에도 이사가 가능한 기후로 인해 이러한 전통이 유지된 것으로 보인다.

표선면 중심에 자리한 봉우리와 오름은 동네산보에 적합하다. 노인친화적인 지그재그 산책로가 울창한 아열대 숲과 조화를 이루고 있다. 천연과 인공잔디 축구장을 모두 구비한 표선생활체육관은 겨울철 육지 학생들의 전지훈련 장소로 각광받고 있다. 조례로 사용료를 면제하는 대신에 선수단 유치로 지역경제 활성화를 추구한 것이다.

표선생활체육관 입구에 자리한 표선면 4.3 추모공원도 인상적이다. 1947년 시작된 4.3의 비극으로 표선면에서만 700여 명이 사망했다. 당시 해안에서 5km 이상 떨어진 중산간 마을에 소개령을 내리고 극우 반공세력인 서북청년단 주도로 대대적인 소탕작전을 전개하면서 표선면의 중산간 지대인 가시리, 세화리, 토성리 등에서 다수의 사망자가 발생했다. 과거의 아픈 기억을 간직한 가시리는 해안가에 비해 저렴한 지가에 착안한 개발업자들이 몰려와 이주민용 타운하우스를 조성해 분양하고 있다. 향토색이 묻어나는 가시리 일대의 식당은 제주도 사투리를 경험하기에 유용한 곳이다.

제주도는 마을단위 공동체가 살아있는 지역답게 리 단위 마을회관을 비롯해 부녀회, 작은 도서관 등 마을인프라가 육지의 소규모 면단위에 육박할 정도이다. 폐교를 임대해 운영하는 표선랜드는 박물관, 승마, 피아노, 체험 숙소 등 서비스를 제공한다. 마을 주민들의 자발적이고 적극적인 공동체 활동은 주민자치 시대를 선도하는 우수 사례로 평가된다.

제주에는 1월 중순에도 수확이 늦은 노지 감귤이 나무에 달려있다. 지금은 오렌지나 자몽 같은 수입과일은 물론 한라봉, 키위 등 시설재배 과일에 밀려 인기가 덜하지만 아직도 감귤은 제주를 대표하는 농산물임에 분명하다. 노란 열매가 달린 귤나무은 유채꽃과 더불어 제주를 대표하는 경관농업의 단골 소재이기도 하다.

제주특별자치도 출범과 지방상수도의 혁신

제주도 지역은 2006년 7월 1일부터 특별법에 따라 제주특별자치도로 출범했다. 우선 기초자치단체(제주시, 서귀포시, 남제주군, 북제주군)를 폐지한 다음 단일광역체제로 전환했다. 이로서 시군이 독자적으로 추진하던 상하수도 기능도 광역행정의 논리에 따라 특별자치도 수자원본부로 일원화되었다. 또한 기존에 경찰, 환경 등 중앙정부 부처청의 지방출장소인 특별지방행정기관들이 담당하던 업무들이 특별자치도청으로 이관되었다. 최근에 전국으로 확산된 자치경찰제가 가장 먼저 시범사업으로 실시된 곳도 제주이다.

광역화가 시급했던 상하수도 분야는 제주특별자치도 출범 이전부터 관련 논의가 시작되었다. 하지만 기초자치단체인 시군의 이해관계가 충돌하면서 통합작업이 한동안 지연되었다. 제주에서 통합 물관리의 필요성이 제기된 것은 지하수에 의존하는 광역수자원 관리가 절실했기 때문이다.

제주도 중산간의 곶자왈 지대는 광활한 벌판과 산지로 구성되어 있다. 이곳에 내린 빗물은 현무암 지층의 지연 필터링을 거치면 청정 상수원인

지하수로 재탄생한다. 이 중 일부는 경사면을 따라 흘러내려 해안가에서 용출되고 나머지는 지하 암석층 사이의 거대한 저수공간에 보관된다. 조천읍 지역에 밀집한 지하수는 제주도수자원본부의 상수도 원수나 지방공기업 제주도개발공사의 생수 브랜드인 삼다수로 가공되기도 한다.

제주시 조천읍 선흘리 곶자왈 지대에 자리한 동백동산 습지는 물이 잘 스며드는 제주도 현무암 지질의 특성상 특이한 곳이다. 그만큼 지하에서 분출되는 수량이 풍부하다는 사실을 시사한다. 실제로 선흘리 인근 대흘리에 자리한 제주도수자원본부는 지하수 관정으로 생산한 상수도를 제주 전역에 공급하고 있을 뿐만 아니라 산굼부리 분화구 인근 교래리에서는 삼다수로 알려진 제주도개발공사 생수공장도 가동 중이다. 나아가 최근에는 주민들이 직접 친환경 생태관광 프로그램을 운영하면서 제주의 독특한 자연 생태계와 옛 문화를 엿볼 수 있는 생태관광 명소로 부상하고 있다.

육지의 경우 댐이나 저수지를 통해 빗물을 가두어 두지만 제주도는 계곡 면적의 부족과 현무암 지질 특성으로 보관이 어렵다. 계곡수를 원수로 활용하는 서귀포 강정정수장이나 관음사 계곡 인근에 자리한 어승생정수장이 예외적 사례이다. 하지만 강정정수장에서 유충이 발견되고 어승생정수장이 비상용 생산기지로 간주되면서 제주도민의 공유재인 지하수의 중요성이 배가된 상태이다.

제주도 상수도 현황은 급수인구 70만 명, 시설용량 463천㎥/일, 취수시설 70개소, 정수장 17개소, 배수지 158개소, 관로 5,890㎞, 유수율 47.1%(전국 161개 지자체 중 158위) 등이다. 주요 특징으로는 현무암 지질로 누수에 취약, 취수원 산재로 인한 관망관리의 애로, 고도편차로 인한 수압관리 애로, 유수율 47%로 손실비용 과다, 인구 및 관광 수요 증가로 물사용량 급증, 지하수원 남용으로 인한 수원부족 우려 등이다.

이러한 문제에 대응하기 위해 특별자치도는 4원화된 대응체계를 구축하였다. 구체적으로는 첫째, 도청 환경보전국 물정책과에서 정책업무를 수행한다. 둘째, 제주도 상하수도본부에서 생산과 관망(정수장, 송수관) 및 읍면지역 누수복원사업을 담당한다. 셋째, 제주·서귀포시 상하수도과에서 관로, 요금, 민원 등 동 지역 수도업무 전반을 관장한다. 넷째, 읍·면사무소 건설팀에서 읍면지역 수도업무 전반에 관한 사항(누수제외)을 담당한다.

하지만 이러한 대응체제는 행정시 경유로 인한 보고체계 이원화, 관할권 중첩으로 인한 민원기피, 순환보직으로 인한 민원대응 전문성 부족, 고저차로 인한 관로가압 전기세 등 공급비용 과다, 배수지 경유시 관로 부실로 유수율 저하와 관로 압력 저하시 지하수 관망을 직결하면 수질관리 취약 등의 문제점을 좀처럼 해결하지 못하고 있다. 따라서 물관리의 지속가능성을 추구하는 물관리의 혁신 노력이 계속되어야 한다.

제주특별자치도 물관리 조직도

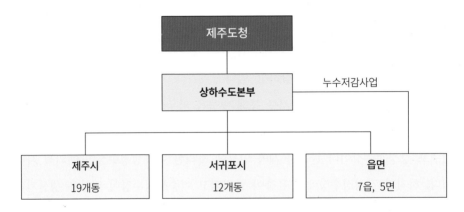

서귀포에서 보낸 여름휴가의 매력

제주국제공항이나 제주항에서 서귀포 지역으로 이동하는 방법은 다양하다. 과거에는 주로 비싼 렌터카나 공항버스를 이용했지만 최근에는 대중교통이 편리해졌다. 급행과 간선버스 노선이 다양해지고 구글지도의 기능과 유사한 국내 업체의 대중교통 앱이 확산되면서 편의성이 증진된 것이다. 나는 얼마 전 공항에서 멀지 않은 곳에 위치한 제주 시외버스터미널에서 제주도 각지를 연결하는 버스 노선을 직접 확인해 보기도 했다.

서귀포라는 지명은 진시황의 명으로 불로초를 찾으려 왔던 서복의 함대가 돌아간 포구라는 의미를 지니고 있다. 지금도 태풍철이면 중국 어선들이 중문단지 앞바다로 몰려왔다가 돌아가기를 반복한다. 자연경관이 산재한 서귀포 앞바다에는 다양한 무인도와 유인도가 있다. 무인도를 대표하는 범섬과 섶섬은 산호초 다이빙의 명소이다. 유인도인 마라도와 가파도는 최남단의 청정한 섬이라는 명성을 확보한 상태이다. 상상의 섬으로 알려진 이어도는 수면 아래 감추어진 산호초 군락으로 우리 정부가 중국의 반대에도 불구하고 해상기후관측 장비를 설치해 운영하고 있다.

　자치시에서 행정시로 재편된 서귀포는 시내권은 물론 과거 남제주군 지역까지 포괄한다. 이 지역은 해변과 폭포 및 하천을 아우르는 물놀이 명소가 산재한 관계로 여름휴가철에 인기가 많다. 서귀포를 너머 제주를 대표하는 관광1번지로 중문단지가 부상한 것이다. 이곳의 매력은 호텔, 골프장, 해수욕장, 식물원 등이 밀집해 원스톱 관광이 가능하다는 점이다. 이러한 인기를 반영해 중문골프장 건너 서편 예례동 지역으로 관광단지가 확장하는 모습을 보이고 있다. 예례동 초입에 자리한 히든 클리프 호텔 온수풀은 DJ가 플레이하는 신나는 음악과 레이저쇼 파티를 제공하는 곳으로 유명하다. 또한 해안으로 내려가면 색다른 조형미가 넘쳐나는 빌라형 숙박단지가 조성되어 있을 뿐만 아니라 해수(salt water)와 담수(fresh water)를 동시에 즐기는 논짓물해변도 색다른 물놀이 공간이다.

　서귀포 서쪽에는 아래 들판이라는 의미를 지닌 제주 사투리인 알뜨르와 여수 금오도 비렁길보다 먼저 절벽 트레킹의 명소로 부상한 송악산에는 일본군의 비행장과 해안진지가 남아 있다. 중일전쟁 당시 상하이로 향하던 폭격기의 중간 급유지이자 태평양전쟁 말기 미군의 해안상륙을 방어하기 위해 군사시설을 건설한 것이다. 해군기지로서 서귀포의 중요성은 평화의 섬을 추구한 시민단체의 반대에도 불구하고 강정해군기지가 건설된 일에서 잘 나타난다. 1653년 제주 앞바다를 지나던 네덜란드 상선이 침몰해 하멜 일행이 삼방산 아래 용머리 해변에 표류하자 도성으로 압송했지만 제대로 활용도 못하며 14년을 허송세월하다가 탈출을 방조하고 말았다. 또한 모슬포에 침입한 왜구를 격퇴했다는 독수리 오형제 스타일 오좌수 의거비 일화도 유사한 사례이다. 이처럼 서귀포는 지리적 요충지임에도 불구하고 나가사키와 같이 안전한 항구의 부재로 서양과의 교류가 촉진되지 못한 점이 아쉽다. 1885년 원형 바다목장 형태로 천혜의 항구인 거문도를 러시아의 남하를 견제할 목적으로 영국 함대가 3년이나 점거한 일은 항구의 지정학적 중요성을 시사한다.

　제주도 사람들은 노인도 TV를 통해 표준말을 충분히 숙지한 상태이다. 하지만 시골 노인들의 대화를 외지인들이 충분히 이해하기는 어렵다. 하영옵소, 감수광, 무사, 잇수꽈 등 널리 알려진 제주 방언은 색다른 관광지의 맛과 멋을 살리는 감초 역할을 담당한다. 더불어 제주도 야산에 보이는 무덤은 봉분 주변에 사각의 돌담을 설치한다. 아마도 돌담의 흔적은 적석총이 진화된 형태인 고구려 장군총의 사각 모양 또는 농경지를 둘러싼 돌담 형태의 방풍림을 계승한 것이라는 상상이 가능한 형태이다.

괸당이라는 폐쇄적 혈족네트워크가 작동하는 제주에서는 여야 유력 정당의 공천이 당선을 보장하지 못하는 무소속의 천국이다. 정권이 무너지고 정당이 바뀌지만 관료사회는 영원하다는 의미의 관당 정도가 괸당의 경쟁자라는 은유성 유머가 실감나는 곳이 제주다. 물론 관당은 직업 관료제의 기득권화와 소극행정의 심화라는 측면에서 부정적이지만 정책일관성 확보와 정치적 중립의 측면에서 긍정적이다.

더불어 세대나 남녀가 분리되고 자립의식과 생활력이 강한 제주에서는 한집 울타리 안에서 노인세대가 별도의 공간에 거주하는 경우가 많고 경조사비도 가족보다 개인 단위로 주고받는 풍습이 남아 있다.

법제처에서 연찬한 적극행정의 구현방안

❝적극행정의 5가지 전략❞

법제처가 주관한 '정부 법제역량 강화 토론회'에 발제자로 참여하기 위해 세종시를 방문했다. 금강을 경계로 강남과 강북이 구분되는 세종시의 북쪽에는 호수공원과 정부청사가 밀집해 있다. 반면에 남쪽에는 연구소 건물과 세종특별자치시청이 포진해 있다. 더불어 2개의 업무지구를 연결하는 중간지대에는 수변 공원이 조성되고 있다. 무엇보다 다소 불안했던 세종시가 안정화 단계로 진입하고 있다는 점에서 고무적이지만 국회 분원의 설치라는 촉진정책이 조속히 실현되기를 기대해 본다.

이번 적극행정 토론회는 46개 중앙행정기관(18부, 2원, 4처, 5위원회, 17청)의 법무담당관과 지방자치단체 관계자를 대상으로 적극행정을 설명하고 독려하는 자리였다. 세종특별자치시 컨벤션센터에서 개최된 행사는 법제처장이 자리를 지키고 이낙연 국무총리가 다녀갈 정도로 활기가 넘쳤다.

적극행정이란 공공부문 종사자가 공공의 이익을 위하여 창의성과 전문성을 바탕으로 적극적으로 업무를 처리하는 행위를 의미한다. 적극행정의 근거는 공무원의 봉사와 책임을 규정한 헌법 제7조를 비롯해 국가공무원법 제56조 성실 의무, 2009년 감사원의 적극행정 면책제도 운영규정, 2019년 인사혁신처의 적극행정 운영규정, 2019년 법제처의 적극행정 법제 가이드라인 등이다.

우리나라의 적극행정은 그동안 국민적 기대와 여망에 제대로 부응하지 못해 왔다. 이는 적극행정을 규제개혁과 동일시하는 인식의 오류나 포괄적 제도개선보다 개별적 사후면책에 주력했던 일과 무관하지 않다. 국민적 불만을 유발한 소극행정의 주범인 '번잡한 절차(red-tape)'에 대한 사전적 혁신보다 사후적 처방에 주력했다는 것이다.

문재인 정부는 사후적 조치에 친숙한 감사원에 부가해 사전적 예방을 주도할 인사혁신처와 법제처도 적극행정을 주도하도록 추진체제를 재편했다. 공무원의 헌신적 행태와 법규의 신축적 해석을 병행하는 방식으로 문제해결을 유도한다는 것이다. 물론 이러한 노력이 가시적 제도개선이나 강력한 행정문화로 정착되기까지는 상당한 시간이 소요될 것이다. 하지만 적당편의, 업무해태, 탁상행정, 관료이기주의 등 소극행정의 폐해를 극복하는 목표설정은 비교적 적정해 보인다.

우선 적극행정의 대상이 경제적 가치를 창출하는 규제개혁을 초월해 사회적 가치를 병행하는 방향으로 진화하고 있다. 적극행정의 추진과정에서 동반성장과 같은 약자우대조치나 저영향개발과 같은 환경보호장치가 늘어날 것이다. 또한 적극행정의 수단에는 적극행정 면책을 비롯해 사전컨설팅 감사, 우수사례 교육, 인센티브 강화 등이 포함된다. 더욱이 범정부 차원에서 적극행정의 확산을 추구한다는 점도 고무적이다.

우리나라는 산업화와 민주화 과정에서 적극행정의 모범사례로 대내외에 알려져 왔다. 경제성장과 사회복지라는 난제에 부응해 역대 정부가 헌신하였기 때문이다. 하지만 발전목표의 전환이나 갈등구조의 분출로 인해 행정의 활동공간은 갈수록 좁아지고 있다. 현대 민주주의 국가에서 정책형성의 주도권을 국회가 행사하는 것은 바람직하다. 그러나 관료적 전문성에 기초해 정책품질을 확보했던 한국적 전통과는 상이한 대목이다. 행정입법과 의원입법의 비중이 역전된 상태에서 과도기의 정책품질도 의문시되고 있다. 더욱이 정계는 물론 기업과 언론의 관료때리기가 무한정 증폭되자 공무원들은 눈치보기로 대응하고

호수공원에서 바라본 세종시 전경

전원도시의 풍광을 간직한 세종시 호수공원

있다.

적극행정을 위해서는 적극적 법령해석과 병행하여 창의적 정책형성도 필요하다. 중앙행정기관의 정책부서들이 제안하는 법률안은 소속기관 규제개혁법무담당관실의 지원을 받아 행정부 내부의 조율을 거친다. 법률안의 산파 역할을 수행하는 규제개혁위원회나 법제처 심사를 통과해야 국회 이송의 마지막 단계인 국무회의로 넘어가기 때문이다. 역으로 행정입법이나 의원입법을 막론하고 국회통과 법률의 시행령과 시행규칙을 만드는 일에도 산파들이 관여한다.

한편 적극행정이 관료사회의 호응을 넘어 서민사회의 인정을 받기 위해서는 사회적 가치 창출이나 경제활성화 유도 같은 범국가적 사명완수와 직결되어야 한다. 나아가 행정개혁 패러다임이나 확고한 행정문화로 자리잡기 위해서는 뒤이어 제시할 5가지 전략이 필요하다.

첫째, 공공 마인드의 강화이다. 공무원 신분보장과 처우개선을 전제로 이기적 대리인에서 이타적 청지기로 전환시킨다. 이때 청지기는 자본의 대리인을 탈피해 약자의 보호자를 표방한다.

둘째, 협치 마인드의 강화이다. 시장이나 시민사회에 대한 공무원 파견근무를 활용해 거버넌스 기반을 구축한다. 역지사지 관점에서 진정한 소통과 공감이 가능하기 때문이다.

셋째, 인문 마인드의 강화이다. 과학(science)적 합리성보다 인문학(art)적 상상력을 중시한다. 역동적 창의행정을 촉진하는 일은 미래의 국가경쟁력을 확보하는 첩경이다.

넷째, 성과 마인드의 강화이다. 공무원에 대한 권한부여를 전제로 성과평가를 강화한다. 인사평가와 성과평가를 혼합하는 방식으로 연공서열과 연줄승진 관행도 타파한다.

　다섯째, 현장 마인드의 강화이다. 문서행정보다 현장행정을 우선한다. 인허가 서류를 검토하는 사무행정을 탈피해 현장에서 신속하고 실용적인 해결방안을 찾는다.

　얼마 전 광주송정역으로 가던 길에 고속철도 오송역과 공주역 사이에서 세종시 전경을 목격했다. 도시화의 진전으로 세종시 외곽의 아파트 단지가 철로변에 근접한 상태였다. 부여와 인접한 공주역 인근의 야산에는 밤꽃의 향연이 장관을 연출하고 있다. 추가로 세종역사가 신설되면 기존 역의 타격은 불가피하다. 하지만 진정한 행정수도의 완성이나 중앙정부의 경쟁력 강화를 위해 고속철도 세종역 신설은 불가피하다. 청주와 공주 도심을 통과하는 충청권 복선전철의 조속한 건설이 연담도시권 모두가 윈윈하는 대타협의 단서라는 생각이 들었다.

세종시 공무원이 먼저 달라져야 한다

> "공무원들의 경쟁력은 '시민'이나 '동료'와의 원활한 소통이 좌우할 것이다."

공익의 수호자라는 사명이 부과된 공무원의 문제해결능력은 융복합 지식과 다양한 경험 및 전략적 사고라는 삼박자가 좌우한다. 이에 공공조직은 채용, 승진, 성과급, 교육연수, 연금 등과 같은 수단들을 혁신하고 혼합하는 일에 주력해 왔다. 특히 증세와 감세만큼이나 민감한 공무원 정원을 초월해 능력발전 방안이 지금 우리가 추구할 목표이다.

각국 정부는 기업을 능가하는 경쟁력을 확보하기 위해 다양한 채용전략을 구사해 왔다. 프랑스와 싱가포르는 유능한 관리자를 확보하기 위해 전문 행정대학원과 유학생 우대조치를 활용하였다. 우리가 5급과 7급 채용에서 공개경쟁과 민간경력자 채용의 균형을 추구한 일도 유사 사례이다. 하지만 전공불문·경력무시 공시열풍의 발상지인 9급 공채에서 필기시험 위주의 전형을 고집하는 일은 재검토가 필요하다.

공직에 입문하기 위해 치열한 경쟁을 통과한 공무원들의 다음 목적지는 승진이다. 피라미드의 정점으로 향하는 계층제의 사다리를 오르는 것이다. 물론 최근에 잠재적 역량보다 연도별 실적을 중시하는 성과평가가 부상하자 성과급이 관심을 끌었지만 '승진에 대한 몰입'이라는 철옹성을 허물기는 아직도 역부족이다.

노무현 정부가 인사혁신을 위해 도입한 다면평가도 기득권의 저항으로 제도화에 애로를 경험했다. 이후 근무평가는 조직 내부의 권위주의를 조장한다는 비판에도 불구하고 요지부동이다. 일부 지방자치단체나 공공기관에서 연공서열 관행과 눈도장 찍기의 부작용을 해소하기 위해 발탁인사, 소수 직렬과 여성 우대조치, 성과평가 반영 등을 추진했지만 정치의 과잉이라는 엽관주의 논란에 휘말리며 그 효과가 반감된 상태이다.

공직사회의 왜곡된 승진문화를 보완하는 대안이 교육훈련과 해외연수이다. 하지만 우리의 교육연수 제도는 좀처럼 형식주의를 극복하지 못하고 있다. 통계와 표준 교과목의 빈곤이 시사하듯이 공무원 교육과정은 현장의 요구나 용도와 괴리되어 있다. 세계화 시대를 맞이하여 외국어 교육을 강화했지만 읽기, 쓰기, 듣기, 발표라는 국어교육이 절실하다는 일선의 건의는 무시되고 있다.

거버넌스라는 조직 간 '협치'와 조직 내 '협업'의 시대를 맞이하여 사회와 경제 전반의 문제해결을 주도하는 공무원들의 경쟁력은 '시민'이나 '동료'와의 원활한 소통이 좌우할 것이다.

우선 공무원은 물론 시민의 인식이 변해야 한다. 사회구성원 대다수가 선망하는 안정된 자리를 차지한 공무원들은 소극적 대리인보다 충직한 청지기를 자임해야 한다. 공무원이 시민을 위해 제대로 뛰어야 나라의 경쟁력이 올라간다. 시민도 주인의 권리나 품격 강화를 위해 유권자와 납세자 및 감시자의 역할을 제대로 수행해야 한다. 시민이 주인다워야 공무원 일꾼들이 분발하기 때문이다. 주인의 본분을 망각한 일방적 요구나 맹목적 때리기는 공무원의 복지부동과 같은 소극행정을 조장할 것이다.

한편 공직사회 내부의 일하는 방식도 혁신해야 한다. 공무원의 역량 강화는 권한부여와 직결된 문제이다. 현장의 자율성이 약하면 적극행정은 물론 성과향상도 기대하기 어렵다. 위계질서를 중시하는 한국 행정은 주무관보다 관리자를 중시해 왔다. 유능한 관리자의 미덕은 법을 적시에 만들고 예산과 인력을 많이 확보하는 일이다. 하지만 현장의 특수성을 간과한 상태에서 완전한 문제해결은 어렵다. 일례로 코로나19 확산에 대응하는 방역행정의 성패는 공공의료

담당자들의 노하우와 헌신이 좌우할 것이다. 행정의 전문성은 관리자와 실무자들의 팀워크를 통해 배양된다는 점에 유의해야 한다. 하지만 각급 정부의 국·과장급 관리자들이 업무의 전문성과 무관하게 6개월이나 1년마다 승진에 유리한 꿀보직을 찾아 순환하는 풍토에서는 유능한 공무원은 물론 성공하는 정부도 찾아보기 어려울 것이다.

미래의 공직자를 꿈꾸는 이들에게

❝성공적인
대학생활을
위해서는
자신에게
특화된
필살기를
획득해야
한다.❞

우리 사회는 전통적으로 공직에 높은 의미와 가치를 부여해 왔다. 이러한 이유로 대학에서도 행정학과 법학을 비롯해 공직 진출에 유리한 학과들이 높은 인기를 누려 왔다. 하지만 최근 들어 사회의 다원화와 학문의 통섭화 추세가 부각되면서 관련 학과들이 직격탄을 맞고 있다. 상대적으로 경쟁력이 취약한 지방소재 사립대학들은 좌불안석이다. 나의 경우만 해도 법행정대학에 소속된 교수라는 점에서 학과 경쟁력 제고와 신입생 지도에 애로를 경험하고 있다.

최근 인공지능과 빅데이터를 앞세운 제4차 산업혁명 시대를 맞이하여 제조업에 기반한 산업현장의 일자리가 급속히 줄어들고 있다. 다만 시민들에게 공공서비스를 전달하는 행정 현장의 일자리는 그나마 사정이 나은 편이다. 문재인 정부가 소방, 교정, 경찰, 복지 등을 중심으로 공공부문 일자리를 확대했을 뿐만 아니라 베이비붐 세대의 은퇴라는 세대교체 수요가 발생하였기 때문이다.

지방사립대학은 절박한 생존 위기에 직면하여

사활을 건 분투를 전개해 왔다. 이 과정에서 대학의 본질을 망각한 근시안적 학과 구조조정과 기업식 효율만능주의가 만연한 상태이다. 더욱이 교육부가 편의에 따라 국가보조금을 배분하는 수단으로 전락한 줄세우기 대학평가의 부작용도 속출하고 있다. 대학평가의 종류가 너무 다양한 것도 문제지만 지원수단을 통제장치와 결부시키는 정부관료제의 고질적 병폐가 개선되지 못하고 있다.

이처럼 척박해진 배움터지만 그래도 대학은 우리 학생들의 미래를 좌우할 핵심 기반이다. 특히 지방대학의 신입생들은 대학이라는 기회의 창을 활용해 미래를 자기주도적으로 개척해야 한다. 성공적인 대학생활을 위해서는 무엇보다 분명한 목표의식과 적절한 방법론을 구비해야 한다. 나무꾼이 거대한 나무를 자르기 위해 장시간 도끼를 갈듯이 신입생들은 대학에서 단순한 스펙의 나열이 아니라 자신에게 특화된 필살기를 획득해야 한다.

미래의 공직사회는 공공 마인드, 디지털 마인드, 소통 마인드 등을 중시할 것이다. 이러한 인재상에 부응하기 위해 학생들은 필기시험이라는 협소한 전문성을 초월해 융복합 부전공, 디지털 자격증, 원만한 교우관계, 주기적 봉사활동, 국내외 탐구여행, 강인한 체력단련, 꼼꼼한 신문읽기, 지속적 글쓰기, 반성적 자기성찰, 체계적 시간관리 등이 지니는 중요성에 착안해야 한다. 하지만 우리 공직사회가 앞서 제시한 조건들을 모두 충족한 철인을 요구하지는 않는다는 점에서 서너 가지를 취사선택해 특화하는 것만으로 충분하다.

신입생들은 지금 대학이라는 결승선에 도달한 것이 아니라 미래로 나아가는 새로운 출발선에 도열한 것이라는 점을 명심해야 한다. 특히 지방대학 학생이라는 여러분의 현재는 미약해도 우리가 함께 난관을 극복할 것이라는 확신으로 블루오션을 찾아야 한다. 지금 우리를 억누르는 학벌주의를 경계하되 자신감 넘치는 개척자 정신으로 기득권에 함몰되지 말아야 한다. 미래의 영광을 꿈꾸며 부단히 노력하는 자만이 성취라는 열매를 수확하기 때문이다.

우리나라 공공부문이 세계적인 경쟁력을 확보하기 위해서는 학생들의 자구노력에 부가해 제도개선도 병행해야 한다. 우선 직종과 직렬 및 직류에 요구되는 역량과 윤리를 강화하는 방식으로 채용시험을 개선해야 한다. 우리 사회에 만연한 조직 내 권위주의의 온상인 계급제를 탈피해 직위분류제에 기반한 자격과 역량을 중시해야 한다. 또한 교육부의 대학정책도 대학의 자율성을 최대한 보장하기 위해 세목별에서 총액지원 방식으로 바꾸어야 한다. 사립대학의 재정난을 완화하는 정책수단으로 분야별 평가제도에 집착할 경우 지원비와 행정력의 낭비라는 이중고를 극복하기 어렵기 때문이다.

Chapter 05

충청권: 대전충남과 충북

과학도시 대전을 일구는 사람들

> " 행정 연담도시의 역할을 수행할 대전은 한국형 콤팩트시티 건설을 선도하는 계기가 될 것이다. "

20세기 이후 대전은 철도와 도로의 중심지로 부상했다. 경부선과 호남선이 대전을 지나갈 뿐만 아니라 1970년대 이후 고속도로 시대가 개막된 이후 도로망이 교차하는 최고의 수혜지역으로 부상했다. '한밭'이라는 우리말 명칭을 통해 알 수 있듯이 내륙에 자리한 광역시인 광주나 대구와 마찬가지로 도시 중앙에 갑천이라는 큰 물길이 흐르고 계룡산을 비롯해 명산이 둘러싼 분지 지형이다.

대전은 1970년대 중반 이후 박정희 정부가 추진한 중화학공업육성정책을 후원하는 연구도시라는 사명을 부여받았다. 오늘날 대덕단지에는 원자력과 정보통신을 비롯해 다양한 분야의 전문 연구기관들이 자리해 있다. 대전과 청주 사이에 자리한 대청댐 인근에는 한국수자원공사(K-Water)도 이전해 왔다. K-Water는 한국을 대표하는 광역상수도 사업자로 물산업의 경쟁력 강화를 선도하고 있다. 특히 인적자원관리를 강화하기 위해 HR-BANK로 명명한 역량기반 인적자원관리체계를 운영하고 있다. 또한 교육훈련 프로그램은 역량강화계획(CRP: Competence Reinforcemant Plan)을 활용해 맞춤형으로 관리하는 프로파일 매치업을 활용한다.

싱가포르는 바이오메디컬과 복합리조트에 부가해 물산업의 육성에 주력했다. 우리의 K‒Water와 유사한 통합물관리 전담조직인 공공시설원(PUB: Public Utility Board) 주도로 원수의 재활용을 중시하는 신생수 생산과정에 참여한 기업들의 기술경쟁력을 극대화시켰다. 더불어 전략산업을 육성하는 싱가포르의 규제개혁 거버넌스는 형식주의 지양과 낭비 줄이기에 초점을 부여해 왔다. 비즈니스 프랜들리(Business Friendly), 민원절차 간소화(Zero-In-Process), 형식주의 제거(POWER: Public Officers Working to Eliminate Red-tape) 등과 같은 세 가지 운동을 전개한 일이 대표적이다.

1990년대 중반 대전엑스포의 개최는 대전의 브랜드 가치를 증진시켰다. 당시 행사를 안내하던 도우미가 인기를 끌면서 세계박람회가 종료된 이후에는 경제사회분야 서비스 직종을 통칭하는 의미로 재활용되고 있다. 1993년 대전엑스포가 열리던 기간에 박사학위논문을 준비했기 때문에 행사를 참관할 기회가 없었다. 하지만 지방공기업평가원 전문위원으로 재직하던 2000년 겨울 컨설턴트 자격으로 세계박람회장 사후활용방안 경영진단에 참여했다. 선진국 도시들은 파리나 런던처럼 세계박람회를 마치면 행사장 건물을 철거하는 경우가 일반적이다. 하지만 우리나라의 경우 행사장 철거가 지연되면서 적자의 누적과 같은 관리상의 비효율 문제가 제기되었던 것이다. 이후 수년 동안 자치단체 내외부의 치열한 논쟁을 거친 이후에 대전엑스포과학공원은 청산되었고 잔존 업무의 일부가 대전마케팅공사를 경유해 대전관광공사로 이관되었다.

나는 지난 수년간 대전광역시 9급 공무원 면접시험 위원으로 참여했다. 공무원시험 면접시험은 지역발전의 현안이 주된 질의응답의 소재이다. 더불어 공직윤리나 전공지식에 대한 점검도 이루어진다. 대전광역시 9급 면접에서는 지역발전 현안으로 경제성이 양호한 노면전철(트램)을 활용한 교통인프라 투자와 무지개프로젝트라는 임대주택 강화전략이 자주 등장했다. 반면 대전 경제를 대표하는 상징적 존재인 성심당 빵집의 브랜드화나 충남도청 건물의 문화플랫폼 전환으로 대표되는 원도심 재생 및 철도교통의 중심지인 대전역 상징화 사업이

정부 대전청사의 입체적 디자인

대전청사 인근에 자리한 도심지 공원

논의 주제로 부상하지 못한 일은 아쉬웠다.

과학도시 대전은 엑스포과학공원을 비롯해 다양한 주제의 공원을 운영 중이다. 국립과학관이나 카이스트의 경우도 외부인들이 관심을 가지는 대전의 명소이다. 유성관광특구 인근에 자리한 대전현충원도 외지인들이 많이 찾아오는 장소이다. 최근에는 우즈베키스탄에서 홍범도 장군의 유해 귀환이 이루어지면서 대전현충원을 찾는 사람들이 늘고 있다고 한다.

대전은 기존에 청단위 정부기관들이 이전을 완료한 상태이기 때문에 세종시와 더불어 행정 연담도시의 역할을 수행할 것이다. 나아가 대전－세종－청주를 연계한 중부권 연담도시 구상도 주도해야 한다. 이러한 구상이 현실화될 경우 트램－전철－철도를 연계해 대구나 춘천시처럼 일본 도야마를 벤치마킹해 한국형 콤팩트시티 건설을 선도하는 계기로 작용할 것이다.

한편 행정의 경쟁력을 증진하기 위해서는 '종합적 접근법'에 따라 상황에 맞게 속도를 유지하는 행정개혁이 필요하다. 특히 Re-ing 모델은 정부의 근본적 변화를 유도하는 대표적 접근방법이다. Re-ing 모델은 인식의 재구성(Rethinking)을 통해 새로운 정부(Core government)를 구성하는 과정에서 개혁의 대상이 되는 5가지 요소를 제시했다(이도형, 2020 재인용).

첫째, 정책사업의 재창안(reinventing)이다. 정책사업의 재창안은 정부가 환경변화에 따른 새로운 행정수요에 대응하기 위한 정책내용의 우선순위와 정책기조의 재조정을 의미한다.

둘째, 조직구조의 재설계(restructuring)이다. 이는 환경요구에 적절히 대응할 수 있도록 탄력적 조직으로 개편하는 것을 의미한다.

셋째, 행정절차의 쇄신(reengineering)이다. reengineering은 필수적인 부분을 제외한 다른 요소들을 간소화하는 과정혁신 기법이다.

넷째, 적정 규모를 유지하는 것이다. 적정규모화(rightsizing)는 다운사이징을 탈피해 조직이 효과적으로 기능할 수 있는 적정한 규모를 유지하자는 것이다.

다섯째, 공무원의 적극적 행동방식이다. 환경이 급변하는 시대에서 공무원의 의식개혁이 필요하다는 것이다. 예를 들어 4차 산업혁명 시대의 공무원에게는 IT 기술혁신에 기반한 창의적 역량이 필요하다.

아산과 당진으로 확장된 수도권 산업벨트

**❝ 거대 산업벨트로
변신한 수도권
남부의 미래 ❞**

당진과 아산에서 시작해 인근 지역을 둘러보았다. 국도 주변에는 소규모 산업단지를 비롯해 공장과 상가가 끊이지 않고 이어진다. 이러한 광경에서 절대농지에 부설된 비닐하우스 단지나 경관농업 잔디를 재배하는 관계설비 및 사료공급과 착유까지 자동화한 축사도 공장과 다르지 않다는 추론에 도달했다. 1차와 2차 및 3차 산업을 구분하는 전통적 산업분류체계는 의미를 상실한 것이다. 다시 말해 제조업은 2차 산업의 전유물을 탈피해 1차와 3차 산업의 영역을 급속히 잠식한 것이다. 도시계획가인 존 프리드만은 세계도시를 판별하는 기준의 하나로 제조업 비중 확대에 주목했지만 적어도 한국의 현실에서 실효성을 지니기 어렵게 되었다.

경부선 라인에 포진한 수도권 산업벨트는 충남 북부 아산과 당진으로 확장되었다. 삼성전자의 지역사업장이 용인 기흥에서 시작해 화성 동탄과 평택 고덕을 지나 아산 탕정으로 진출한 일이 대표적이다. 평택항 맞은편 당진항에는 현대제철 당진제철소를 비롯한 인천이나 안산과 유사한 중후장대 산업단지가 늘어나고 있다.

충남에 공장과 대학이 늘어난 이유는 수도권 공장총량제나 대학정원제한제 때문이다. 즉, 수도권 진입의 애로를 충남 북부가 대신한 것이다. 따라서 수도권의 과밀해소와 지방공동화를 치유하는 기업과 대학의 수도권 엑소더스(대규모 유출)를 촉진하기 위해서는 인허가 장벽이라는 규제수단과 병행하여 인센티브 제공이라는 조장수단을 늘려야 한다.

아산의 명물 포도와 배밭 인근에도 테크노밸리나 디지털단지로 명명된 산업단지가 들어섰다. 4월 중순 아산지역 고속철도에서 감상이 가능한 새하얀 이화의 향연은 눈부실 정도이다. 물론 경북의 철로변에 자리한 연분홍 도화도 색다른 매력을 선사한다.

아산호를 관통하는 평택대교 입구에는 경기 북부와 용산에서 이전한 험프리스 미군기지의 군사훈련장인 CPX 게이트가 보인다. 미군과의 합동작전을 위해 우리 공군의 항공통신전대도 따라왔다. 아직은 주변이 황량하지만 미군기지와 인천공항을 연결하는 전세버스 노선이 개설될 정도로 국제적이다. 2017년 미8군사령부와 2018년 용산 주한미군사령부가 이전하면서 시설인구 기준 4만 3천에서 8만 5천을 수용가능한 미니 신도시급 캠프가 건설된 것이다. 시가지와 연결된 메인 출구에는 안정리 로데오 거리가 조성되어 젊은 병사들이 활보한다. 다만 기지 안에 대규모 숙소와 타운이 조성되어 영외 거주자나 외출자의 비중은 줄고 있다. 과거 동두천과 의정부 미군 캠프 주변은 국제도시에 필적하는 활력이 넘쳤기 때문이다.

아산과 인접한 평택 미군기지 전경

험프리스기지 입구인 안정리 로데오거리

아산에서 당진으로 이동하면 아산호와 아산만방조제는 물론 아산만을 가로지르는 서해대교의 웅장한 모습을 만나게 된다. 서해대교 중간에 자리한 행담도 휴게소나 삽교천방조제 말단의 삽교호함상공원도 조망의 명소이다. 당진시 해안에는 삽교천방조제에서 시작해 제1농장방조제, 석문방조제, 대호방조제 등이 연이어 보인다. 농경지 확대를 추구한 간척의 시대에는 서해안 곳곳에 방조제를 건설했다. 박정희 대통령이 1979년 10월 26일 마지막 일정으로 삽교천방조제 준공식에 참석한 일은 당시의 정책우선순위를 알려주는 단서이다. 하지만 새만금 간척지를 정점으로 방조제 건설 붐은 퇴조하였다.

서해안고속도로 송악IC를 나와 석문방조제로 향하면 당진제철소와 당진화력발전소의 웅장한 모습이 보인다. 2018년 말에 태안화력에서 발생한 고(故) 김용균 씨의 사고가 중대재해처벌법의 제정으로 이어진 것처럼 제철소와 발전소는 안전에 취약하다. 내가 당진을 다녀온 직후에 노동자가 도금용 용기에 빠져 사망했다는 소식을 들었다. 냉연코일 생산을 비롯해 제철소의 제작 공정은 자동화된 상태이다. 하지만 원재료 투입과 불순물 제거 같이 수작업에 의존하는 부가적 업무에서 안전사고가 빈발해 왔다.

현대제철에서 생산한 고장력 강판은 그룹사인 현대자동차 브랜드의 안전성 확보에 기여했다. 전기로를 가동하는 현대제철의 전력사용량은 상상을 초월한다. 그러나 소요 전력은 제련과정에서 나오는 가스를 재활용한 발전으로 충당한다. 세종시를 비롯해 신도시 인근에 전기와 난방열을 공급하는 열병합발전소를 건설한 것과 유사한 이치이다. 무더운 여름철 냉방기기 사용을 방해한 전력과소비의 주범이 철강산업 때문이라는 대중의 인식과 언론의 보도는 에너지순환을 간과한 오해지만 탄소의 과다배출은 굴뚝산업에 부과된 난제이다. 기후정의에 부응해 친환경 철강을 구현하기 위해서는 탄소배출권 거래제와 탄소포집 기술혁신에 주력해야 한다.

당진시는 고대산업단지와 연계한 당진항종합발전계획의 조속한 수립 및 시행을 열망해 왔다. 하지만 포항의 관광명소가 굴뚝에 가려진 것처럼 당진의 명소인 왜목마을해수욕장도 마찬가지이다. 오히려 차로 10분 거리인 대호방조제 최일선 도비도항이 호젓한 포구의 느낌을 선사한다. 항구에서 지척인 소난지도는 삼남지방 조세선 기항지라는 전략적 이점을 착안해 구한말 의병이 활동

한 곳이다. 맞은편 삼길포항은 매년 11월 초에 우럭축제가 열릴 정도로 어족 자원이 풍성한 국가어항이다.

기회가 된다면 당진에서 시작해 태안반도에 산재한 힐링의 명소를 찾는 것 도 유용하다. 신두리 사구에서 시작해 백리포, 천리포, 만리포 등 정겨운 명칭 을 따라서 내려가면 안면도에 도달한다. 안면도는 안흥량에서 암초나 파도를 만나 난파되는 조운선의 안전을 담보하기 위해 조선시대부터 운하건설을 시도 했던 곳이다. 천수만과 가로림만을 잇는 굴포운하와 안면대교 인근의 개미목 지대인 의항운하가 대표적이다.

봄철에는 안면도 꽃지해수욕장에서 태안 튤립축제가 열린다. 인근의 자연 휴양림과 수목원도 볼거리 명소이다. 이곳의 소나무는 줄기가 굵고 수고가 높 아 아름답다. 이런 아름다움을 장애인도 함께 즐길 수 있게 스카이워크를 설계 한 설계자의 배려도 선진적이다. 안면도에서 해저터널을 거쳐 보령시 대천해수 욕장까지는 지척이다. 여름철에는 석양 산보와 머드 체험을 위해 대천해수욕장 을 찾는 이들도 많다. 최근에 인구 10만 명이 무너진 보령시는 인구전입운동의 일환으로 해저터널 홍보관 신축, 대천 스카이 바이크, 저렴한 공공숙박시설 동 백관, 성주산 모노레일 부설 등에 주력하고 있다.

충청의 유산이 내재된 흥미진진 공주

충청도 지도를 보면 경상이나 호남과 달리 남도와 북도의 차이를 발견하기 어렵다. 영동과 금산, 옥천과 대전, 청주와 세종, 진천과 천안 등 좌우 대칭의 모습을 하고 있다. 더불어 충남은 남북으로 호남과의 교류가 활발한 반면에 충북은 동서로 영남과의 교류가 활발한 편이다. 나아가 충청을 대표하는 도시 중 지역정체성이 가장 강한 도시는 백제의 고도이자 지리적 중심지 및 충청감영이 자리했던 공주를 들 수 있다. 참고로 충청도관찰사가 집무를 보던 감영은 청주에 있었지만 1603년 공주로 이전해 1932년 대전 지역으로 충남 도청이 옮겨갈 때까지 자리했다.

하지만 지금의 공주는 과거의 영광을 간직한 소도시에 불과하다. 만약 공주1경과 2경으로 알려진 무령왕릉과 공산성이 적시에 발견되지 못했다면 아찔한 대목이다. 이 점은 공주와 함께 세계유산 백제유적지구로 지정된 부여와 익산도 크게 다르지 않다. 부여를 대표하는 부소산 낙화암, 정림사지, 나성, 왕릉원 등은 물론 익산에 자리한 미륵

공주 왕릉원 초입의 표지석

무령왕릉을 비롯한 백제 왕릉군

사지와 왕궁리유적도 온전한 모습을 남기지 못했기 때문이다.

공주무령왕릉과 왕릉원은 중국의 벽돌과 일본의 목재를 결합한 다국적 묘제이다. 특히 1971년 배수로 공사중에 우연히 발굴된 무령왕릉에서 도굴되지 않은 완벽한 상태로 발굴된 124건의 유물 중 일부는 국보로 지정되었다. 523년에 사망한 무령왕을 모시기 위해 525년에 완공한 무령왕릉은 사람이 드나드는 벽돌집 구조이다. 소나무 숲이 인상적인 왕릉원 주변에는 한옥마을과 국립공주박물관도 자리해 체류형 관광에도 적합한 곳이다.

금강변 곰나루 인근에 자리한 백제의 산성인 공산성은 성곽길을 걸으며 공주의 파노라마 전경을 감상하기에 적합한 곳이다. 초기 백제의 수도인 위례성이 한강의 물길과 능선을 방어용 장벽으로 활용한 것과 유사한 구조이다. 평상시 금강은 온화한 모습이지만 장마철에는 다리와 강변을 종횡으로 위협할 정도로 사납게 돌변한다. 실제로 나는 장마철에 세종에서 공주를 경유해 서천까지 이동하면서 국도가 침수되어 우회한 경험이 있다.

오래전 나는 공주시시설관리공단 설립타당성 검토를 진행하면서 시장님과 함께 대상 시설을 둘러본 적이 있다. 당시 개장을 앞둔 화장장과 납골당을 방문해 가동준비 예행연습을 시찰하기도 했다. 이 과정에서 지역의 화장장은 개장 유골을 화장하는 수요도 상당하다는 사실을 확인하였다. 당시 공주시는 금강변의 하수처리장을 민간기업에 위탁운영하는 방식을 채택하고 있었다. 하수처리장에 근무하는 대다수 직원들의 찬성에도 불구하고 공청회 단계에서 민간업체 경영진의 조직적 반발로 공단 설립 자체가 무산되는 과정을 목격한 것이다.

대전과 인접한 공주는 역사도시이자 교육도시로 유명한 곳이다. 국립 공주

사대(공주대학교)와 공주교대는 전국적 명문으로 수많은 교사를 배출한 곳이다. 물론 1980년대 후반 국립대학 사대 졸업생의 공립학교 교사 우선임용이 불공정하다는 판결이 나면서 지방국립대학의 입시경쟁력이 약화된 일은 아쉬운 대목이다. 참고로 금강으로 흘러드는 제민천을 따라서 형성된 원도심에는 교육도시의 면모를 알려주는 기숙사와 하숙촌이 자리해 있다. 얼마 전 잊혀가는 제민천에 꽃을 피우는 사람들의 도시재생 스토리가 〈로컬 꽃이 피었습니다〉라는 책에 수록되기도 했다. 공주시청 인근 봉황동과 반죽동에는 한옥카페와 한옥게스트하우스 및 전통음식 맛집이 밀집해 경쟁력을 강화하였다.

근대역사유산으로는 유관순 열사가 2년 동안 공주영명학교에서 수학한 고장답게 3.1만세운동의 흔적이 곳곳에 남아 있다. 공주를 대표하는 3.1중앙공원은 일제의 신사가 자리했던 곳으로 지금은 유관순 열사의 동상이 세워졌다. 또한 1919년 4월 공주읍내장터에서 영명학교를 중심으로 만세운동이 일어난 이후 유구읍과 정안면으로 확산되었다.

흥미진진한 공주로 진입하는 정안IC 인근은 특산품 밤의 산지이다. 전국 각지의 마트나 노상에서 판매되는 밤은 웬만하면 공주라는 브랜드를 앞세운다. 그만큼 양과 질 모두에서 압도적인 경쟁력을 지니고 있다. 하지만 영덕대게로 유통되는 상당수가 울진 앞바다에서 잡힌 것처럼 부여산 밤도 만만치 않은 저력을 지니고 있다. 또한 1970년대 전성기에 삼천공녀가 근무했다는 유구읍의 섬유산업도 자카드 직물기계가 생산하는 색동원단을 앞세워 명맥을 유지하고 있다. 지금은 당진영덕고속도로 유구IC를 이용해 수덕사와 예당호가 자리한 예산은 물론 서해안 관광지로의 접근이 용이한 곳이다.

공주를 대표하는 자연유산은 계룡산이 유명하다. 능선을 따라가는 완만한 산행이 가능한 곳이다. 산행과 더불어 갑사나 동학사를 둘러본 다음에 힐링의 명소인 유성온천 방문도 용이하다. 또한 시내관광을 마치고 대전으로 이동하는 길목에 자리한 구석기 유적지 석장리도 전국적인 인지도를 확보한 명소이다. 이곳은 연천 전곡리와 마찬가지로 주먹도끼가 발견된 곳으로 금강변 공주의 역사적 가치를 확인하기에 적합한 곳이다.

장항선 라인의 부활을 선도한 서천

> ❝ 도시를 연계한 벨트화된 선에 주목하는 지역활성화 정책형성이 필요하다. ❞

철로, 해로, 도로, 항공 등 교통망의 확충은 한국의 근대화를 선도해 왔다. 물론 시대의 변화에 따라 부침이 있었다. 1970년대 이후 고속도로가 건설되고 자동차가 폭증하자 간선 철도망의 역할은 급속히 약화되었다. 21세기에 고속철도 시대가 열리면서 경부선과 호남선을 중심으로 경쟁력을 회복했지만 중앙선, 경전선, 장항선, 태백선, 충북선, 동해남부선 등의 소외현상은 여전히 지속되고 있다.

우리는 한국을 대표하는 지방소멸 위험지역이 간선 철로망과 겹친다는 사실에 주목해야 한다. 따라서 특정 도시를 대표하는 점보다 도시를 연계한 벨트화된 선에 주목하는 지역활성화 정책형성이 필요하다. 장항선의 경우 충남 도시를 연결하는 역할을 수행하지만 단선 디젤기관차에 의존하고 있다. 현행 2시간 16분이 소요되는 천안과 익산 구간이 복선전철로 개통되어야 시간이 절반으로 단축된다.

나는 국내외 도시일주나 자치분권 탐방의 마니아를 자처해 왔다. 코로나19의 습격으로 세계화에 편승한 활동의 공간은 축소되었지만 지역화에 착안한 탐구의 깊이는 강화되었다는 점이 나의 소소한 위안거리이다.

나의 국내일주는 종종 회의나 특강 기회를 활용해 왔다. 얼마 전 세종에서 서천까지 이어진 당일치기 일주가 대표적이다. 이 정도 코스면 2박 3일이 제격이지만 가는 날이 장날이라고 장마철 호우경보에 밀린 보고서 마감까지 나의 발목을 잡고 말았다. 아침 7시에 경산 아파트를 나선 나는 9시 30분 세종시 행정안전부 회의장에 도착했다. 오늘의 회의 주제는 정부합동평가 지역혁신분과 평가지표를 개선하는 일이다.

전국 광역자치단체의 평가지표 담당자들을 화상으로 연결하는 소형 회의장에는 5명의 지표개선 위원과 2명의 회의진행 공무원이 참석했다. 코로나19 시대의 뉴노멀로 빠르게 자리잡은 화상회의는 불필요한 이동 시간과 출장 경비를 절감한다는 점에서 긍정적이다. 더욱이 한국 행정 특유의 형식주의 문화를 혁신하는 계기라는 점도 고무적이다. 회의 중간에 기기조작 미숙으로 단절도 발생했지만 핸드폰 스피커폰 통화로 공유장비를 보완했기에 심각한 문제가 발생하지는 않았다.

세종에서 공주까지 택시로 이동한 나는 공주에서 서천행 시외버스에 탑승했다. 버스가 공주 시내에서 빠져나오는 중간에 홍수로 사나워진 금강과 단아한 공산성의 하모니를 목격했다. 공주 외곽에 자리한 동학운동 전적지 우금치 마을의 한적한 모습도 인상적이다. 버스가 부여 인근에 다다르자 백제문화단지, 한국전통문화대학교, 백제보, 부여 상여소리전승회관, 백마강 부소산성(낙화암), 고란사, 관북리 유적, 정림사지, 사비마을 등의 이정표가 보인다. 잠시 버스가 정차한 부여버스터미널은 과거 노인들만 북적이던 시골장터 분위기를 탈피한 모습이다.

서천의 명소는 바다에 집중해 있다. 따라서 군청소재지 서천읍 일원에는 관공서나 학교를 제외하고 별다른 볼거리를 만나기 어려웠다. 읍내를 산보하다 언덕 위에 자리한 성당과 주택의 단아한 모습에 눈길이 가는 정도였다. 충청도 양반고을답게 지역 어르신들의 수강태도는 진지했다. 팔순을 족히 넘긴 것으로 보이는 노신사는 강의 내용에 관심을 표명하며 여러 가지 질문도 던지셨다.

서천은 금강을 사이에 두고 이웃한 군산과 함께 1989년부터 군장산업단지를 육성했다. 하지만 갯벌을 매립해 산업단지를 확충하는 대안을 포기하는 대

서천과 군산을 연결하는 금강 하구 갑문

서천의 새로운 랜드마크 국립생태원

신에 2007년 '갯벌 보전과 생태산업 중심'을 선택했다. 다시 말해 산업중시 도시개발에서 생태중시 도시재생으로 전환을 시도한 것이다. 이러한 노력의 결과로 2014년에 장항역 인근에 유치한 국립생태원은 바람길(2,500m)과 산들길(1,650m)로 유명하다. 특히 바람길에는 미국 자연주의 철학자 헨리 데이비드 소로(1817~1862)의 오두막집을 재현한 '소로의 집'과 수생식물원, 사구식물원 등이 있다.

소로와 법정은 동서양을 대표하는 친자연 무소유의 상징적 존재이다. 소로의 〈월든〉은 "내가 숲속으로 들어간 것은 나 자신의 의지대로 살고, 삶의 본질적인 면과 대면해 보려는 것이었다. 그리고 삶이 가르쳐주는 바를 내가 배우지 못했는지 알아보고, 마침내 죽음을 맞이할 때 헛되이 살지 않았음을 깨닫고 싶기 때문이다"라는 문구로 유명하다. 법정(1932~2010)은 〈무소유〉를 비롯한 수필집을 통해 현대인에게 진정한 사유의 기쁨과 마음의 안식을 제공했다. 세상에 무소유를 실천한 상징적 장소인 서울 길상사에는 법정의 추모당을 찾는 발길이 이어지고 있다.

서천의 지역발전 패러다임이 개발보다 보존을 중시하면서 1936년부터 가동을 시작한 금제련소를 비롯해 산업활동의 중심지 장항읍 일대는 레트로 관광객을 유인하는 추억의 장소로 도시재생을 추구하고 있다. 천안에서 시작하는 장항선은 서천과 군산을 경유해 익산까지 노선이 연장되었다. 과거 장항선의 종착역이었던 구 장항역은 지역문화 전시관 용도의 '장항 도시탐험역'으로 변신했다. 인근 '6080맛나로' 음식단지에서는 연탄불 박대구이 냄새가 관광객들의 입맛을 자극하고 있다. 더불어 금강 하구에 자리한 조류생태전시관은 철새 탐

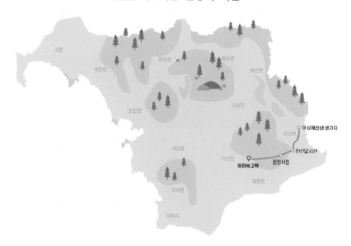

서천을 대표하는 관광의 거점

방지로 전국적인 인지도를 확보한 사태이다. 나아가 서천군 동쪽 내륙에 위치한 한산을 대표하는 지역특산물인 모시와 세곡주도 지역브랜드 향상에 기여하고 있다.

서천을 비롯해 장항선 라인에는 예당호를 비롯해 크고 작은 저수지들이 포진해 있다. 자치단체 간의 관광객 유치와 인지도 강화 경쟁이 치열해지면서 저수지도 데크길과 야간조명 및 출렁다리를 장착하고 있다. 서천에서 특강 일정을 마치고 돌아가는 야간열차 안에서 홍림저수지를 횡단하는 철길 주변에서 목격한 야간조명도 인상적이었다.

가을에는 독립기념관으로 떠나자

> **독립기념관은 우리 겨레의 기상과 저력을 깨우치는 역사학습장으로 손색이 없다.**

2021년 늦가을을 맞이해 코로나19와의 동행이 시작되고 있다. 나도 어제 저녁에 친구들과 술자리를 가졌다. 다음날 아침 도심의 빌딩 사이로 떠오른 빨간 아침 해를 영접하고 만추를 느끼러 길을 나섰다. 서울에서 경산으로 향하는 차 안에서 오늘의 목적지를 물색했다. 단풍의 명소인 속리산, 월악산, 주왕산, 가야산 등이 떠오른다. 하지만 얼마 전 가을엔 독립기념관이라는 동료 교수와의 대화가 떠오르면서 운전대를 목천IC로 돌렸다.

독립기념관을 타원형으로 둘러싼 단풍숲에는 안개가 가시지 않은 이른 아침부터 탐방객들로 넘쳐났다. 3km가 넘는 구간 모두를 빼곡하게 채운 단풍나무 가로수가 반겨주는 숲길 산책로는 기대 이상이다. 중간 중간 보이는 국화꽃 장식물이나 흑성산 등산로 사이로 보이는 산세도 시원하다. 아침 운동을 겸한 단풍 산보를 마감한 지금부터 본격적인 독립기념관 관람을 시작했다.

독립기념관을 구성하는 10개의 전시관들은 각기 뿌리, 시련, 함성, 평화, 회복 등의 주제를 표방하고 있다. 비록 압축적 방식이지만 우리 겨레의

독립기념관에 전시된 조선총독부 건물 첨탑

독립기념관에 전시된 조선총독부 건물 첨탑

독립기념관 단풍길이 불타는 모습

기상과 저력을 깨우치는 역사학습장으로 손색이 없다. 초기 구석기의 상징인 아슐리안 주먹도끼, 산성과 기마대로 만주를 호령한 고구려, 철의 나라 가야의 해상교류, 국권회복을 염원한 무장항쟁과 대외홍보 등 역사의 쟁점을 한평 규모 공간에 집약해 전시한 점이 흥미롭다. 전시관 뜰에 자리한 독립운동가 트로이카의 동상이나 진입부 광장에 치솟은 기념탑도 청기와로 치장한 본관 건물의 위용과 조화를 이루고 있다. 더불어 조선총독부를 해체한 석재나 김구를 비롯한 임시정부 요인들이 귀국 시에 사용한 비행기 실물도 좌우 주변의 적절한 공간에 배치된 상태이다.

점심 무렵에 산보와 관람을 마감하고 돌아가는 길에는 유관순기념관이 자리한 병천 아우내 장터 쪽으로 방향을 잡았다. 조금 돌아가는 길이지만 오늘의 취지에 부합하는 선택이다. 비록 병천순댓국을 먹지는 못했지만 점심을 해결하고 한적한 시골길 드라이브도 즐겼다.

오송신도시를 대표하는 친환경 주택단지

중부고속도로에 진입하는 과정에서 의약과 뷰티의 메카로 부상한 오송과 더불어 청주의 신성장동력을 담당하는 오창의 발전상을 확인한 일도 유익했다. 고속도로에서는 본격적으로 남하를 시작한 단풍을 감상했다. 멀리 보이는 풍광이지만 속리산 인근의 화서휴게소에서는 가을산의 정취를 느끼기 위해 오랫동안 정차했다.

치수에 성공한 금강 수계 상수도의 미래

> **지방상수도 통합광역화가 성공하기 위해서는 광역과 기초의 협력뿐만 아니라 중앙정부의 지원도 필수적이다.**

우리나라 하천은 특정 지점의 최대 유량과 최소 유량의 비율을 의미하는 하상계수가 높은 편이다. 국내외를 비교하면 한강 1 : 393, 낙동강 1 : 372, 금강 1 : 299, 섬진강 1 : 700, 나일강 1 : 30, 양쯔강 1 : 22, 라인강 1 : 8, 콩고강 1 : 4로 외국에 비해 높은 편이다. 우리나라의 하상계수가 높은 것은 하천의 유역 면적이 좁고 삼림이 빈약하여 여름철 집중 호우로 강수량의 계절적 변동이 크기 때문이다.

전북 장수와 무주에서 시작한 금강은 금산에서 충청도로 진입해 충북 영동과 옥천은 물론 대전을 지나 공주, 부여, 강경, 군산으로 이어진다. 비단 강이라는 한글 의미가 시사하듯이 금강 상류는 산세가 수려하고 청정한 수질을 자랑한다. 차마고도를 연상시키는 금강 상류 벼룻길은 강가 절벽에 난 오솔길로 트레킹의 명소이다. 또한 안동 하회마을과 예천 회룡포, 남한강 수계의 영월과 단양을 연상시키는 굽은 물줄기와 산봉우리 활공장이 인상적이다. 나아가 대청댐 건설 이후 주기적으로 녹조현

금강의 치수를 완성한 대청댐의 여름

상이 발생하고 있음에도 불구하고 가뭄에 취약한 충청권 내륙의 물 수요관리를 충족시켰다는 부분에서 긍정적인 평가를 받고 있다.

금강 하류에 자리한 강경항은 영산강 안쪽의 포구들과 마찬가지로 새우젓을 비롯해 각종 어물 거래로 번성한 항구였다. 하지만 일제가 미곡 수출을 위해 군산에 뜬다리부두를 설치하면서 과거의 위상이 급격히 퇴조했다. 금강 하구가 겨울철 철새의 군무로 유명한 곳이라면 영산강 하구는 물살이 강하기로 유명한 울돌목이 자리한 곳이다. 이곳은 좁은 지형에 대량의 물이 지나면서 소용돌이가 일어나기도 하며, 물살로 인한 소리가 매우 큰 것이 특징이다. 이러한 특수성을 활용해 이순신 장군은 명량해협에서 12척의 배로 133척의 왜군 함대를 물리쳤다.

이명박 정부가 추진한 4대강 사업으로 강에 여러 개의 보가 설치되었다. 기존에 강 상류에 설치한 대규모 다목적 댐을 보완하는 역할을 수행하는 보는 홍수조절, 농업용수 제공, 수변경관 개선, 자전거길 부설 등과 같은 편익을 창출했다. 하지만 수질악화, 토사누적, 유속저하, 지하수위 상승 등의 비용을 유발하였다.

4대강 사업에서 제외된 섬진강은 상류에 자리한 섬진강댐이 치수 기능을 전담해 왔다. 섬진강댐의 물은 동진강 수계로 전환되어 호남평야도 적시고 있을 뿐만 아니라 새만금의 수질개선에도 기여하고 있다. 최근 발생한 집중호우로 댐의 물을 방류하자 하상계수 세계최대라는 구조적 한계를 극복하지 못하고

소하천을 정비를 통해 마련한 산책로

강변의 제방이 붕괴되는 홍수 피해가 발생하기도 했다.

도심형 하천의 숙명인 오염을 극복한 사례로는 전주천이나 무심천을 들 수 있다. 이들 하천은 전주와 청주라는 도청소재지를 관통하는 하천으로 생태계 부활에 성공한 사례로 평가되고 있다. 주민산책로로 활용되는 소하천 살리기는 특광역시나 시군의 경우도 예외가 아니다.

우리나라의 상수도는 수평적으로 전국 162개 행정구역별로 분할되어 있다. 일부 대도시를 제외하고는 투자여력이 취약해 노후시설에 대한 적기 투자가 이루어지지 않고 있다. 잦은 인사이동으로 전문성 확보와 기술력 축적이 어려우며 사업기능과 관리기능의 동시 수행 등 구조적인 모순으로 인해 상수도 서비스의 도약을 기대하기 어려운 실정이다.

우리나라 상수도의 경쟁력이 약화된 주요 원인은 공사화의 지연(특·광역시), 광역화의 애로(시·군), 민간참여의 제약, 공무원 종사자의 순환보직, 인사와 재정상의 자율성 부족, 교육훈련의 부족, 기능직의 은퇴와 일반직 전환, 자체 승진의 애로에 따른 종사자의 사기 저하, 자격증 소지자에 대한 인센티브 부족, 사고 시에나 상수도의 중요성을 인식하는 자치단체장의 무관심 등이다.

충남 사례처럼 자연환경의 측면에서 가뭄의 발생 빈도와 강도가 심화된 일에도 유의해야 한다. 2014~2015년에 걸쳐 발생한 가뭄은 금강, 한강, 낙동강 북부 유역에 걸쳐 광범위하고 지속적으로 발생했다는 점에서 우려를 더하고 있다.

광역도는 전통적으로 중앙정부와 기초자치단체의 매개 기능을 수행해 왔다. 하지만 광역행정의 시대를 맞이하여 도는 자신의 정체성을 재확립해야 한다. 전통적 매개 기능을 탈피하는 대신에 상하수도와 같은 광역행정 기능을 독자적으로 수행하는 방식으로 존립의 필요성을 입증해야 한다. 이에 충남도청이 가장 먼저 상수도 광역화의 해결사를 자임했다.

현안으로 제시된 충남 서부권의 통합물관리를 위해서는 단기, 중기, 장기라는 3단계 전략이 필요하다. 우선 1단계에서는 지방상수도 광역협의회를 구성하여 지방상수도 광역화에 대한 지자체의 공감대를 형성한다. 그리고 2단계에서는 각 권역별 서비스 지원센터 중심의 시설공동화 및 업무공동화를 도모하고, 그 기간 동안에 상수도 서비스 통합을 원하는 지자체를 대상으로 소규모 경영통합이나 관리통합을 이룩한다. 3단계에서는 장기적으로 광역생활권 중심의 지방상수도 사업통합을 추진한다.

지방상수도 통합광역화가 성공하기 위해서는 광역과 기초의 협력에 부가해 조연의 역할을 수행하는 중앙정부의 지원도 필수적이다. 지방상수도 통합광역화 의지가 강력한 일부 광역도를 시범사업 대상으로 선정해 행·재정적 인센티브를 제공한다면 인접 자치단체로의 확산이 촉진될 것이다. 나아가 지방상수도의 광역화의 구현이 하수도의 광역화, 상하수도 통합, 민관합작법인의 활성화, 물산업의 경쟁력 강화 등을 자극하는 촉매제 역할을 수행할 것이다.

> 66 청주는
> 삼국시대
> 백제와 신라의
> 접경지이자
> 고려시대
> 금속활자
> 공예의
> 중심지였다. 99

충북은 해안선을 접하지 않은 내륙의 섬이다. 오랫동안 충북의 상징적 건물이던 청주실내체육관의 지붕은 뒤집어진 배의 형상을 하고 있다. 경부선 라인과 멀어지면서 지역발전이 정체된 아픈 기억도 지니고 있다. 물론 지금도 멀기는 마찬가지지만 고속철도 오송역 활성화나 청주－세종－대전을 연결하는 충청권 광역철도 구상에 몰입하는 이유도 과거의 실패 경험이 크게 작용했을 것이다.

청주는 삼국시대 백제와 신라의 접경지이자 고려시대 금속활자 공예의 중심지였다. 신라는 국력이 강화되자 백제의 영토였던 청주 상당산성에 진출했을 뿐만 아니라 충북 남북에 자리한 보은 삼년산성과 단양 온달산성에도 진출하였다. 청주를 대표하는 고품격 브랜드로 부상한 직지는 가장 오래된 금속활자본으로 승려인 백운화상이 고려 공민왕 21년에 불교 일화를 정리한 내용을 그의 제자들이 고려 우왕 2년(1377년)에 청주의 흥덕사에서 인쇄한 것이다. 〈직지심체요절〉은 서양의 구텐베르크의 〈42행 성서〉보다 78년 앞선 것으로 유명하다.

산업화 이전 농업지대의 중심지 청주는 지역의 대표 농산물인 담배나 양잠을 가공하던 도시였다. 하지만 담배를 가공하던 청주연초제조창은 이제 공예비엔날레의 무대로 탈바꿈해 도시재생의 선구적 사례로 부상했다. 그리고 청주공단의 주력업종이던 섬유의 존재감도 대구나 전주처럼 갈수록 약해지고 있다.

1980년대 이후 교육과 행정의 중심도시로 부상한 청주는 과거의 흔적이 많이 남아 있는 곳이다. 일제 강점기 '본정통'으로 불리던 번화가 골목도 성안길로 개칭한 이후에도 여전한 모습이다. 성안길 건너에 자리한 충북도청도 전국적인 재개발과 재건축 열풍에도 불구하고 오래전 모습을 간직하고 있다. 대구나 안동과 마찬가지로 청주와 충주도 외풍을 적게 타는 내륙도시의 전형에 해당한다.

충주와 청주를 결합해 충청도를 창안한 것처럼 대전과 청주를 혼합해 작명한 대청댐은 지역주민을 위한 생명수이자 여가의 공간이다. 지금은 대통령 별장에서 시민의 무대로 돌아온 대청댐 품 안의 청남대가 지역관광의 대표 브랜드 역할을 담당하고 있다.

수원에서 시작해 천안을 경유해 아산까지 확장된 삼성전자 벨트처럼 이천에서 출발해 용인을 경유한 SK하이닉스 반도체 단지가 청주공장 확장으로 이어지기를 기대해 본다. 더불어 오송역과 인접한 오송바이오밸리와 청주국제공항 인근의 청주에어로폴리스의 활성화도 청주권의 안정적 산업도약을 후원할 것이다.

청주공항이 중부권 관문의 역할을 제대로 수행하기 위해서는 청주 도심을 통과해 세종과 대전으로 이어지는 복선 전철을 조속히 건설해야 한다. 충북선이 청주 외곽과 공항 인근을 지나지만 교통수요와 괴리된 역사배치의 한계를 방치하는 과정에서 공항 이용객들의 불편을 해소하지 못하고 있다. 더불어 공항에서 천안을 연결하는 복선 전철이 건설된다면 충남과 경기도 남부를 아우르는 관문공항의 역할도 기대된다. 미국 조지아주 애틀랜타처럼 항구에서 멀리 떨어진 내륙도시의 경쟁력 강화를 위해서는 관문공항의 역할이 절대적이다.

조선시대 충주는 남한강 물길과 소백산 조령을 통해 강원과 영남을 한양으로 연결하는 요충지였다. 충주 탄금대는 가야금의 명인 우륵이 551년 충주를 방문한 진흥왕 앞에서 연주한 무대이자 임진왜란 초기 신립 장군이 남한강을

탄금호 주변에 자리한 중앙탑의 위용

괴산댐 상류에 자리한 산막이길

등지고 배수진을 쳤지만 아쉽게도 실패한 곳이다. 4대강 보 건설로 경관이 수려해진 탄금호 수변공간에는 통일신라시대 석탑 중에서 규모가 크고 높기로 유명한 국보 제6호 중앙탑이 자리해 있다. 중앙탑 인근에는 충주박물관과 골프장이 들어서 경관과 교육 가치를 배가시킨 상태이다. 중부내륙고속도를 이용하는 사람들은 충주휴게소 안에 자리한 무인톨게이트를 통해 접근이 가능한 중앙탑과 탄금대, 충주 시내, 괴산댐 산막이길 등을 경유해 문경새재 방향으로 진출하는 것도 유용한 여행경로이다.

　산업화 이후 충주는 남한강 상류에 충주댐이 건설되고 수도권 상수원을 보호하는 규제가 강화되자 비료 등 기존에 유치한 산업기반이 급속하게 약화되었다. 물론 충북선이 지나지만 경부선 철로나 고속도로에서 멀리 떨어진 관계로 지역소외가 가중되고 지역라이벌 청주와의 격차도 심화되었다.

　산악과 평야가 공존하는 충주일주의 매력은 충주댐 드라이브를 통해 월악산국립공원의 절경을 즐기는 것이다. 우선 충주댐 초입에서 시작해 북쪽에 위치한 제천 청풍호반이나 상류에 해당하는 단양 도담삼봉으로 올라가는 방법이다. 이 과정에서는 단양팔경의 백미로 꼽히는 절경을 간직한 사인암, 상선암, 중선암, 하선암, 구담봉, 옥순봉 등을 지나게 된다. 충주댐 초입을 지나 남쪽으로 방향을 틀어 조망이 시원한 영봉에 오르거나 송계계곡을 따라 올라가다 천년고찰 미륵사지터에서 호젓한 산보를 즐기고 수안보 온천에 들려 휴식을 취하는 것도 힐링의 지혜이다. 미륵사지 주변에는 신라 마지막 왕자 마이태자가 금강산에 가는 도중에 석굴사원을 세우고 동생인 덕주공주가 머물렀다는 설화도 전해진다.

제천과 단양으로 대표되는 북서쪽 지대는 강원이나 영남과의 교류가 활발한 곳이다. 각지의 사투리가 혼합되고 광산업이 활성화된 것이 이곳의 특징이다. 또한 보은, 옥천, 영동 등으로 대표되는 남서쪽 지대는 충북의 도청소재지인 청주보다 각기 상주, 대전, 김천 등과의 교류가 활발한 곳이다. 나아가 속리산 계곡에서 북쪽으로 흘러가는 하천을 공유하는 괴산과 상주는 1990년대 후반 문장대 용화온천 개발을 둘러싸고 심각한 지역갈등을 경험하기도 했다.

슬로시티의 비상을 선도하는 단양

**" 곳곳에 숨은
비경, 단양 "**

지방공기업 경영평가를 위해 중부내륙 관광의 거점인 단양과 영월에 다녀왔다. 2019년 5월 마지막 주 목요일 단양으로 이동하며 충주호 상류에 산재한 비경들을 감상했다. 북한강 수계의 소양강댐과 마찬가지로 남한강 수계의 충주댐은 상류지역인 단양과 영월의 발전을 제약해 왔다. 한강수계관리기금이라는 당근책에도 수도권의 물안보를 위해 희생해 왔다는 지역정서가 여전하다.

목요일 저녁 숙소에서 목격한 기다란 줄은 금요일 오전 관광특수에 힘입어 지역경제가 살아나고 있다는 단양관광관리공단 이사장과의 인터뷰를 통해 이해가 되었다. 한국 경제의 고도성장을 견인한 동남권 제조업 도시들의 쇠퇴를 보완하는 중부내륙권 서비스업 도시의 가능성을 확인할 수 있는 대목이다.

단양의 부상은 군청과 주민들이 헌신한 결과이다. 수도권을 위해 조절되던 댐 수위가 단양수중보 건설로 안정되자 유람선과 마리나 사업도 가능하게 되었다. 열악한 지방재정에도 단양군청이 투자한 만천하스카이워크나 다누리아쿠아리움은 고수

동굴이나 단양 8경으로 대표되는 자연경관과 시너지를 창출하고 있다.

최근에는 체류형 관광을 담보하는 자연휴양림이 각광받고 있다. 얼마 전 개장한 소백산자연휴양림은 특유의 자연경관에 너와집, 십승지, 북카페, 승마장 등과 같은 테마를 구비했다. 청정한 휴양단지 어디서나 소백산을 병풍 삼아 영춘면 벌판과 남한강 물길을 조망할 수 있다. 더불어 지역 명소인 구인사와 온달 관광지가 지척인 점도 매력적이다.

단양 일정을 마치고 영월로 이동했다. 물길을 따라 상류로 올라가 보았다. 단양보다 먼저 지역특화발전을 표방한 영월은 이미 국제슬로시티로 지정된 상태이다. 영월 발전을 위한 관민의 헌신은 김삿갓계곡, 한반도면, 단종제, 박물관 고을, 별마로천문대 등과 같은 명칭이나 시설 유치에서 잘 드러난다.

소백산맥 능선을 경계로 단양은 물론 영주, 봉화, 정선, 평창 등과 접한 영월은 오지의 길목이자 광산업의 보고였다. 1980년대 이후 석탄산업 합리화에 따른 지역경제의 타격을 만회하기 위해 지역공동체가 결속했던 것이다. 영월군 곳곳에 산재한 역사문화와 자연지리를 인문학적 상상력을 통해 재창조한 열정이 당시의 성공 비결이다. 지방 소멸을 막기 위한 대안으로 제시된 일본의 지방창생과 마찬가지로 영월의 분투는 우리나라 자치분권의 개막을 알리는 청신호였다.

하지만 인구 4만 명이 무너진 영월군의 장기 침체는 군민들의 미래를 향한 열정까지 약화시키고 있다는 점에서 안타깝다. 영월군시설관리공단 직원들의 노력에도 불구하고 관광수지가 계속 악화되고 있을 뿐만 아니라 기존 시설의 보수나 신규 사업의 발굴도 부진하다.

영월이 슬로시티를 제대로 구현하기 위해서는 화려한 조연이 필요하다. 우선 인프라 투자를 촉진하기 위해 인접 자치단체들과 협업하거나 중앙의 지원을 유도해야 한다. 또한 동강시스타의 경우처럼 새로운 민간 투자자를 유인해 고갈된 활력을 보충해야 한다.

Chapter 06

호남권: 광주전남과 전북

미래지향적인 광주정신의 재정립방안

역사적으로 남부지방의 내륙도시 광주는 목포나 나주에 비해 발전이 지체되었다. 고려시대에는 왕건과 지배연합을 구축한 나주의 호족세력이 각광을 받았고 조선시대에는 해운의 요지인 목포가 부상했다. 식민통치가 시작된 1910년 목포부가 생긴 이후에 1935년 광주부가 출범한 일도 주목할 대상이다. 1929년 광주학생운동은 나주에서 광주로 통학하는 한국과 일본 고등학생 간의 갈등으로 발생했다는 점에서 당시 광주가 철로를 앞세워 지역의 중심지로 부상했음을 알려주는 단서이다. 광주학생운동은 1919년 3.1운동과 1926년의 6.10만세운동의 연장으로 1927년 좌우가 합작한 항일운동인 신간회의 활성화에도 기여하였다.

제1차 세계대전의 승전국으로 호황을 구가하던 일본은 전 세계적인 대공황의 여파로 득세한 본토의 좌파 견제에 골몰했다. 내부적 위기를 외부적 진출로 만회하는 제국주의 전략으로 1927년 5월 제1차 산둥출병도 감행했다. 이후 1928년 4월 제2차 산둥출병을 강행해 이전의 동맹인 영국·미국과도 대립했다. 나아가 전면적인 만주 진출의 정지작업으로 장작림(張作霖)을 폭살하였고, 조선의 치안체제도 강화하였다.

일제를 거치며 고양된 광주의 저항정신은 폭압적인 군부세력에 대항하는 계기로 작용했다. 1980년 광주의 끈질긴 저항운동이 있었기에 대통령직선제로 대표되는 '87년 체제'가 출범했고 주기적인 정권교체가 이루어지는 아시아 최고의 민주주의 국가로 도약한 것이다. 물론 아직도 권위주의의 부활을 의도하는 세력이 있다는 점에서 국민적 주의가 요망된다.

시민이 행복한 그린−스마트−펀 시티(Green·Smart·Fun City)를 지향하는 광주광역시에는 5개 자치구와 96개 행정동에 150만 명이 살고 있다. 우선 '그린시티'는 기후위기 대응을 선도하여 미세먼지 걱정 없는 친환경 청정 녹색도시, 기후재난으로부터 안전한 기후안심도시, 친환경 일자리와 소득이 늘어나는 녹색산업도시 건설을 추구한다. 또한 '스마트시티'는 향후 50년, 100년을 책임질 인공지능 기반의 최첨단 도시 건설을 추구한다. 더불어 '펀시티'는 시민은 물론 외지인이 광주에 방문해 문화예술과 관광을 즐길 수 있는 광주만의 볼거리, 즐길거리, 먹거리가 있는 테마도시 건설한다는 것이다.

광주광역시가 추구하는 역점과제는 광주다움의 회복과 좋은 일자리 창출이다. 이에 혁신, 소통, 청렴이라는 3대 시정가치를 토대로 '4차 산업혁명을 선도하는 경제 광주, 정의로운 의향 광주, 따뜻한 복지 광주, 품격 있는 문화 광주, 시민이 편안한 안전 광주, 변화하고 도전하는 혁신 광주' 등과 같은 6대 정책방향을 설정했다. 더불어 광주는 국토 서남권 산업경제 및 중추관리의 중심지 역할도 수행하고 있다. 전남권 인근 시군인 나주, 담양, 화순, 함평, 장성 등과 빛고을 중추도시생활권을 구성해 교육, 과학기술, 첨단산업, 문화, 서비스 등 연계협력을 통해 시너지 창출을 추구한다.

광주는 비엔날레와 공공미술을 활용한 문화도시 브랜드를 추구해 왔다. 도심지 곳곳에 소형건축예술(Folly)을 설치하는 광주 폴리사업은 벽화마을 확산에 주력하던 우리나라의 공공미술 수준을 향상시켰다. 2022년 6월 시장선거와 더불어민주당 경선을 앞두고 유력 후보들은 문화도시의 강화에 역점을 두고 있다. 관료 출신인 이용섭 예비후보는 시민들에게는 다양한 문화 소비를, 문화예술인에게는 풍부한 창작 기회를 제공해 문화경쟁력을 강화할 계획이다. 이를 위해 문화예술인에게 연간 100만 원의 창작수당을 지원하고, 문화경쟁력을 높

광주의 신흥 관문으로 부상한 광주송정역

광주의 상징적 장소인 김대중컨벤션센터

이기 위해 한국예술종합학교 영재교육원 광주캠퍼스 개원, 1천 석 규모의 전문 콘서트홀 확충, 전통생활음악당 건립 등을 공약했다. 나아가 5.18의 성지인 전 남도청 부지에 들어선 국립아시아문화전당이 도시의 랜드마크로 부상하도록 지원을 강화할 계획이다. 반면에 학생운동권 출신 정치인인 강기정 후보는 문화예술 철학을 통해 새로운 문화도시 광주, 일상이 예술이 되는 광주, 문화예술로 먹고사는 광주를 표방하는 방식으로 지역 문화예술인들의 지지선언을 유도한 상태이다.

팔공산 아래의 달구벌과 마찬가지로 무등산 아래 자리한 빛고을을 찾는 사람들은 인근 지역을 연계한 일주코스를 잡는 경우가 많다. 나는 광주를 방문할 일이 생기면 저녁은 제철 해산물이 풍성한 조선대 인근 한식집 계절따라나 광주역 인근 오리탕 골목 및 상무지구에 자리한 한정식집을 찾아갔다. 다음 날에는 광주를 둘러싼 전라남도 시군으로 진출해 적벽이나 소쇄원과 같은 지역의 친환경 명소에서 보냈던 기억이 남아 있다.

전라남도는 해양, 섬, 숲, 갯벌 등 풍부한 생태자원과 우수한 자연경관을 활용해 지속가능발전을 표방해 왔다. 이른바 전남의 블루자원을 토대로 지역 혁신성장 전략으로 블루 이코노미를 추진하는 것이다. 이때 블루의 범주에는 Blue 에너지, Blue 투어, Blue 바이오, Blue 농수산, Blue 시티, Blue 트랜스포트 등이 포함된다. 기후변화에 부응해 지역 환경자원을 활용하는 글로컬 친환경 인프라 구축사례로는 빛가람 에너지밸리(나주), 오프더플라스틱 마을공동체(화순), 순천만 국가정원(순천) 등이 대표적이다. 더불어 이를 선도하는 전남 에코

리더 양성을 위해 나주의 에코체인지 메이커 지도사 양성, 화순의 제로웨이스트 실천가 양성, 순천의 한평·뼘 정원서포터즈 양성 등을 추진하였다. 나아가 생태교육도시 전남의 브랜드 홍보나 도민의 인식 제고에도 유의하고 있다.

2022년 6월 초 대구광역시 공무원교육원에 강의하러 갔다가 2012년 행정의 달인으로 선정된 최덕림 국장과 우연히 조우했다. 강의 전후 강사휴게실에서 짧은 대화를 나누었지만 울림이 남은 자리였다. 적극행정을 온몸으로 실천한 순천시 공무원 최덕림 국장은 순천만 보존을 선도한 상징적 인물이다. 순환보직 관행을 도외시한 상태에서 문화관광 분야에서 장기근속한 그는 환경 가치의 잠재력에 주목해 생태관광의 가능성을 개척한 인물이다.

매립국가에서 보존국가로의 패러다임 전환을 선도한 그는 순천만 습지를 보존하기 위해 다양한 수단을 활용했다. 우선 순천만 갯벌에 진입하려는 음식점 개발 허가를 반려하는 과정에서 감사원 감사에 직면하기도 했다. 민원은 한두 건만 반려해도 감사의 표적이 되는 경우가 많은데 그는 수십 건을 반려하는 모험을 감수했다. 이명박 정부 초기 규제개혁의 대표적 일화인 대불산단 전봇대 뽑기의 실적을 훨씬 능가하는 전봇대 제거 성과를 앞세워 길조로 유명한 생태환경의 아이콘 흑두루미의 안전도 담보했다. 나아가 도시와 습지의 중간지대에 순천만 정원을 조성해 도시화의 위협을 영구적으로 통제하는 방어장벽을 구축하는 일에 성공했다.

목포가 항구도시로 번성한 이유

> 목포기행의
> 백미는 지역의
> 음식문화를
> 체험하는
> 일이다. "

육로 교통이 경쟁력을 확보하기 위해서는 강과 산이라는 자연장벽을 극복해야 한다. 이러한 이유로 우리나라도 근대화 이전에는 내해와 강을 이용한 수로를 선호했다. 4대강 하구에 목포, 군산, 인천, 부산 등과 같은 도시가 형성된 이유도 유사한 이치이다. 이러한 수로망은 철로망이 완비된 20세기 중반까지 계속 유지되었다.

1910년 한일합방을 전후해 한반도에 본격적으로 진출한 일본인들도 항구도시에 거주하며 정치경제적 영향력을 확대하였다. 개항장을 중심으로 여객과 화물을 운송하는 핵심적 수단이 선박이었기 때문이다. 목포는 중국과 일본을 연결하는 국제항로는 물론 다도해선이 여수, 통영, 마산 등과 같은 중소도시를 연결하였다.

일본의 대표적인 개항장인 고베에 서양식 건물들이 남아 있듯이 일본인들의 거주비율이 높았던 목포에도 일본인들이 건설한 건물들이 근대역사유산으로 남아 있다. 일례로 목포근대역사관 건물은 1897년 목포 개항 이후 영사관과 동양척식주식회사가 업무를 보기 위해 1900년 완공한 서양식 건물이다. 그리고 목포 남촌에는 일본식 가옥이 많이 남아 있다.

이러한 지역적 특성을 반영해 목포시는 슬로시티와 도시재생 추세에 적극적으로 부응해 왔다. 목포시 도시재생지원센터는 좀 느리더라도 형식보다 내용을 중시하는 주민주도의 지속가능한 마을만들기, 즉 협동조합 형태로 이윤도 창출하는 지역자산화(Community Wealth Building)에 주력해 왔다. 행정의 지원에 의존하는 도시재생은 한계가 있다는 인식을 반영한 것이다. 실제로 문재인 정부가 중시한 공공주도의 도시재생 예산은 민간주도의 도시재개발을 중시하는 윤석열 정부가 출범하면 대폭 축소될 것으로 보인다.

마을기업인 '1897 건맥집'은 만호동 건해산물거리 주민 125명이 출자한 협동조합 형태로 운영되고 있다. 전주의 가맥이나 대구의 치맥과 유사한 측면도 있다. 코로나19로 줄어든 1층 맥줏집의 수입은 건물 위층의 여관을 개조한 게스트하우스 운영으로 보충하고 있다. 또한 1897개항문화거리 마을관리 협동조합도 중심시가지형 도시재생의 성공사례로 평가된다. 수공예품을 판매하는 '목포상회'와 공가를 전시공간으로 활용하는 '빈집상회'를 앞세워 침체한 상권의 활성화를 유도하였기 때문이다. 나아가 영화 〈1987〉에 등장한 연희네 슈퍼로 대중에게 알려진 서산동 시화골목은 유달산 언덕 아래에 자리해 부산 감천문화마을이나 통영 동피랑을 연상시키는 레트로의 명소이다.

이처럼 목포에서 도시재생 사업들이 성공리에 추진된 이면에는 '로컬에 투자하자'라는 모토를 실천한 젊은 지역활동가들의 꿈과 땀이 담겨 있다. 이론과 실무를 겸비한 목포시 도시재생지원센터 센터장, 어반 스케치 작가들을 목포로 견인한 신형당 미술관 대표, 지역의 특성을 살리는 공공디자인을 구현한 공간가치디자이너 신은주 등이 목포시 원도심의 부활을 선도한 대표적 리더이다. 더불어 도시재생 유관부처나 목포시 도시재생과로 대표되는 행정의 협업과 지원도 우수한 조연의 역할을 수행하였다.

목포시 인구는 2022년 3월말 기준 218,241명으로 감소 추세이다. 하지만 목포는 역사적 가치가 내재된 도시브랜드 가치가 높고 신안과 영암을 비롯해 전남 서부권 자치단체들의 중심지 역할을 수행하기 때문에 인구 이상의 지역대표성을 지니고 있다. 호남선 고속철도의 종착역이 자리하고 있을 뿐만 아니라 목포항은 연안 여객운송과 근해 어업기지 역할을 수행하고 있다. 전남도청이 2005년 목포와 무안의 경계에 자리한 남악신도시로 이전한 일도 목포권의 위세를 시사하는 대목이다.

전남도청 조직도 기구표 오른쪽 상단에는 전남 22개 시군이 세로로 나열돼 있다. 목포·여수·순천·나주·광양시 순서다. 이 규정은 1949년 인구 수 등 도시 규모에 따라 지자체별 순위가 결정된 후 현재까지 72년 동안 막연히 사용 중이다. 하지만 2021년 11월 기준 전남 인구는 183만 3,864명이고, 순천시가 28만 1,587명으로 전남 최대 도시로 성장했다. 다음은 여수시로 27만 6,747명이다(서울신문, 2021.12.06.).

임진왜란 당시 목포는 군산과 더불어 이순신 장군 주도로 최전방 방어기지 역할을 수행했다. 지금은 초대형 연육교와 해안가 데크가 부설된 고하도에는 수군 통제영이 자리했을 뿐만 아니라 유달산 노적봉은 군량미 창고로 위장하는 용도로 사용되기도 했다. 유달산은 수려한 봉우리 감상과 더불어 앞바다에 펼쳐진 다도해 조망에도 적합한 곳이다.

목포기행의 백미는 지역의 음식문화를 체험하는 일이다. 나는 10여 년 전 목포시 하수도 경영평가에 참여하기 위해 제주도에서 배편으로 목포에 입항했다. 중간기착지인 추자도 인근 바위섬 군락의 풍광도 아름다웠지만 진도에서 목포로 올라오는 좁은 해로가 운치가 있었다. 폭포항 인근의 시장통이나 식당가도 지역 특유의 체취를 경험하기에 유리한 장소이다. 당시 평가단과 민어횟집을 찾았다 숙소로 돌아가는 길에 목격한 루미나리에 불빛이 목포를 대표하는 추억으로 남아 있다.

교수, 회계사, 엔지니어 등으로 구성된 하수도 경영평가단을 이끌고 지역 문화를 안내한 지방공기업평가원 간사 이위원 님은 내무부 출신으로 지역에 대한 이해가 출중하신 분이었다. 이 간사 님은 강릉 정동진과 인천 정서진에 필적하는 장흥 정남진 출신답게 특히 호남 음식문화에 박식했다. 호남에 들르면 그동안 축적한 경험과 정보를 토대로 우리 일행을 지역의 맛집이나 명소로 안내한다. 그야말로 최고의 여행가이드를 대동하고 일과 후 지역 맛집에서 유쾌하게 대화하는 알쓸신잡 스타일 경영평가를 소화했던 것이다.

당시 우리 일행이 들렀던 목포를 비롯해 인근 도시의 음식점들은 남도예술

공연을 병행하는 경우가 많았다. 일례로 영산포 홍어의 거리는 음식을 문화로 승화시킨 곳이다. 우리나라 홍어의 주산지는 자산어보의 무대 흑산도이다. 하지만 홍어 음식의 명소는 나주 영산포에 자리한다. 목포를 경유해 영산강을 따라서 내륙으로 들어온 홍어배들이 영산포에서 거래하면 이후 내륙으로 퍼져나간 것이다.

목포 인근의 다도해를 관장하는 자치단체는 신안군이다. 하지만 백령도, 대청도, 연평도 등 서해 5도나 덕적도, 자월도, 영흥도 등 인천 앞바다 섬들을 관할하는 옹진군청이 인천광역시 권역에 자리했던 것처럼 우리는 다도해의 중심지로 목포시에 주목해 왔다.

신안과 옹진은 다양한 섬들이 연합한 형태의 군청이라는 공통점이 있다. 울릉군, 남해군, 거제시 등과 같이 본섬이 주도권을 행사하는 것이 아니라 해당 군청을 구성하는 주요 섬들이 면 단위 행정구역으로 편제되어 있다. 신안을 대표하는 섬은 흑산도와 증도이다. 여기에 더해 염전이나 12사도 순례길이 주목을 받고 있다. 과거 신안군은 관광자원의 전문적 관리를 위해 신안군시설관리공단 설립을 추진하였지만 수지비율 50%를 충족하지 못해 무산되기도 했다.

메가이벤트로 도시경쟁력을 강화한 여수

**❝ 해양관광도시로
발돋움한
여수 ❞**

영남지방에서 시작해 호남지방으로 떠나는 여행은 내비게이션에서 이순신대교를 찍고 시작하면 유용하다. 물론 수도권이나 충청권에서 대전－통영 구간을 이용할 경우에도 유용하다. 문화예술교육충절의 도시 진주를 지나 서부 경남의 마지막 출구 남해/하동IC를 지나치면 내비게이션의 안내에 따라서 광양시 지역인 진교IC로 진입하게 된다.

광양은 포스코가 건설한 광양제철소가 자리한 곳이다. 시내를 주행하다 보면 어딘가 모르게 포항과 유사한 분위기가 묻어난다. 대형 트럭이 오가는 제철소답게 정문의 웅장한 모습도 인상적이다. 공장 반대편으로는 사택지구와 전남드래곤즈가 홈으로 사용하는 광양축구전용구장도 보인다. 포항스틸러스가 홈으로 사용하는 포항의 축구전용구장과 유사한 모습이다.

범현대가 그룹들이 전주와 울산에 프로축구단을 운영하는 것처럼 포스코 그룹도 광양과 포항에서 축구단을 주도적으로 운영해 왔다. 범현대가와 포스코가 우리나라 프로축구의 양대 기반인 것이다. 특히 포스코는 2002 월드컵 이전에 축구전용구장을 건설할 정도로 축구에 대한 열의가 강한 기업이다. 더욱이 울산과 포항에서 시작한 기업이 전주와 광양으로 확산한 사례는 기업주도 지역균형발전의 모범사례에 해당한다. 따라서 수도권에 안주하는 여타 기업들의 각성과 분발을 촉구해 본다.

광양에서 여수로 넘어가는 이순신대교로 진입하는 과정에서는 우리나라 산업발전의 역동성을 확인하는 존재인 좌측의 광양제철소와 우측의 광양항컨테이너터미널의 웅장한 모습을 확인할 수 있다. 특히 중국으로 향하는 대형 컨테이너선의 환적항구를 표방한 광양항 물류의 활성화는 신항만의 활성화에 주력하는 부산진해경제자유구역과 마찬가지로 광양만권경제자유구역의 성공과 직결된 문제이다.

미국 플로리다 탐파베이의 레인보우 브리지를 연상시키는 웅장하고 아름다운 현수교인 이순신대교를 건넌 다음에 묘도를 경유해 또 다른 대교를 건너야 여수이고 엘지칼텍스와 남해화학을 비롯해 구 여천시를 대표하던 석유화학 단지를 만나게 된다. 울산 태화강을 경계로 북쪽의 현대가 공장과 남쪽의 석유화학 단지가 양립하는 구도와 유사한 모습이다.

전국 최초로 주민발의에 의해 여수시·여천시·여천군이 하나로 통합된 '3여통합'은 1998년 4월 1일에 이루어졌다. 이로서 여수시는 33만 인구를 가진 전남의 수위도시로 부상했을 뿐만 아니라 순천, 광양, 하동, 남해 등을 포괄하는 특례시 구상까지 제기된 상태이다. 더불어 통합을 통해 여수시는 '2012여수세계박람회' 개최도시 요건을 갖추게 됐고, 세계박람회라는 메가이벤트의 성공적 개최로 일약 세계적인 '해양관광도시'로 발돋움했다.

3여통합은 1994년 정부의 도·농 행정구역 통합 방침이 발단이 됐다. 그러나 세 차례나 통합 시도가 무산되는 시련을 경험했다. 하지만 1995년 바다의 날 행사차 광양을 방문한 김영삼 대통령이 "2010년 해양을 주제로 한 엑스포를 전남에 유치하겠다"라는 발언을 하면서 시민단체 주도의 거버넌스가 위력을 발휘하기 시작했다. 시민주도 거버넌스의 힘은 여수엑스포의 유치와 집행 및 사후활용 모두에서 효과적인 기제로 작용하였다.

여수국가산업단지를 지나 시내 중심부로 진입하면 여수엑스포역과 여수세계박람회장 및 오동도 앞바다가 밀집된 콤팩트 시티의 느낌을 받게 된다. 프랑

BIE BULLETIN, 2020.12.

Expo 2012 Yeosu and Collaborative Governance in South Korea

Sung Wook Choi and Jung Yul Kim

Abstract

The key to a successful World Expo depends on the effective and step—wise coordination of various participants in a democratic society. The Expo 2012 Yeosu Korea represents a collaborative governance in which multiple actors in government and public authorities, business firms and civil society involved and each appropriately played their own roles, at least until the implementation phase. First, it has apparently established national government as a 'coordinator', shifting its role from 'the leader' in the prior times. Second, an active involvement of civil society and local government did not only result in the accomplishment of the Expo but also strengthened democracy in the country where national government led economy with an authoritarian regime until the end of 1980s. Third, the leading actors and focal modes of social coordination were different in each stages of the Expo process as follows; in the step of bidding a host, the hybrid mode of network—hierarchy with a strategic cooperation among national and local governments and civil society shown under the banner of one nation; in the implementation step, a dual system — in which the strong support of national government and the strong link between local government and civic society existed in parallel for an effective coordination — established; and in the post utilization step, a national government — driven hierarchical mode expected to be relatively activated, but government has a trouble in coordinating to use the Expo's venue under the atmosphere of lower participation by business and citizen.

오동도와 돌산도를 연결하는 다리와 케이블카

스나 일본이 지방소멸의 예방차원에서 대도시 외곽에 고속철도나 노면전철 역사를 활용해 중심지 진입이 용이한 콤팩트 시티를 건설한 것과 유사한 이치이다. 이 점에서 여수엑스포가 성공한 이유도 편리한 교통, 해양개념의 활용, 중앙정부의 전폭적 지원, 시민단체의 헌신 등을 들 수 있다.

세련된 디자인의 건물이 아직도 건재한 여수엑스포 행사장은 아쿠아리움, 눈썰매장 등으로 활용되고 있다. 정문에는 시티투어 서비스를 제공하는 여수낭만버스도 보인다. 물론 여수엑스포장도 대전엑스포장과 마찬가지로 지속적 투자가 배제된 상태에서 주제관이 하나둘 사라지는 공원화나 광장화 과정을 거칠 것이다. 다만 여수는 행사장 주변에 역사와 호텔 및 케이블카가 자리하고 있다는 점에서 조기에 공원화된 대전에 비해 유리한 편이다.

여수에 들르는 사람들이 최근에 즐겨 찾는 새로운 명소가 여수오동도케이블카와 경도해양관광단지이다. 여수오동도케이블카 노선과 평행을 이루는 거북선대교의 모습은 진도대교와 나란히 오가는 명량해상케이블카나 삼천포대교와 어우러진 사천바다케이블카의 앙상블과 유사하다. 골프장이 포함된 경도해양관광단지는 여수의 많은 섬 중에서도 시내권에 근접한 곳이라 국내외 투자회사들의 관심을 끌고 있다. 돌산대교 초입에 자리하기 때문에 연육교와 해변데크를 겸비한 목포의 고하도와 유사한 방식으로 발전할 것으로 전망된다.

여수시 구도심을 대표하는 여수대학교가 전남대 여수캠퍼스로 재편되면서 활력을 상실했다. 물론 중소도시 지방대학의 위기는 국립대도 예외가 아니다. 거대도시 부산에 해양대와 수산대(부경대)가 자리한 것처럼 호남에는 각기 목포와 여수에 해양대와 수산대가 분산 배치되었다. 하지만 세월의 풍파를 이기지 못하고 자신의 정체성을 상실하고 통폐합하는 신세로 전락한 것이다.

최근에 고흥반도와 연결하는 연육교가 건설되면서 그동안 소외되었던 여수의 서쪽 지역도 관광객들의 관심을 끌고 있다. 이로서 여수는 도심지를 축으로 돌산권과 고흥권이라는 양대 반도를 관광의 배후지로 확보하게 된 것이다. 참고로 금오도 비렁길에 가는 방법은 도심지 연안여객선터미널을 비롯해 고흥과 인접한 백야항과 돌산 신기항으로 삼원화되어 있다. 더불어 향일암에 가려 있던 금오도가 유명세를 타면서 인접한 화태도나 개도 일주에 대한 관심도 커지고 있다. 나아가 남해와 여수를 연결하는 대교가 건설된다면 이순신대교를 능가하는 신기원을 맞이할 것이다.

세월호 추모 공간이 자리한 팽목항은 지금도 많은 추모객들이 찾는 곳이다.

여수반도에서 여러 개의 연육교와 연도교를 지나 고흥반도로 넘어오면 웅장한 산세를 자랑하는 팔영산을 만나게 된다. 다양한 봉우리로 구성된 팔영산은 설악산 오색코스에 필적하는 가파른 등산로지만 주봉인 깃대봉은 다도해의 전경이 멋진 곳이다. 나는 예전에 나로도를 방문하는 과정에서 고흥반도의 웅장한 산세를 보고 감탄한 적이 있다. 광활한 산군이라 여순사건 당시에는 산속으로 은신한 게릴라 활동의 본거지로 활용되기도 했다.

한반도 정세에 둔감했던 미군정의 미숙하고 편향적인 통치방식은 1946년 10.1대구사태와 같은 비극을 초래했다. 기아사태와 노동쟁의로 진보적 이념이 강했던 영남 대도시를 중심으로 소요사태가 발생하자 일제에 부역한 친일 경찰과 북한에서 내려온 극단주의 반공세력인 서북청년단을 앞세워 강경진압에 나섰다. 이러한 대응방식이 1948년 8월 15일 단독정부 출범을 전후해 4.3과 여순사건이라는 더 큰 불행을 촉발했던 것이다.

남한만의 단독정부 수립을 추구한 5.10총선을 반대한 민중의 항의를 강경 진압하는 과정에서 제

주 4.3사태가 발생했다. 경찰이나 서북청년단과 달리 제주도민에 대한 강경 진압에 회의적이었던 군부의 불복종이 최근에 정부가 진상규명 신고를 받기 시작한 여수순천10.19사건(여순사건)을 촉발시키는 계기로 작용했다. 1948년 가을에 시작해 1955년까지 계속된 남부지방의 게릴라 전투는 좌우 진영 모두에서 다수의 희생자를 양산했다. 나아가 한국전쟁의 와중에 치열한 이념대립으로 희생된 양민은 거창과 대전을 비롯해 상상을 초월하는 규모이다.

나는 소록도, 나로도, 진도, 고하도 등 남해안 섬의 풍광을 접하기 위해 제주도 여정시에 목포항과 녹동항으로 귀환했던 경험이 있다. 제주와 목포를 운항하는 여객선은 추자도에 들르기 때문에 바다낚시의 명소라는 인근 바위섬을 감상할 수 있다. 물살이 세기로 유명한 진도 앞바다를 경유해 섬과 육지가 만드는 좁은 수로를 거슬러 올라가 유달산과 고하대교가 맞이하는 목포항으로 입항하는 경험도 매력적이다. 녹동항 해로의 경우 제주항과 성산포항 노선이 관광명소인 완도나 거문도 해상을 지나친다는 점이 매력적이다.

고흥을 대표하는 섬인 소록도와 나로도는 이 지역이 얼마나 산업화와 도시화의 무풍지대에 자리했는가를 알려주는 단서이다. 일제가 건설한 차별과 배제의 대명사가 소록도 나병 환자촌이다. 여순사건과 한국전쟁을 거치며 나병 환자촌에서는 살상의 비극이 발생하기도 했다. 나는 다소 긴장한 상태로 나병 환자촌에 자리한 병원과 마을 및 박물관을 들러보면서 과거의 모습을 회상했다. 고흥반도의 끝에 위치해 해남의 땅끝처럼 육로를 활용한 접근성이 나쁜 나로도에는 한적한 곳을 찾아온 우주센터가 조성되었다.

소록도 일주를 마친 다음에는 거금도에도 들렸다. 프로레슬러 김일의 고향답게 그를 기리는 체육관이 인상적이다. 나홀로 여정이라면 한적한 섬의 정취를 느끼며 한동안 펜션에 머물고 싶었지만 동행한 지인들의 출근일정을 감안해 후일을 기약했다.

귀가하면서 들른 나로도항 앞바다는 거문도가 지척이라 삼치잡이로 유명한 곳이다. 항구 어판장에는 대형 삼치회를 파는 좌판이 가득하다. 조금 물렁한 식감이지만 갈치와 마찬가지로 현지에서 맛보는 어종이라 열심히 도전했던 기억이 생생하다. 사실 나는 삼치구이의 담백한 맛을 즐기는 편이라 겨울철 횟감으로 쫄깃한 숭어회를 즐기는 편이다. 이 글을 쓰며 세운 계획이지만 나로도를 다시 방문하게 된다면 나로도항 여객선터미널을 출발해 손죽도와 초도를 경유해 나의 로망인 거문도와 백도까지 도전할 것이라 다짐해 본다.

여수에서 출발해 고흥반도를 경유해 고속도로에 접속하는 과정에서는 유교의 전통이 강력한 농어촌 지역답게 반구형 또는 사각형 석재를 둘러 단장한 묘지를 목격한 일이 인상적이다. 중부지방의 묘지들이 강수량과 기온의 편차로 인해 납작한 표주박 형태로 능선에 달라붙은 모습과는 구별된다. 묘지의 하단에 석재를 두르는 방식은 멧돼지나 노루의 파헤침을 방지하기 위한 용도이다. 하지만 묘지에 전원주택 축대처럼 웅장한 성벽을 부설하는 일은 다소 과하다는 생각이 들었다. 더욱이 야생동물 피해가 심한 일부 지역에서는 뉴질랜드 마오리족이나 베트남 농촌처럼 묘지 전체를 콘크리트로 포장한 광경이 방송사 뉴스에 등장하기도 했다.

일반적으로 오지는 농촌형 오지와 도서형 오지로 구분된다. 하지만 고흥은 농촌형과 도서형이 혼합된 경우에 해당한다. 곡성과 화순이 농촌형 오지의 전형적 사례라면 완도와 신안은 도서형 오지의 대표적 사례이다. 고흥반도에서 북상하면 서진하는 고속도로에서 보성군 벌교와 장흥군 탐진강을 지나치게 된다.

소설 〈태백산맥〉의 무대 벌교는 겨울이 제철인 꼬막의 풍미로 유명한 곳이다. 벌교 갯벌이 키워낸 꼬막은 고단백질 저지방 알칼리 식품으로 철분과 무기질이 다량 함유되어 있어 조혈 강장과 발육 촉진에 좋다. 탐진강 물길이 흐르는 장흥은 표고와 한우의 주산지로 유명하다. 지금은 대중화된 표고지만 재배 초기에는 의성 마늘이나 음성 고추에 필적하는 브랜드 가치가 있었기 때문에 군청은 장흥표고유통공사를 설립하기도 했다.

보성과 장흥을 지나 강진 톨게이트를 통과하니 웅장한 산세가 들어온다. 남도여행 1번지로 지칭되는 강진과 해남의 매력은 바다와 산이라는 자연지리의 하모니는 물론 사회와 문화라는 인문지리상의 독창성에 기인한다. 한반도 남단에 자리한 땅끝마을이 저마다 색다른 매력을 뽐내고 있는 것이다.

강진을 대표하는 여행의 명소는 강진만과 달마산이다. 장흥 쪽에서 내려오는 탐진강 물줄기와 연결된 강진만 초입에는 순천만을 연상시키는 광활한 갈대숲이 자리해 있다. 축구장과 인접한 강진만생태공원 주차장에 차를 대면 바로 전망대 조망과 갈대밭 진입이 가능하기 때문에 순천만에 비해 체험과 탐조활동이 편리한 곳이다.

강진만 생태공원의 호젓한 탐방로

도산서원과 유사한 다산초당의 단아한 모습

　　강진만 양쪽으로는 우수한 문화관광자원이 산재해 있다. 다산 정약용이 유배시절 집필장소였던 다산초당은 산중에 자리한 지역 유생의 공부방을 빌려 사용한 곳이다. 다산초당 옆의 정자에서는 강진만과 벌판을 동시에 조망할 수 있다. 1㎞ 남짓한 고개를 넘으면 초의선사가 수도했던 절도 지척이다. 당대 최고의 유학자와 고승의 빈번한 차담이 학문적 상승효과를 창출했을 것으로 짐작된다. 그리고 가우도 출렁다리와 고려청자 도요지를 지나면 마량항이 보이고 그 너머가 완도이다.

강진 고려청자 가마터

강진 청자박물관의 조형물

　　완도여행을 마치고 완도대교를 건너면 해남으로 진입하고 두륜산 대흥사가 이정표가 보인다. 해남을 대표하는 명소는 진도와의 접경이자 물살이 세기로 유명한 명량해전의 무대 울돌목 일원이다. 진도대교와 나란히 설치된 명량해상케이블카는 하늘에서 신비로운 울돌목 회오리를 감상하며 명량대첩의 감동

마량항에 설치된 조선수군 재건로 안내판

진도대교와 해남 우수영 전적지

을 느낄 수 있을 뿐 아니라 다도해의 아름다운 낙조를 감상하기에 적합한 장소이다. 물론 케이블카가 아니더라도 4월 말 보리숭어를 뜰채로 건져 올리는 체험이 가능한 진도대교 북단에서 울돌목 스카이워크를 이용해도 유용하다.

강진 마량항 좌우로 펼쳐진 전남 남해안은 이순신 장군이 1597년 정유재란 당시에 조선 수군을 재건한 무대라는 역사적 의미를 지니고 있다. 특히 물살이 험한 진도 해상은 세월호 침몰의 빌미를 제공하기도 했다. 세월호 추모공간이 자리한 팽목항은 지금도 많은 추모객들이 찾는 곳이다.

각양각색 섬의 시너지가 분출하는 완도

완도는 신안과 더불어 고유한 매력을 발산하는 다양한 섬들로 구성된 곳이다. 군수의 인사말에 따르면 "우리 완도는 대도시보다 50배나 많은 산소음이온, 푸른 바다 위에 떠 있는 265개의 아름다운 섬, 청해진 장보고대사, 노량해전 승리의 원동력 고금도 이충무공, 보길도 고산 윤선도, 슬로시티 청산도, 신지명사십리해수욕장 등 곳곳마다 특별함으로 빛나고 있습니다. 특히 전복, 광어, 다시마, 미역, 톳, 매생이 등 완도 수산물은 전 국민이 인정하는 단연 최고입니다"라고 소개하고 있다.

완도군은 군청이 있는 본섬보다 부속섬의 존재감이 넘치는 곳이다. 특히 청산도와 보길도로 대표되는 면단위 섬들은 완도의 인지도 제고에 기여해 왔다. 나는 2008년 완도개발공사 설립타당성 검토를 전후해 여러 번 완도를 방문했다. 공사와 공단과 같은 지방공기업은 지방공기업법상 50% 이상 수지비율을 충족해야 하기 때문에 완도와 같은 도서 지역은 설립과 유지 모두가 쉽지 않다. 공사와 공단은 지방자치단체와 구분된 별도의 조직이지만 자체적으로 수지를 관리하는 공사와 달리 공단의 경우 수입과 지출이 지방자치단체로 귀속된다는 점에서 자율성이 제한적인 대행기관이다.

　　최근에 다녀온 완도기행은 2022년 1월에 마량항에서 강진일주를 마무리하고 고금대교를 건너며 시작했다. 고금도 초입에서 발견한 지역특화발전특구 안내판이 반가웠다. 나는 노무현 정부시절 정부 용역으로 일본의 지역특구제도에 관한 사례연구를 진행했다. 대도시와 농산어촌을 막론하고 지역발전을 위해 창의적인 아이디어를 발굴해 규제특례를 인정받는 것이 특구제도의 취지였다. 즉, 중앙정부의 금전적 지원보다는 규제특례라는 자율성을 부여하는 방식으로 지역의 자생적 발전을 독려한다는 것이다.

　　전남 완도군은 2020년 5월 중소벤처기업부에서 열린 지역특화발전특구위원회에서 기존의 2개 특구(전복산업 특구, 해조류건강·바이오 특구)를 하나의 특구로 통합해 완도 해조류·전복산업 특구로 재편했다. 완도 해조류·전복산업 특구는 완도읍 외 11개 읍면에 총 면적 4,432만㎡로, 수출물류센터 조성과 전복 폐각 자원화 사업 등을 통해 브랜드 가치 상승과 더불어 고품질 제품화에 따른 매출과 고용 창출 등 지역경제 활성화에 기여하였다.

　　고금도는 산지와 농지가 풍부해 섬이라기보다 육지처럼 느껴진다. 이곳은 원군의 패전으로 고군산군도까지 밀려난 조선 수군의 통제영이 명량해전에서 승리하면서 옮겨온 곳이다. 1598년 11월 19일 노량해전에서 전사한 이순신의 시신도 본영인 이곳으로 옮겨져 80일간 안치했다가 고향인 아산으로 옮겼기 때문에 지금도 충무사가 설치되어 있다. 고금도와 조약도 간에는 완도군 최초로 연도교가 설치되었다. 조약도는 약산에서 약초먹인 흑염소로 유명한 곳이다. 전복 양식장과 풍족한 어장 덕분에 잘사는 어촌으로 부상한 이곳 포구의 물양장은 잘 정돈된 마리나 항만을 연상시킨다.

　　고금도에서 장보고대교를 건너면 신지도가 시작된다. 신지도는 명사십리해수욕장으로 유명한 곳이다. 원조 명사십리는 북한이지만 그곳에 필적하는 곳이라는 의미가 담겨 있다. 이곳에는 고려대 연수원을 비롯해 다양한 해양수련 시설들이 밀집해 있다. 과거에도 절감한 바이지만 이곳에서 낙조를 즐기는 해변 산책은 만족스럽다.

　　내친 김에 십수 년 전 출장 때처럼 해수욕장 인근에서 숙박을 하고 싶었지

완도에서 제주를 오가는 대형 카페리

완도타워에서 바라본 양식장 전경

만 내일 예정한 청산도 일정을 감안해 완도항 인근으로 이동했다. 여객항만 맞은편 언덕에 들어선 호텔은 전망과 시설 모두 우수했다. 숙소 사장님이 추천한 식당의 전복회와 광어회 풍미는 겨울철 산지의 맛이 무엇인지를 절감하게 만들었다. 눈 내리는 밤길을 걸어서 숙소로 돌아오니 제주항에서 오후 7시에 출발해 10시에 도착한 초대형 카페리 실버 클라우드에 실린 화물차들이 줄지어 내리고 있었다. 아마도 제주산 농산물을 탑재한 냉동 탑차일 것이다.

다음 날 아침 식사는 배편을 알아보러 나갔다가 시장에서 구입한 떡과 전으로 해결했다. 아쉽게도 거센 북풍한설이 청산도행 배를 결항시켰다. 그래도 어젯밤에 제주로 떠나간 실버클라우드호는 거친 바람에도 불구하고 이른 아침 다시 완도에 모습을 드러내는 덩칫값을 했다. 나는 아쉬운 마음에 청산도의 대안으로 인근 화흥포항으로 이동해 노화도행 배를 타고 다리로 연결된 보길도에 도전할 생각도 해 보았지만 따스한 봄날에 재도전하는 것으로 마음을 정리했다. 날씨가 사나워 육지에는 대설주의보까지 내린 상황이라 완도전망대에 올라가 멀리서 조망하는 것으로 대신하고 장보고 유적지를 둘러보고 돌아가기로 결정하였다.

완도타워에 오르면 청산도와 보길도로 대표되는 완도군을 구성하는 섬들이 한눈에 들어온다. 특히 섬과 섬 사이 고요한 바다에는 전복과 김 양식장이 펼쳐져 있다. 슬로시티 청산도가 붐비는 성수기는 청보리와 유채꽃이 만발한 봄이다. 이때가 되면 슬로시티의 매력을 만끽하려는 사람들이 서편제 촬영지를 비롯해 섬 일주길을 꽉 채운다. 완도수목원의 경우도 섬 지역의 독특한 식생을 관찰하기에 유리한 곳이다.

완도의 전성기를 주도한 해상왕 장보고는 지방세력이 자율성을 확보했던 통일신라 말기에 청해진을 설치해 한중일을 포괄하는 삼각 해상무역을 주관했다. 완도 본섬에서 멀지 않은 장도 청해진 유적지 입구에는 장보고기념관이 설치되어 있다. 청해진 유적지에는 목책을 활용한 접안시설과 토성의 흔적이 남아 있다. 1200년이 지난 지금도 갯벌에 박힌 상태로 보존된 통나무 목책을 통해 당시의 장면을 떠올리게 된다. 당시 청해진 본부는 장도에 자리했지만 활동의 근거지는 인근 섬은 물론 강진만까지 포함되었을 것이다. 그리고 본섬 반대편 서쪽에는 2004~2005년 방영된 드라마 〈해신〉의 세트장과 신흥 명소인 국립난대수목원(완도)이 관광객들을 맞이하고 있다.

한편 농경지가 부족한 도서지역은 어업이나 교역이 활발하지 않으면 쇠퇴한다. 완도나 강진의 경우 해상교역이 활발하던 시절에는 전성기를 구가했지만 근대화 이후 고속도로와 항공망이 늘어나면서 퇴조했다. 남해에 다락논이 있다면 청산도에는 구들장논이 있다는 말처럼 도서지방에서 농사로 먹고살기는 정말 어려운 일이다. 다만 최근의 완도는 한동안 잃어버린 지역경제의 활력을 만회한 것으로 보였다.

나는 완도 여행은 2006년 초 직장에서 버스를 대절해 순천 낙안읍성과 보성 녹차밭을 경유해 드라마 〈해신〉 세트장을 방문하는 경로로 이루어졌다. 패키

완도군 행정지도

지 형태의 일주로 완도의 속살을 살펴보는 일에는 미흡했지만 완도군청 직원의 소개로 찾아간 한정식 집의 풍미가 기억에 남아 있다.

2008년에는 완도개발공사의 설립타당성 검토를 위해 방문했다. 당시 군수님을 비롯해 섬의 면장님들이 참석해 정겨운 사투리로 지역발전의 가능성을 타진하던 모습이 인상적이었다. 당시 본섬에서 다리로 연결된 공사의 개발대상 부지인 신지명사십리해수욕장을 거닐며 광활하고 아름다운 모습에 감동했다. 수년 전 제주도에서 녹동항으로 가는 선상에서 추자도와 비슷한 위치에 자리한 여서도를 목격했다. 당시 어둠속 불빛으로 확인한 청산도와 보길도는 물론 항일운동의 성지 소안도와 신지도를 마음속에 그려보기도 했다.

지역개발을 촉진하는 토지은행 방식의 사업부지 확보를 최고의 사명으로 출범한 완도개발공사는 몇 년이 지나지 않아 행정안전부의 명령으로 2013년 청산되는 비운을 맞이했다. 하지만 지역개발에 대한 완도군의 열정적인 시도는 칭찬할 만하다. 이러한 헌신이 있었기에 청산도를 무대로 영화 〈서편제〉나 드라마 〈봄의 왈츠〉를 유치하고 2007년 아시아 최초로 슬로시티 인증이라는 가시적 성과도 창출할 수 있었을 것이다. 구들장논과 돌담장 및 유채꽃과 어우러진 여유로운 풍광은 많은 이들의 사랑을 받고 있다.

전남 서부권의 도약을 주도할 함평과 영광

> **함평군은 열악한 재정사정에도 불구하고 창의적 정책형성이 활발한 곳이다.**

함평군은 전라남도의 서북부에 위치하고 북으로는 군유산, 불갑산을 경계로 하고 영광, 장성군과 인접하고, 동으로는 광주광역시, 남으로는 나주시 무안군과 경계를 이루고 있으며, 황해바다인 함평만을 서쪽에 끼고 있다. 함평군의 인구는 3만 명대 중반을 유지하고 있지만 지속적인 감소추세이다. 전체 세입에서 용처를 자율적으로 정하고 집행할 수 있는 재원의 비율인 재정자주도는 2019년 당초 예산 기준으로 61.3%이다. 함평군의 재정자주도는 자주재원(지방세수, 세외수입 등)에 비해 의존재원(국고보조금 등) 비중을 의미하는 재정자립도가 저조한 영향을 받고 있는 것이다.

함평군은 열악한 재정사정에도 불구하고 창의적 정책형성이 활발한 곳이다. 나비축제와 국화축제의 성공적 개최는 함평이라는 도시브랜드 가치를 증진시켰다. 특히 2022년 4월 말 3년 만에 개최된 함평나비축제는 나비와 꽃이 어우러진 함평엑스포공원에 관광객이 몰리자 지역 상인들도 시름을 덜게 되었다. 더불어 전북 고창 청보리축제와 경북 고령 대가야체험축제를 비롯해 가정의 달인 5월에

함평군 위치 및 행정구역

개최될 지역축제도 해당 지역에 활력을 보충하는 계기로 작용할 것이다. 그리고 내가 설립타당성 검토 용역에 참여했던 섬진강기차마을을 배경으로 5월 말에 열리는 곡성 세계장미축제도 관광객들이 몰리는 지역의 명소이다.

이처럼 함평이 지역축제의 선도자로 부상한 이면에는 군수의 변혁적 리더십과 주민들의 적극적 호응이 크게 작용하였다. 하지만 함평군의 주민행복과 직결된 교육이나 복지서비스 수준은 아직 열악한 것으로 나타났다. 지역주민의 평생교육을 확대하기 위해 군수관사를 평생학습관으로 개조할 정도로 열의를 보였지만 열악한 예산과 인력이 발목을 잡고 있다.

광주광역시 서쪽에 자리한 광산구와 인접한 함평군은 교통 여건이 양호한 편이다. 따라서 중소기업 유치를 활용해 지역발전 대안을 모색하는 일에 주력해 왔다. 인구 3만 명대를 유지하기 위해서는 빛그린국가산단의 전략적 활용에 부가해 친환경 자동차나 고부가가치 신성장동력을 발굴하는 일에 주력해야 한다.

영광군은 함평과 마찬가지로 22개 시군으로 구성된 전남 서부권의 낙후지대이다. 지역특산물인 영광굴비와 모시송편, 풍광이 아름다운 백수해변 등이 지역의 인지도를 증진하는 역할을 수행해 왔다. 더불어 광주광역시와 목포시에 인접한 지리적 여건은 강점이다. 또한 무안국제공항과 근거리에 위치해 있어서 타 지역뿐만 아니라 타 국가에서도 접근성이 용이하다.

이에 영광군은 2000년대 초반부터 전라남도 3차 종합계획을 토대로 지역발전의 핵심 동력인 첨단산업과 원자력발전소를 활용한 산업유치에 주력했다.

당시 대마일반산업단지를 비롯해 영광군 관내로 입주하는 기업들은 취득세·등록세 전액 면제, 재산세·종합토지세 5년간 50% 감면(최초 취득 시 5년 이내), 전라남도 중소기업 지원자금을 사업별로 1~11억 원 지원받았다. 더욱이 영광군은 전남지역의 여타 일반산업단지들이 기업입주 결정 시 누리는 일반적인 혜택에 부가하여 원전지역이라는 특수성으로 인해 전기세 면제 등을 수혜할 수 있다는 점에서 산업유치에 유리한 편이다.

전라남도 3차 종합계획(2008~2020년)

동북아의 물류·관광·미래산업 중심			
⇕			
광주근교권	**동부권**	**서남권**	**중남부권**
대도시권 미래 산업 및 전원주거 배후거점	환태평양권 물류·관광· 미래산업 거점	환황해권 해양관광· 미래산업 개방거점	생명건강·웰빙산업, 해양관광 중심

전북의 트로이카 연담도시 비교하기

“ 전북의 맛을
선도하는
도시들 ”

전북을 대표하는 트로이카 도시 전주─익산
─군산은 인접한 연담도시이다. 물론 수도권에 비
해 호남권 연담도시는 인구나 경제력은 약한 편이
지만 고유한 맛과 정을 느끼기에 충분한 곳이다.
특히 지역의 자연과 문화가 내재된 음식을 즐기면
서 조용한 휴식을 취하기에 좋은 곳이다.

전주는 전북도청이 자리한 오래된 행정도시이
자 조선을 건국한 태조 이성계 가문의 터전이다.
전주한옥마을 경기전은 태조의 어진을 모신 사당
으로 유명하다. 왜구와 야인을 토벌하며 세력권을
확대한 그는 1388년 위화도 회군으로 역성혁명의
기반을 구축하였다. 이후 점진적이고 정교한 집권
전략으로 조선을 건국하는 한편 한양 천도로 신왕
조의 지속가능성을 보충하였다.

역사문화도시 전주는 음식의 도시로도 유명하
다. 물론 가짓수를 헤아리기 어려운 전주의 한정식
은 개별 음식의 풍미를 느끼기 어려운 편이다. 이
러한 이유로 나는 전주 음식의 추억으로 밤늦은
시간에 편의점과 유사한 슈퍼에서 병맥주 안주로
양념장 찍은 북어를 맛있게 먹었던 전주 가맥집의

추억이 새롭다. 다음날 아침 모주와 수란을 곁들인 전주식 해장국으로 숙취를 해소한 후 장맛비로 불어난 전주천변을 산보한 일도 인상적인 장면이다.

수위도시인 전주를 필두로 차순위 경합을 벌이는 익산과 군산도 전북의 맛을 선도하는 도시이다. 익산은 백제의 수도 부여와 인접한지라 미륵사지 석탑과 왕궁의 흔적이 남아 있다. 미륵사는 무왕(재위 600~641)이 창건한 백제 최대의 사찰이다. 조선시대 미륵사가 폐사(廢寺)된 뒤 3기의 탑 가운데 목탑과 동금당의 석탑은 소실되었다. 불완전한 상태로 남아 있던 서금당의 석탑은 2018년에 복원되었다. 2000년대 초반 내가 복원 현장을 찾았을 당시 해체된 석재의 수와 규모에 감탄했던 기억이 난다. 조금 과장하자면 석탑 복원공사를 위해 설치한 가건물의 규모는 진시왕 병마용갱이나 남산 성곽의 석재 발굴 현장과 유사했다.

익산시 왕궁면에 자리한 왕궁의 유적은 마한시대 도읍지 설과 백제 무왕의 천도설이 대립하는 형국이다. 물론 기록된 역사가 빈약하지만 국보인 왕궁리5층 석탑과 인근 부지의 발굴을 통해 역사적 가치를 인정받은 상태이다. 이점은 2015년 7월 왕궁리 유적이 송산리고분군, 부소산성, 정림사지, 미륵사지 등 공주·부여·익산 지역 7개 문화유산과 함께 '백제유적지구'라는 명칭으로 유네스코 세계문화유산에 등재된 일에서도 확인된다.

아마도 이러한 지역의 역사문화적 잠재력이 익산시가 보석과 식품산업 발전을 견인하는 원동력으로 작용했을 것이라는 추론도 가능하다. 원불교 본당이 자리한 원광대학교는 로스쿨까지 유치한 지역의 명문대학이지만 고속철도가 개통한 이후에도 학생이나 산업의 유치효과를 제대로 누리지 못하고 있다. 전북이 농도를 표방하는 과정에서 약화된 제조업 기반이 지역경제의 활성화를 제약하고 있다. 이에 정부도 전북의 신성장동력을 보충하기 위해 새만금개발청을 설립해 기업유치나 개발사업을 강화하고 있다. 하지만 이러한 지역개발의 온기가 익산과 군산을 비롯해 전북 전반으로 확산되기에는 시일이 걸릴 것이다.

군산은 익산과 전주보다 제조업 기반이 강했던 곳이다. 하지만 지역경제를 지탱한 조선, 자동차 등 제조업이 퇴조하면서 위기를 맞고 있다. 군산은 목포와 더불어 일제시대를 대표하는 농산물 수출항구로 번성한지라 은행, 관공서 등 다양한 근대 건축유산은 물론 빵집이 지역을 대표하는 브랜드로 각인된 상태이다. 그리고 항구와 평야를 끼고 있는 풍요의 도시답게 해산물과 농산물이 어우러진 한정식의 풍미를 느낄 수 있는 곳이기도 하다. 나는 박사과정 입학 직후인 20대 중반에 한동안 군산소재 대학에 출강한 경험이 있어 친숙한 곳이기도 하다. 당시 해변, 저수지 등 구석구석 포진한 지역의 맛집을 데려간 선배 교수님들의 후의에 감사를 드리고 싶다.

2000년대 초반 상수도 평가를 하면서 전북의 신성장동력인 새만금을 찾았던 일도 유익했다. 당시는 군산과 변산을 세계 최장 33.9km 방조제로 연결하는 공사를 위해 대형 트럭이 다니던 시절이라 접근 자체가 쉽지 않았다. 하지만 시청 상수도 담당자들과 함께 방조제 중간에 자리한 고군산군도 초입에서 자연산 광어의 크기와 풍미에 감탄하기도 했다. 물론 지금은 말끔히 포장된 방조제 도로와 연육교를 활용해 고군산군도 여행이 가능하다.

고군산군도는 군산 앞바다에 자리한 신시도, 무녀도, 선유도, 대장도 등으로 지금은 자동차로 일주가 가능하다. 이곳은 이순신 장군이 수군 진지로 활용했던 곳이지만 함대의 주둔지가 지금의 군산으로 옮겨가면서 이 섬들은 '옛 군산도'인 고군산군도가 됐다. 낙조와 봉우리가 어우러진 '선유 8경'을 둘러보는 고군산군도 여행에서는 민박집이나 식당에서 풍족한 해산물을 즐기기가 용이하다. 더욱이 최근 개관한 국립신시도자연휴양림의 다양한 숙박시설도 들를 만하다.

지리적으로 중국과 근접한 새만금의 섬들에는 통일신라의 지성인 최치원의 탄생(857년) 설화를 비롯해 다양한 흔적이 남아 있다. 그가 거닐던 정자인 자천대(紫泉臺)는 택리지(1751년)의 저자 이중환이 언급하기도 했다. 6두품 귀족 출신인 최치원은 대당유학생 시절 지은 '황소의 난 토벌 격문'으로 알려졌다. 유불선 3교 모두에 정통한 그는 부패에 찌든 중앙정치를 떠나 풍류도(風流道)를 개척하기도 했다. 삼국사기가 기록한 문구인 "계림(鷄林·신라)은 황엽(黃葉·누런 잎)이고, 곡령(鵠嶺·고려)은 청송(靑松·푸른 솔)"에는 당시의 시대상을 통찰한 그의 혜안이 담겨 있다.

이 책을 출간하기 직전에 익산시에 자리한 전북교육청 교육연수원 특강을 다녀왔다. 호남고속도로 익산IC가 지척인 이곳은 서동요로 유명한 무왕을 비롯해 백제 후기의 유적이 산재한 곳이다. 554년 백제 성왕은 고구려 장수왕의 남하정책이 시작된 이래 120년이나 지속된 나제동맹을 파기하고 한강유역을 독점

복원이 완료된 미륵사지 석탑

왕궁유적지 석탑의 수려한 모습

한 신라 진흥왕에 대항한 관산성 전투에서 전사했다. 이후 무왕은 백제 중흥의 새로운 거점으로 익산 왕궁면 지역의 정치경제적 가능성에 주목했던 것이다. 내가 아침식사를 해결하기 위해 들른 금마면 중심지에는 서동공원과 한옥단지가 조성되어 있다. 가로에 자리한 상점의 간판도 잘 정비된 모습이다. 금마면이 인근에 자리한 미륵사지와 왕궁 유적지의 배후관광단지 역할을 수행하기 때문일 것이다.

식사를 마치고 십 수 년이 지난 오늘 다시 복원작업이 완료된 미륵사지 석탑의 웅장한 모습을 감상했다. 오전 3시간 동안 국내와 세계일주에서 포착한 적극행정 우수사례를 중심으로 강의를 진행했는데 교육행정 분야에서 오래 근무하신 5급 관리자 분들이라 그런지 수강태도가 남달랐다. 강의를 마치고 왕궁 유적지 석탑을 돌아보며 벌판의 시원한 바람과 햇볕도 즐겼다. 다음 여정으로 익산의 전략산업 육성을 지원하는 국가식품클러스터와 보석박물관도 둘러보았

익산의 전략산업 거점인 국가식품클러스터

탑정호 소풍길의 랜드마크인 출렁다리

다. 산청한방약초연구소와 마찬가지로 연구동와 생산동을 겸비한 국가식품클러스터가 푸드폴리스(Foodpolis)라는 별칭답게 싱가포르나 송도의 바이오폴리스(Biopolis)에 필적하는 산업경쟁력을 배양하기를 기대해 본다.

돌아가는 길에는 논산에 자리한 탑정호를 경유지로 선택했다. 호남의 벌판이 이어진 이곳은 계백의 무대인 황산벌이 자리한다. 탑정호 소풍길의 랜드마크인 출렁다리는 지역경제 활성화를 위해 지역 상가나 식당을 이용한 사람들에게 무료입장 혜택을 제공하고 있었다. 관촉사와 건양대학교 이외에 도시브랜드 가치가 저조한 논산이지만 탑정호를 매개로 조선 예학과 보학의 최고봉인 사계 김장생의 묘소와 백제의 마지막을 지킨 계백장군 전적지를 연계한 관광지 기획이 인상적이다.

08

전주에서 숙의한 자치경찰제의 미래

" 지방정치의 영향권으로 편입되는 자치경찰의 독립성을 보장해야 한다. "

2019년 2월 전주에 다녀올 일이 생겼다. 평소 존경하던 송선배님이 이번 학기를 마지막으로 은퇴하시기 때문이다. 지인들과 간단한 기념모임을 준비하다가 비슷한 시기에 열리는 학회에서 논문을 발표하고 토론하는 것도 의미가 있겠다는 생각이 들었다. 학술대회를 전후해 전주한옥마을을 둘러보고 맛있는 한정식도 경험했다. 인근에 자리한 마이산과 진안가위박물관을 둘러보려 했지만 시간이 촉박해 포기했다.

전주의 명소로 탈바꿈한 한옥마을 주변은 국내외 관광객으로 붐비고 있었다. 하지만 나의 관심은 조금은 한적한 곳에 위치한 전주향교였다. 최근 대구 달성군의 도동서원을 방문해 느낀 감동을 재연하고 싶었기 때문이다. 각기 관학과 사학을 대표하는 조선시대의 교육기관인 향교와 서원은 풍수가 좋은 곳에 위치한 관계로 산보를 즐기는 나로서는 더없이 소중한 장소이다.

전주는 최명희가 〈혼불〉에서 묘사한 것처럼 세월이 가도 결코 버릴 수 없는 꿈의 꽃심을 지닌 땅을 표방하고 있다. 더불어 전주는 각기 부산과 순천에 필적하는 영화의 도시와 정원의 도시로 거듭나고 있다. 조선시대 지방감영이 존재했던 도시 중에서 가장 존재감이 뚜렷한 전주는 근대화 이후 쇠퇴했지만 화려한 역사 속에 체화된 문화예술 역량을 앞세워 부활의 조짐을 보이고 있다.

자치분권이 주제인 이번 세미나에서는 자치경찰제에 대한 토론이 활발하게 진행되었다. 나도 관심이 많은 주제라 열심히 경청했다. 지난해 말 내가 소속된 학과는 경쟁력 강화를 위해 자치경찰론, 소방행정론, 도시안전실무, 공기업회계, 토지정보체계론 등을 신설하였다. 그리고 나는 자치경찰론을 강의해야 한다.

그동안 경찰행정과 거리가 멀었던 일반행정 전공자가 자치경찰론 강의를 자원한 이유는 자치분권 강화와 경찰행정 개혁에 대한 시대적 요구에 동의하고 개인적 열망이 있었기 때문이다. 일제의 식민통치와 미군정 이후에도 억압적 통치의 과오를 청산하지 못한 경찰에 과도하게 의존한 이승만 정부는 치안국가의 전형이다. 또한 치안국가를 강화하는 방식으로 병영국가를 표방한 박정희 정부는 억압적 규율을 산업현장은 물론 사회 전반으로 확산시켰다. 이로써 한국은 단독정부 수립과 초기 산업화를 거치면서 치안국가와 병영국가가 결합된 경성국가(hard state)로 대내외에 각인되었다.

1987년 이후 우리는 세계화와 민주화에 부응하는 역동적이고 신축적인 국가를 추구해 왔다. 문재인 정부가 제안한 혁신적 포용국가도 이러한 고민의 결과이다. 하지만 변화된 상황에도 불구하고 1919년 임시정부의 법통과 1980년 광주민주화운동의 정당성을 훼손하려는 시도가 아직도 진행 중이다. 따라서 자치경찰제로 대표되는 권력기구 개편의 당위성은 보다 분명해진다.

그간 우리가 경험으로 체득한 권력의 본산은 청와대를 비롯해 군대, 검찰, 경찰, 국회, 법원, 정보, 감사, 징세, 예산, 조직, 인사 등이다. 하지만 이러한 조직·기능들의 폐해는 최근 성취한 반복적 정권교체를 통해 상당부분 해소된 상태이다. 그러나 경찰-검찰-법원이 연계된 폐쇄적 권력기구 개편의 전망은 불투명하다.

지방에서 이루어지는 행정은 민주적 통제나 보충성의 원칙에 입각해 주민들이 단체장을 선출하는 보통지방자치단체가 담당해야 한다. 하지만 우리는 강력한 중앙집권의 전통으로 인해 특별지방행정기관으로 지칭되는 중앙정부의 일선기관들이 건재한 모습이다. 제주특별자치도나 세종특별자치시를 통해 중앙사무의 지방이양을 시도했지만 실험으로 제한된 것이 지금의 현실이다.

자치경찰제의 기대효과는 중앙집권적 경찰조직의 지역적 분산, 주민밀착형 경찰서비스 제공, 가외성을 구현한 협업체계의 지향, 독점적 경찰조직에 경쟁과 성과 도입, 검경 수사권 조정을 통해 권력기구 개편 자극 등이다. 하지만 자치경찰의 법제화를 위해서는 직제, 권한, 예산, 인원 등에 대한 이해관계자들의 이견을 적극적으로 조정해야 한다. 또한 소방공무원 국가직화나 특별사법경찰 실효성 논란을 통해 알 수 있듯이 신분 전환이나 역할 혼란을 우려하는 일선 경찰관들의 불안에도 응답해야 한다. 나아가 지방정치의 영향권으로 편입되는 자치경찰의 독립성도 보장해야 한다.

행정은 공공서비스의 전달과정에서 이윤이 아니라 마음을 얻어야 한다. 다시말해 시민행복의 원천인 마음에 신뢰를 축적해야 한다는 것이다. 이 점은 새로 시작한 자치경찰 서비스도 예외가 아니다.

우리나라 경찰행정의 기원은 시기와 내용 모두에서 함무라비법전이나 모세의 십계명에 필적하는 고조선의 팔조법금에서 시작되었다. 팔조법금은 기자(箕子)가 조선에 와서 팔조의 교법(敎法)을 만들었다는 한서지리지의 기록이 있지만 토착적 금약의 성격이 강한 편이다. 기자조선은 BC 1100년경 은나라 말기에 이주한 단군조선의 계승자로 BC 195년 위만(衛滿)에게 멸망할 때까지 900여 년 간 존속했다. 팔조법금 중 내용이 전해진 3개 조는 "① 사람을 죽인 자는 사형에 처한다. ② 남에게 상해를 입힌 자는 곡물로써 배상한다. ③ 남의 물건을 훔친 자는 데려다 노비로 삼는다" 등이다.

은나라는 상나라로도 불린다. 고대 중국은 하(夏)·상(商)·주(周) 3대의 왕조가 잇달아 지배하였다고 하나, 하왕조는 고고학적으로 입증되지 못했다. 상왕조는 20세기에 수도인 은허(殷墟)의 발굴에 따라 화북(華北)에 군림한 왕조로 판명되었다. BC 1046년 은·주 교체기를 전후해 기자 세력과 유사한 이주민들이 고조선에 유입되었다. 주(周)는 왕실의 일족과 공신을 요지에 두어 협치한 봉건제도로 유명하다. 주나라 왕과 제후 간의 분권통치는 춘추전국시대에 미니왕조를 출현시켰다.

위만은 진·한 교체기에 고조선 준왕을 몰아내고 권력을 찬탈한 인물이다.

춘추전국을 통일한 진나라는 만리장성을 쌓으며 고조선을 압박했다. 분서갱유와 법치만능주의로 대표되는 중앙집권적 철권통치의 폐해로 진나라가 단명하자 항우와 유방이 대립하는 초한지(BC 206~202) 시대가 열렸다. 전국시대 북방의 맹주였던 연(燕, 하북성), 제(濟, 산동성), 조(趙, 산서성) 등지에서 수만 명이 고조선으로 이주한 것으로 보인다.

반만년 한민족의 역사는 북방과 남방 세력과의 관계가 변수로 작용했다. 삼국시대 초기에는 한나라의 멸망 이후 위촉오 간의 쟁투로 한반도가 조용했다. 삼국시대 중기에는 5호16국이라는 중원의 분열을 틈타 삼국의 성장이 촉진되었다. 하지만 강력한 통일왕조인 수와 당이 출현한 이후에는 외침에 시달렸다. 고려와 발해도 각기 남송이나 일본과 교류하는 한편 북방 유목세력을 경계하였다.

고려시대에는 경찰업무를 전담한 기관이 분화되지 않아 일반행정이나 군대조직과 구분이 어려웠다. 조선시대에는 중종 35년(1540)에 포도청이 생기면서 경찰의 독립적 발전이 촉진되었다. 조선의 중앙경찰기관은 병조, 형조와 의금부, 사헌부, 한성부, 수성금화사, 위장과 부장 등이 담당했다. 또한 지방경찰기관은 관찰사, 부사, 목사, 군수, 현령, 현감 등이 통합적으로 관할했다. 자치경찰과 유사한 조직으로는 향청, 향약, 오가통 등이 있다. 갑오개혁을 전후해서는 순경부와 경무청이 등장했다. 그리고 일제는 헌병경찰제를 활용해 파출소 단위까지 억압적 통치를 자행하였다.

미군정 3년을 보내고 대한민국이 건국한 이후에도 한국 경찰은 한동안 억압과 친일이라는 오명을 극복하지 못했다. 5.16으로 군사정부가 출현한 이후에는 권위주의 정부의 파수꾼을 자처했다. 그리고 검경수사권 조정으로 수사의 주도권을 장악한 지금도 인권침해나 자질부족 시비를 극복하지 못한 상태이다.

2021년 7월부터 샴쌍둥이처럼 조직과 인력을 분리하지 못한 상태로 무늬만 자치경찰의 시대가 개막되었다. 물론 이러한 변화의 추세에 자극받아 나는 자치경찰학 전공 교수로 변신했다. 미래의 진로가 불투명한 상태지만 한 번 시작된 자치경찰의 발걸음을 되돌리기는 어려울 것이다. 따라서 이른바 검수완박을 추구하는 중대범죄수사청 신설 논의와 병행하여 자치경찰의 분리수술도 단행하기를 기대해 본다. 즉 검경의 분리수술을 동시에 단행해야 보다 완전한 제도가 창출될 것이다. 우리와 유사한 형사법제 전통을 지닌 일본이 광역자치단체에 자치 경찰권을 부여하고 검찰은 공소권 행사에 주력한 점에 유의해야 한다.

한국의 경찰행정은 아직도 중앙정부가 주도하는 집권화된 경찰활동을 요 체로 한다. 하지만 분단이라는 상황논리와 효율성 편향적인 기존 체제는 봉사 마인드 함양이나 범죄예방 추구에 취약하다. 따라서 권력기관 제도개혁안을 도 출하는 이해관계자들은 무차별적인 정쟁을 중단하고 '내탓이요 또는 업보로다' 라는 자기성찰의 자세로 국민을 위한 타협안을 만들어야 한다.

09

무주와 진안에서 절감한 생태관광의 잠재력

> " 금당사와
> 저수지도
> 마이산의
> 운치를 더하는
> 조연이다. "

서울 남부터미널에서 하루에 한 번 출발하는 구천동행 시외버스에 탑승했다. 국회물포럼과 환경타임즈가 주최하고 한국수자원공사가 후원하는 '물 산업 중소기업 혁신성장 포럼'에 참석하기 위해서였다. 나는 무주로 떠나는 여정에서 습관처럼 나의 카카오톡 계정에 떠오른 생각들을 엄지손가락으로 입력하는 칼럼 작업을 시작하였다.

수도권을 강타한 붉은 수돗물 사태는 우라늄 수돗물 쇼크를 만나 전국적으로 번지고 있다. 땅속에 묻힌 상수도는 좀처럼 자치단체장의 관심을 끌기 어렵다. 낙동강 페놀이나 알루미늄 응집제 누출 같은 대형 사고가 터져야 자치단체장이나 환경부 장관이 움직인다. 사고가 나야 조명을 받고 누적된 부실을 털어내는 혁신이 시작되는 것이다. 최근 일단락된 환경부로의 물관리 일원화도 1991년 페놀 사태의 수습대책으로 시작되었다.

우리에게 현대식 상하수도를 전파한 일본에서는 맨 밑에 매설하는 관망과 그 위에 매설하는 관망이라는 의미로 하수도와 상수도의 개념을 구분했다. 개항장에서 시작된 상수도보다 조금 늦은 일제강점기에 보급된 하수도는 비가 오면 진창으로 변하는 진고개와 딸깍발이 서생을 사라지게 만들 정도로 대단했다. 오늘날 하수도 냄새와 분출 여부는 선후 진국 도시를 구분하는 대표적 척도로 활용되고 있다.

상수도 사고는 시민들이 인식하지만 하수도 사고는 물고기가 알려준다. 물고기 기형이나 호우시 떼죽음은 하수도의 취약성을 상징적으로 대변하는 사례이다. 하지만 하수도 사고의 파급효과나 처리방식은 상수도에 비해 절대적으로 미약한 실정이다. 이에 우리나라의 하수도 행정은 침체와 소외의 구렁텅이에서 좀처럼 헤어나지 못하고 있다.

하수도 특별회계의 재정상태가 양호한 서울특별시도 운영체제는 부실하다. 상수도 공기업이 30년 전에 본부를 출범시키고 공사발족을 타진한 반면에 하수도는 광역시보다 늦은 작년부터 공기업으로 전환하였고 주관부서는 물순환안전국의 2개 과에 불과하다. 더욱이 하수도는 처리장과 관로 모두에서 이원화라는 문제점을 극복하지 못하고 있다. 가칭 서울환경공단 출범이 지연된 처리장은 직영과 민간위탁으로, 하수사업소 조직이 부재한 관로는 본청과 구청으로 이원화되어 통합운영에 따른 시너지를 창출하지 못하고 있다.

내가 탑승한 버스가 구천동에 다다르자 계곡 하류에 하수처리장이 보인다. 무주군이 전북권 광역상수원인 용담댐 수질보호를 위해 전문적 물 관리 역량을 보유한 한국수자원공사에 소규모 하수처리장들을 일괄해 공공위탁한 일은 고무적이다. 구천동 터미널에 도착해 계곡을 따라 상류로 올라가자 이번에는 정수장과 조우했다. 구천동 계곡물을 취수하는 아담한 정수장이지만 홍수나 가뭄을 대비한 가외성 확보 차원에서 지하수 관정을 구비한 점이 인상적이다.

무주에서 전주로 이동하는 고속도로 위에서 마이산의 기묘한 자태를 목격했다. 수년 전 전주를 방문했을 당시 송교수님의 진안행 제안이 떠오르면서 추후 마이산을 방문하겠다고 재차 다짐을 했다. 다시 1년이 지난 2022년 2월 24일은 20년을 동고동락한 학과 선배 조교수님의 은퇴를 기념해 술자리를 마련했다. 오미크론 확진자가 폭증한 위협적 상황에도 불구하고 서운한 마음을 달래느라 술자리가 길어졌다.

다음 날 아침 장거리 조문 일정에 맞추려다 숙취에 일찍 잠이 깨고 말았다. 냉수 마시고 속 차리니 원하는 꿀잠은 영영 달아나 버리고 말았다. 한두 시간 뒤척이다 새벽에 집을 나섰다. 경산에서 서산까지 이동하는 경로는 빠른 지름길을 포기하는 대신에 진안과 서천을 들러서 가기로 결정한 것이다.

진안에 관한 관광정보가 전무했던 관계로 내비게이션에 나오는 마이산도립공원을 목적지로 정했다. 함양휴게소에서 부족한 잠을 보충하고 마이산 입구에 도착했다. 마이산 중턱의 명소인 탑사까지는 한적한 골짜기 산행길이 이어진다. 입구에 자리한 금당사와 저수지도 마이산의 운치를 더하는 조연이다. 마이산을 대표하는 암마이봉 남쪽 골짜기에 있는 돌탑의 무리는 간절한 기원의 의미를 절감한 장소였다. 탑을 혼자 쌓은 이갑룡 처사는 25세에 마이산에 입산해 임오군란과 동학혁명의 와중에 백성을 구하는 기도로 돌탑을 쌓았다고 한다.

오후에는 서천을 경유할 예정이기 때문에 하산을 서둘렀다. 하지만 고속도로에 진입하기 직전에 과거 전주방문 시에 송교수님이 제안했던 가위박물관이 생각났다. 방향을 수정하니 진안 읍내가 나타났다. 가위박물관 입구 로터리에 자리한 양푼이 동태탕 집에서 점심을 해결했다. 허름한 읍내 식당이지만 반찬이 정갈하고 국물도 시원했다. 얼마 전 실패한 구룡포항 후추해물탕이 떠오르며 전라도 음식의 경쟁력을 칭송했다. 가위박물관은 마이산 관광단지 안에 위치하고 있었는데 봉우리 조망도 용이하고 멀지않은 곳에 자리한 탑사행 미니열차도 운행하고 있었다. 가위박물관이 마이산 여행을 시작하는 신흥 명소임을 깨우치는 순간이다.

세계 유일의 가위박물관은 작지만 탄탄한 구성이 인상적이다. 가위의 역사를 비롯해 과학, 인물, 예술을 테마로 가위를 소개하고 실물을 전시한다. 진안의 상징인 마이산의 형상과 가위를 벌린 형상이 유사하고 용담댐 수몰지역에서 고려시대의 가위가 출토된 것이 박물관 기획의 단서라고 한다. 조그만 단서를 포착한 자치단체 관계자들의 열정이 낙후한 지역의 발전을 촉진하는 촉매제로 작용하고 있는 것이다. 추후 다른 계절에 진안을 방문하면 마이산과 용담댐을 넘나드는 진안고원길 14구간을 걸어보기로 다짐한 것도 중요한 소득이다.

진안에서 서천까지는 국도를 이용하였다. 익산 외곽을 경유하는 과정에서 만경강 물길과 평야지대를 지나쳤다. 군산 초입에 자리한 군산역을 지나쳐 금강방조제 건너다 중간에 정차했다. 방조제 안쪽의 민물은 철새의 낙원이고 방조제 너머에는 박대잡이 어선들이 조업을 하고 있었다. 금강갑문을 관리하는

진안 마이산 탑사

창의적 아이디어가 돋보이는 진안가위박물관

한국농어촌공사의 CI도 선명하다. 또한 금강갑문 양쪽으로는 철새를 테마로 한 군산과 선천의 생태관광지 경쟁과 더불어 군산항과 장항항의 자존심 대결도 이루어지고 있다. 갑문이라는 장벽이 건설되기 이전에는 금강 하구에 자리한 강경항이 번성했지만 일제 강점기 이후 뜬다리 부두를 앞세운 군산항과 장항선 철도를 앞세운 장항항이 부상하였다.

10

자치분권으로 도시브랜드를 강화한 순창과 완주

나는 2018년부터 지방자치단체를 순회하는 자치분권대학 강연에 참여하고 있다. 늦은 밤 시간에도 불구하고 수강생들의 열의가 뜨거운 편이다. 자치분권을 열망하는 시민들의 강력한 의지가 투영된 것으로 보인다. 나는 자치분권 선진국을 소개하는 강연을 통해 우리나라 도시경쟁력의 조건과 미래를 성찰할 기회가 있었다.

세계 각지의 저명 도시는 환경과 역량을 결집한 특화발전을 추구해 왔다. 첨단기술, 관광레저, 문화예술 등과 같은 특성화 목표에 공통기반인 어메니티(amenity)를 장착하는 방식으로 내외부 이해관계자들의 관심을 유도한다. 이 과정에서 창의성과 자율성의 원천인 자치분권이 도시발전의 성패를 좌우했다. 중앙정부가 시키는 일만 충실히 수행하는 관치행정으로는 현상유지도 어렵다. 연방제 수준의 자치행정이 이루어지는 스위스, 네덜란드, 미국 등은 세계인이 선망하는 도시경쟁력을 뽐내고 있다.

하지만 우리나라의 자치분권을 선도할 제주나 세종의 단층형 지방자치는 아직도 실험 중이다. 혁신도시나 테크노폴리스는 특성화 목표의 달성이 미진하다. 공공기관 추가이전이나 명문대학 분산배치와 같은 시즌2나 시즌3를 통해 지속적으로 지방의 활력을 보강해야 한다. 공공기관과 명문대학을 테크노폴리스의 활성화와 연계한 프랑스 스트라스부르가 대표적이다. 니스, 피렌체, 런던, 베를린 등이 주는 교훈도 학습대상이다.

세계화와 지방화의 협공에 직면하여 정부나 기업의 역할도 점차 약화될 것이다. 기업의 국제경쟁력과 정부의 국가경쟁력을 매개하는 도시경쟁력이 새로운 국가발전의 원천이다. 따라서 우리는 도시경쟁력 강화를 위해 협치에 기반한 집단지성을 발휘해야 한다. 도시를 배우는 유용한 방법인 역사나 여행도 적극적으로 활용해야 한다. 경쟁 도시의 실상을 파악하는 단기 체류나 걷기 여행도 권장한다.

우리가 추구할 미래의 도시는 창조도시, 세계도시, 기업도시, 슬로시티, 전원도시, 압축도시, 첨단기술도시 등 다양하다. 일례로 첨단기술도시에는 송도, 판교, 광교 등이 있다. 하지만 세계의 이목을 끌기 위해서는 싱가포르와 더블린을 넘어서는 감동적 스토리를 장착해야 한다. 분단의 장벽 휴전선과 남북을 넘나드는 임진강을 테마로 국제평화지대를 건설한다면 저렴한 토지와 편리한 교통을 앞세워 도시경쟁력을 확보할 것이다. 기술과 자연이 혼합된 국제평화지대에는 우리나라의 강점인 스마트시티 구상도 접맥시켜야 한다.

도시는 살아있는 시스템이자 유기적 생명체로 은유가 가능하다. 따라서 도시가 발전하기 위해서는 다양성과 역동성을 지속적으로 보충해야 한다. 1960~1980년대에 발생한 이농현상은 농어촌의 공동화와 수도권의 고도성장을 촉진한 핵심적 동인이다. 1990년대 이후에는 외국인 산업연수생이나 중국 동포들이 새로운 활력을 제공하였다.

17세기 초 백인 이민이 시작된 이래 보스턴을 비롯한 미국 도시도 유사한 발전패턴을 경험하였다. 서부개척 당시에는 아프리카 노예를 대신해 중국계 이민노동자가 새로운 활력을 제공하였다. 20세기 중반 냉전을 거치며 한국이나 베트남계의 진출도 활발했다. 최근에는 백인 블루칼라의 일자리 보장을 위해 멕시코 국경에 장벽을 건설했지만 목숨을 걸고 계곡이나 사막을 건너는 멕시칸이나 중남미 노동자들의 이주 행렬이 이어지고 있다.

한국에서 심화된 수도권과 비수도권의 격차현상은 공정과 행복의 가치를 훼손하고 있다. 효율성이라는 단일 가치에 경도되어 수도권 과밀화 현상을 방치하는 일은 국토 균형발전의 관점에서 심각한 문제이다. 더불어 수도권 과밀화의 부작용은 시민의 안전과 행복을 위협하는 심각한 문제이다.

세계도시를 양성하기 위해서는 도시녹지, 수자원 등 자연환경 지표를 관리해야 한다. 뉴욕 맨해튼은 건물의 밀도가 높지만 센트럴파크를 비롯해 크고 작은 공원으로 경쟁력을 유지했다. 싱가포르의 공원 커넥터 구상처럼 산과 하천은 물론 공원과 녹지를 연결하고 접근성을 증진하는 일도 필요하다. 제1기 신도시 분당은 탄천 수변공간과 영장산 자락이 녹지 축을 형성하고 있을 뿐만 아니라 중앙공원을 비롯한 중소형 공원을 배치했다. 에코스마트시티가 새로운 도시경쟁력의 원천으로 부상한 상태에서 자연의 가치를 극대화시켜야 한다.

창의적 도시브랜드로 성장잠재력을 증진한 사례로는 전북 순창군을 들 수 있다. 순창의 캐릭터는 청정하고 인공의 때가 묻지 않는 곳에 살 것 같은 귀여운 도깨비와 순창군의 전통음식 고추장의 원료인 고추를 형상화한 어린 고추 도깨비 초롱비이다. 순창군 캐릭터 초롱비는 군민의 소리를 경청하는 큰귀와 맑은 눈 씩씩한 남자 캐릭터와 귀여운 여자 캐릭터로 제작되어 순창군을 찾는 이들에게 인기를 끌고 있다.

순창군 캐릭터

초롱비

순창군 인구는 2021년 27,120명으로 인구가 감소하는 지방소멸 위험지역이다. 인근에 자리한 임실군과 장수군도 비슷한 실정이다. 이에 순창은 우수농산물 육성 및 홍보에 주력하고 있다. 농업과 환경을 조화시켜 농업의 생산을 지속할 수 있게 하는 농업 형태를 추구하는 것이다. 또한 군청은 6대 역점분야 중 하나로 "교육 1번지 순창"을 선정해 평생학습도시 서비스를 강화하고 있다. 평생학습관과 장애인복지관 건립, 평생교육 전담부서 설치, 평생교육 중장기 종합 발전 계획 수립, 평생교육협의회 구성, 리본(Re-Born) 세대를 위한 평생교육 프로그램 등이 대표적 사례이다.

완주는 로컬푸드 사업으로 도시브랜드 가치를 제고한 곳이다. 연간 100만 명의 등산객과 명상객이 찾는 모악산에 들어선 로컬푸드 스테이션은 직매장과 농가 레스토랑, 가공 체험, 마을여행을 결합한 도농 상생형 신문화 공간으로 자리잡았다. 6차산업 활성화를 주도한 (주)완주로컬푸드는 완주군과 지역 8개 농·축협이 참여한 제3섹터 법인이다. 마을회사에 농민들 대다수가 참여해 '농촌에서도 회사를 만들어 돈을 벌 수 있다'라는 신화를 창조한 것이다. 로컬푸드 1번지로 완주군이 부상하면서 완주로의 귀농과 귀촌도 늘어나고 있다. 이에 완주군수는 "로컬푸드 사업은 농업구조의 폐해를 치유하고 새로운 먹거리 질서를 창출하는 농촌 회생의 신모델로 손색이 없다"라고 자신했다(경향신문, 2015.05.06.).

완주는 최근에 스치는 경관농업을 넘어 치유농업의 성지로 부상하고 있다. 일례로 외상후 스트레스에 시달리는 소방관들이 힐링농원이나 편백숲에서 체류하면 스트레스 호르몬이 줄어든다는 것이다. 더불어 구이저수지 모악호수마을이나 완주분청사기 봉강요도 천천히 즐기는 힐링의 명소로 추가된 상태이다.

완주와 유사하게 6차산업 방식을 채택하고 있는 농산어촌 활성화 사례로는 농협중앙회가 1999년에 시작한 팜스테이(Farm Stay)를 들 수 있다. 도시 생활에 지친 사람들에게 자연과 함께 즐기는 힐링의 장소를 제공하고, 농가의 소득향상에도 기여한다는 취지로 시작된 사업이다. 일본에서는 도농상생에 기반한 팜스테이나 지역특산물 판로개척의 연장선상에서 고향사랑기부세까지 운영하고 있다. 참고로 우리나라에서 운영중인 운영하는 팜스테이 마을은 생태문화관광, 전통공예체험, 영농체험, 전통놀이체험 등을 소재로 300여 개에 달하고 있기 때문에 팜스테이 홈페이지(https://www.farmstay.co.kr/)에 들어가 한국관광

100선에도 선정된 마을들을 지역별로 선택하는 재미를 느껴보시기를 추천한다.

완주군의 인구는 2021년 기준 91,142명으로 지난 5년간 기업유치, 이서혁신도시 조성, 귀농·귀촌 등으로 지속적으로 증가했다. 하지만 2018년 이후 저출산·고령화에 따른 인구의 자연감소와 젊은 층 유출로 인해 감소세로 전환되었다. 이에 완주군청은 완주미디어센터와의 협업을 통해 메타버스 크리에이터 전문가 양성과정 등을 제공하는 방식으로 청년층(18~39세)의 자립기반 마련과 역량강화 교육에 유의하고 있다.

Chapter 07

통일회복권: 북한과 연변요동

개성공단과 금강산관광의 민족사적 가치

나는 지금은 사라진 개성과 금강산 여행 기회를 날린 일을 후회한다. 당시 바빴던 개인사로 인해 미루다가 실기하고 말았던 것이다. 주변의 지인이 북한의 명소에 다녀올 때마다 귀동냥하며 부러워한 모습이 기억에 남아 있다. 정몽주의 절의정신을 대표하는 선죽교를 비롯해 만월대와 박연폭포는 개성의 상징이다. 금강산의 4계를 다큐멘터리로 제작한 방송사 프로그램에 나오는 만물상과 구룡폭포 및 상팔담은 선계를 연상케 한다. 나는 요즘도 고성이나 파주에 들르며 해금강이나 송악산의 선명한 모습을 보며 가슴이 설레곤 한다.

이 책을 마무리하는 시기에 코로나19와의 동행을 준비하는 북한 도시의 최근 모습을 철길을 따라가며 소개한 MBC 다큐멘터리 〈영상기록 남북철도 기적의 오디세이〉를 시청했다. 도라산역과 개성역, 신의주와 단둥역 간의 철길은 운행정지 상태지만 개성−사리원−평양−정주−신의주로 이어진 북한 내부의 철도 교통은 손님이 줄었어도 운행중이다. 영상에서 만난 개성의 남대문 광장과 민속거리 한옥촌이 정겹다. 반찬을 담는 반상기에 12첩 반상을 차려내는 전통식단이나 우리의 닭백숙을 연상시키는 인삼닭곰의 풍미가 느껴졌다. 개성을 대표하는 상징적 장소이자 서화담과 황진이와 더불어 송도3절의 주역인 박연폭포는 상단에 둥근 박같이 생긴 연못이 있다는 사실에 기인한다는 점도 영상으로 알게 되었다.

개성과 평양 사이에 자리한 대표도시 사리원은 북한철도 여행을 떠난다면 경유지로 적합한 곳이다. 사리원 시내에는 개성에 필적하는 역사문화 유산인 민속거리와 임꺽정의 무대인 정방산이 자리한다. 정방산성의 견고한 모습은 고구려 산성의 전통을 계승한 것으로 보인다. 고려시대 만들어진 천년고찰 성불사의 호젓한 풍광과 고독한 느낌이 '성불사 깊은 밤에 그윽한 풍경소리'로 시작되는 이은상의 시와 홍난파의 곡을 탄생시킨 비결이다.

사리원청년역을 출발해 평양역에 도착하면 시내관광을 위한 연계교통으로 지상기차인 트램과 고심도 지하철을 경험하게 된다. 지하철을 이용하는 평양 시민들은 도시가 봉쇄된 상하이 시민들이 애용하는 마스크와 유사한 파란색 덴탈 마스크를 착용한 점이 인상적이다. 평양에서 출발하는 국제열차는 베이징이나 모스크바로 향하는 장거리 노선이라 침대칸 객차가 투입되는 경우가 많다.

평양에서 신의주행 여정에서 청천강을 건너면 정주가 나타난다. 3.1운동을 주도한 정주에서는 14번의 만세운동이 일어났다고 한다. 이 과정에서 독립운동가 이승훈이 설립한 오산학교는 일제에 의해 불태워지는 참사를 경험하기도 했다. 지금은 정주기술대학으로 사용되고 있는 민족교육의 산실 오산학교는 함석헌, 김소월, 백석 등 당대의 명망가들이 거쳐 간 것으로 유명한 곳이다.

철길을 활용한 금강산 관광은 동해안 철로인 제진과 감호는 물론 두만강 친선교를 통해 시베리아횡단철도 접속이 가능한 나선과 하산을 통해 가능하다. 동해안 북단에 자리한 나선은 영덕울진 대게와 캄차카 킹크랩을 혼합한 모습인 털게의 산지로 북한−중국−러시아를 연계한 삼각무역이나 경제협력에 적합한 곳이다. 하지만 철로재건과 연결에 필요한 인프라 투자비용의 과다와 시간상의 제약으로 인해 기존에는 선박과 도로를 이용해 금강산 관광을 추진했다.

초기 금강산 관광은 크루즈 선박에서 숙박하며 주간에 산에 오르는 방식이었다. 선박이 출항하던 동해시는 호황을 누렸다. 금강산 숙박단지가 확보되자

자유로 파주평야 저 멀리 송악산의 잔영

육로 버스관광이 활성화되었고 고성군의 경기가 살아났다. 고성군에는 이승만과 김일성의 별장이 자리한 화진포와 해파랑길 트레킹의 적지인 송지호를 비롯해 다양한 힐링의 명소가 자리해 있다. 지금도 속초에서 출발해 고성군 최북단에 자리한 통일전망대를 방문해 망원경으로 해금강의 비경을 보러 가는 사람들이 많다.

파주시 자유로 북단에 자리한 통일동산은 임진각과 더불어 실향민들의 애절한 사연이 묻어나는 곳이다. 통일동산 인근의 동화공원묘지는 북방외교와 남북교류에 기여한 노태우 대통령의 장지로 결정되어 관심을 끌었다. 오두산통일전망대에 오르면 임진강 너머로 펼쳐진 북한의 들판 전경이 시원하다. 청명한 날에는 인근 자유로 드라이브를 즐기며 송악산의 산세를 확인할 수 있다. 휴전선 넘어 자리한 개성공단은 남북이 원원하는 경제협력의 모범사례였다. 하지만 남북한 대결구도를 조장하는 외부 환경과 내부 갈등으로 인해 남북의 공존은 위협받고 있다.

KBS가 제작한 '걸어서 세계속으로' 평양시 편도 모스크바 시내와의 유사성에 주목하면서 흥미롭게 시청했다. 공공기관 대표 자격으로 북한에 지원하는 물자를 실은 화물선에 탑승해 청진에 다녀왔다는 학과 선배교수의 경험도 나의 부러움을 사기에 충분했다. 지인이 선물한 백두산 들쭉술의 풍미도 기억이 새롭다. 북한 명주인 백두산 들쭉술은 남한에는 다소 생소하다. 들쭉은 냉량한 개마고원에 자생하는 적자색 열매로 외관상 블루베리를 연상시킨다. 원기회복에 특효가 있다는 들쭉은 '들에서 나는 죽'이라는 의미를 담고 있다.

고려의 역사도시 개성이나 민족의 명산 금강산에 대한 국민적 기대는 통일에 대한 열망과 직결된 문제이다. 하지만 통일에 대한 국민적 당위성에도 불구하고 2030세대를 중심으로 관심도가 저하된 일은 우려스럽다. 우리의 생활과 편의를 우선하는 실용주의 관점도 필요하지만 민족의 미래를 간과하는 우를 범하지 말아야 한다. 분단은 우리 민족의 의지가 아니라 강대국의 농간이다. 따라서 분단체제에 대한 과잉동조는 민족적 자존감의 약화를 시사한다.

얼마 전 개성공단 연락사무소 건물이 폭파되는 모습을 지켜봤다. 냉전구도의 재생과 남북소통의 부재가 초래한 참사이다. 남북 정상이 전라도 진돗개와 양강도 풍산개를 선물하거나 평양냉면을 즐기고 도보다리를 거닐던 훈훈한 모습에서 한참 후퇴한 모습이다. 신냉전의 도래라는 구조적 제약요인에 편승해 정파의 이익을 우선하는 남북의 극단적 선택이 목불인견이다. 민족의 미래를 내던지는 모습에서 또다시 절망하게 된다.

원산을 대표하는 명사십리해수욕장 인근에는 대규모 숙박단지가 조성되고 있다. 아마도 북한이 개방을 대비해 금강산과 묘향산을 연계한 국제관광도시 구상에 착수한 것으로 보인다. 향후 동해안 철도가 개통되어 금강산을 경유해 원산에 도착하는 그날을 기대한다. 물론 경원선 열차를 복구해 내금강과 원산에 도달하는 방법도 있지만 중부내륙 휴전선의 과잉무장 상태를 감안할 때 상당한 시일이 걸릴 것이다. 그나마 긴장도가 덜한 동해안을 따라 금강산과 명사십리해수욕장은 물론 북청과 칠보산을 경유해 나선직할시까지 철로를 확보하는 것이 관광은 물론 물류를 촉진하는 첩경이다.

동해안 철길의 테마가 관광과 물류라면 경의선 철로나 고속도로는 북한과 중국을 포괄하는 정치외교의 통로 역할을 담당해야 한다. 과거 한양을 출발해 임진강과 개성, 대동강과 청천강, 의주와 압록강으로 이어지던 동지사 루트를 재건한다는 의미가 담겨 있기 때문이다. 특히 분단의 상징 임진강을 경계삼아 남북으로 펼쳐진 파주평야와 연백평야가 하나가 되는 그날이 조속히 실현되기를 열망한다.

서행일지가 묘사한 홍경래의 난

❝ 평안도에 대한 착취와 차별에 대항한 홍경래의 난에 대한 재해석이 필요하다. ❞

조선은 임진왜란과 병자호란을 거치며 공정과 정의를 담보하던 제도가 무너졌다. 세종처럼 현명한 군주가 통치하던 조선 전기는 르네상스의 시기로 평가되지만 조선 후기에는 착취적 신분제도, 폐쇄적 관료제도, 변질된 조세제도 등으로 인해 몰락의 길을 걷게 되었다. 이 점에서 평안도에 대한 착취와 차별에 대항한 1811년 홍경래의 난에 대한 재해석도 필요하다. 전제왕권과 세도정치의 관점에서는 반란이지만 소외된 시민의 관점에서는 유랑도적단이나 지대추구자에 대항하는 집단적 항의 표시였다.

당시 서북지방은 대륙과의 교류가 활발했던 곳으로 상이한 체제의 객관적 비교를 통해 발로하는 투표, 즉 월경을 통한 국적변경이 가능한 곳이었다. 지리적으로는 평양과 의주 사이에 자리한 청천강 이북의 다복동, 정주성 등 8군이 반군의 활동 거점이었기 때문이다. 더불어 전통적 농업국가인 조선의 일반적인 특징과 달리 상공업이나 광산업이 발전해 초기 소작쟁이나 노동운동의 원형이 형성된 곳이기도 하다. 나아가 천주교와 기독교의 영향으로 유교공동체의 균열이 가장 먼저 시작된 곳이다.

경국대전이 규정한 조선의 세제는 조용조(租庸調) 체제였다. 즉, 국가소유 토지의 사용료를 쌀로 내는 조(租), 20일 정도의 공익근무 의무를 면포로 대신하는 용(庸), 지역의 특산품을 중앙에 상납하는 조(調) 등이다. 하지만 17세기 이후 조용조를 대신해 대동법(大同法)·균역법(均役法)이 실시되면서 각종 조세가 토지로 일원화되자 전정(田政)이 부상했다. 여기에 더해 양인 농민에게 군포(軍布)를 징수하는 군정(軍政), 환곡(還穀)을 분배하고 징수하는 환정(還政)을 더해 삼정(三政)이라 칭했다. 삼정이 문란해진 조선 후기는 망국의 길로 접어들은 시기이다.

조선왕조나 대한제국의 붕괴를 전후해 1894년 동학운동과 1921년 임시정부가 태동한 일도 무자비한 폭정과 무관치 않다. 일제가 패망하고 신탁통치가 종료되자 우리 민족은 남과 북에서 1948년 공화국 체제를 출범시켰다. 이러한 국민적 열망에 부응하기 위해 남과 북의 신생 정부는 토지개혁도 단행했다. 조선 후기 3정(전정, 군정, 환정)의 문란과 일제의 수탈에 시달리던 시절에 비해 공정과 정의가 현저하게 개선된 것이다.

'정의사회 구현'을 비롯해 공정과 정의를 국정 최고의 가치로 설정한 역대 정부와 마찬가지로 문재인 정부도 공정한 기회를 중시하는 포용국가를 표방했다. 하지만 조국 전장관의 자녀입시와 인천공항공사 특별채용을 둘러싼 공정성 논란이 격화되고 부동산 가격 폭등으로 벼락거지 신드롬이 확산되자 정부에 대한 국민적 지지가 급락했다. 시험, 병역, 부동산 등은 경쟁과 형평에 몰입한 한국 사회에서 민감도와 폭발성이 높은 국정의 3대 난제이다.

이재명과 윤석열 후보가 경합한 2022년 대선도 3대 이슈를 중심으로 일진일퇴의 공방을 주고받았다. 야당은 부동산 가격 폭등을 방치한 정부를 무능과 약탈의 전형으로 매도한다. 여당은 필기 위주 순위경쟁으로 대표되는 엘리트주의적 사고를 경계하기 위해 〈공정하다는 착각(The Tyranny of Merit)〉을 출간한 하버드대 샌델 교수를 동원했다.

이처럼 공정과 정의도 시대나 진영에 따라 달라지는 가변적인 개념이다. 하지만 특정한 진영에 포획된 협소한 시야와 논리로는 시대적 요구에 부응하기 어렵다. 따라서 대선 이후에는 국민통합과 역지사지의 관점에서 공정과 정의에 대한 재해석이 절실하다.

독립운동의 무대이자 고토회복의 시발점인 간도

간도는 1876년 강화도조약을 전후해 우리 민족이 이주했던 백두산과 두만강 건너의 신천지를 의미한다. 을사조약과 군대해산 및 경술국치를 거치며 무장독립투쟁의 거점이 형성되었다. 제1차 세계대전 이후 간도에 대한 일본과 러시아의 개입이 강화되면서 독립군의 터전이 붕괴되는 간도참변(1920~1921)과 자유시참변(1921)을 연이어 경험하기도 했다. 당시 일제의 경찰과 헌병은 독립군의 기반을 와해시키기 위해 마을파괴와 양민학살과 같은 만행을 자행하였다. 나아가 만주와 몽골의 지배권을 둘러싼 일본과 소련 간의 긴장이 강화되자 1937년 고려인의 중앙아시아 강제이주라는 비극도 발생하였다.

이처럼 아픈 추억을 간직한 간도지만 우리 한민족이 고토회복을 추구하는 시발점이라는 상징적 의미가 담겨 있다. 가깝게는 가장 최근에 조선과 청이 국경선을 확정한 1712년 백두산정계비와 1909년 간도협약을 비롯해 고구려와 발해라는 고토의 중심지가 간도이기 때문이다. 역사적으로 간도지역은 고구려와 발해의 활동무대로 북방의 사막과 초원지대를 한반도 남부의 농경과 어업지대와 연결한 전략적 요충지였다.

20세기 초반 간도가 독립운동의 기지로 전환된 배경에는 경북 안동에서 이주한 석주 이상룡 일가의 역할이 컸다. 그는 안동 낙동강변 임청각을 기반 삼아 1907년 서양식 학교인 협동학교를 설립했다가 경술국치 이듬해인 1911년 가족을 이끌고 서간도로 진출해 경학사와 신흥무관학교를 설립해 교육사업을 지속했다. 이주 초기에는 중국계 토착민들로부터 일제의 앞잡이라는 오해를 불식시키기 위해 만주 토착사회와의 긴밀한 관계형성에도 유의하였다. 이후 동간도 지역의 기반 강화는 홍범도와 김좌진의 무장독립투쟁이 성공하는 계기로 작용하였다.

석주 일가의 항일투쟁은 영남 유생의 선비정신과도 일맥상통한다. 경남지역 남명 조식과 더불어 영남 유학을 대표하는 퇴계 이황의 영향으로 경북지역에는 향교와 서당과 같은 유학 교육기관이 번성했다. 여기서 배출된 선비들이 주도한 1792년 영남만인소 운동은 퇴계의 영향력을 반영한 선비정신의 구현사례이다. 포은 정몽주와 야은 길재로 대표되는 절의정신이 퇴계와 학봉 김성일을 거쳐 왕산 허위와 석주의 독립운동으로 이어졌던 것이다. 나아가 독립운동 명문가 왕산과 석주 가문은 손자세대 임청각 종부이자 서간도 독립운동의 어머니 허은 여사를 통해 연결되기도 했다.

낙동강 물길따라 발전한 유교의 본향 경북은 전통과 절의를 중시하는 선비정신을 실천해 왔다. 하지만 최근에는 변화에 미온적인 보수의 고장이라는 이미지가 강화된 상태이다. 유교에서 파생한 선비정신과 더불어 붕당정치의 전통이 강한 영향력을 행사하고 있는 것이다. 유교적 권위주의 성향으로 인해 체면치레를 중시하거나 출세지향적 성향도 강한 편이다.

우리 한민족이 갈망하는 고토수복의 걸림돌은 청과 러시아라는 초강대국의 출현이다. 원명교체기를 전후해 고려나 조선은 무시하기 어려운 군사적 변수였다. 하지만 1592년 임진왜란과 1636년 병자호란을 전후해 손쉬운 침탈 대상으로 전락했다. 한편 1651년 러시아의 흑룡강 진출은 청과 조선의 공조체제인 나선정벌을 유발했다. 또한 1853년 크림전쟁에서 부동항 확보에 실패한 러시아가 1860년 청이 서구 연합군에 항복한 베이징 조약으로 블라디보스토크에 부동항을 건설하자 영국은 1885년 거문도 점령으로 견제하였다. 이후 영국과 미국은 1905년 러일전쟁에서 일본을 후원하는 방식으로 러시아의 힘을 약화시켰다.

러시아가 소유한 태평양 방면의 또 다른 부동항은 한반도와 유사한 캄차카 반도의 페트로파블롭스크이다. 그곳은 바다가 깊고 해류의 영향으로 북위 51도라는 고위도임에도 불구하고 한겨울에도 바다가 잘 얼지 않는다. 그러나 육상 교통이 불편해 전략적 가치가 떨어진다. 하지만 북극항로가 본격화될 경우 우리와의 교류도 활발해질 것이다. 또한 러시아는 청나라 말기에 보다 확실한 부동항으로 서해 북단에 뤼순항을 건설하기도 했다. 하지만 러일전쟁에서 일본의 해군과 육군이 뤼순항을 협공하자 무너지고 말았다.

연변조선족자치주의 가치 재발견하기

> ❝ 연변조선족자치주는 조선의 유민들이 망국의 한을 피땀으로 삭히며 조성한 마음속의 나라이다. ❞

지난주 시진핑 주석의 방한기간에 연변과학기술대학에서 주최한 세미나에 다녀왔다. 이번 세미나는 개인적으로 통일시대를 준비하는 한국의 발전전략에 관한 논문을 발표했을 뿐만 아니라 동행한 아시아포럼 멤버들과 같이 현지 명망가 대담과 다양한 방문기회를 통해 연변조선족자치주를 재발견하는 계기가 되었다는 점에서 매우 유익했다.

고구려 유민들이 발해를 건국한 것과 마찬가지로 연변조선족자치주는 조선의 유민들이 망국의 한을 피땀으로 삭히며 조성한 '마음속의 나라'이다. 조선왕조 500년을 통해 한반도 지키기에 급급했던 우리 민족에게 유민들의 간도진출은 새로운 희망을 쏜 일대 사건이었다. 고구려의 부활을 추구한 고려의 웅대한 꿈이 정도전의 조기 퇴출로 사실상 종결되었지만 화초같이 유약한 나라가 아니라 잡초처럼 강건한 조선의 유민들이 북방진출의 불씨를 되살렸기 때문이다.

초창기 간도의 건설은 이상설과 김좌진

으로 대표되는 민족주의 진영이 주도하였지만 식민통치가 심화된 1930년대 이후 사회주의 계열의 영향력이 강화되었다. 이러한 추세는 1920년 청산리 전투와 1937년 보천보 전투에서 시작해 광복군과 조선의용군으로 이어지는 시차와 계보를 통해 확인할 수 있다.

간도 이주민들은 1930년대 중반 이후 중일전쟁, 국공내전, 한국전쟁 등으로 이어진 참화 속에서 어렵게 개척한 삶의 터전을 지키기 위해 십만 명에 육박하는 피를 흘려야 했다. 이에 자치주 출범을 선도한 주덕해는 회고록을 통해 연변을 위협했던 일제, 군벌, 미제를 싸잡아 비난하였다. 나아가 경위야 어찌되었건 한때 전쟁의 상대였던 한국에 대한 감정의 잔재도 그다지 어렵지 않게 발견할 수 있었다.

물론 1992년 한중수교 이후 취업비자 발급이 용이해지고 한국발 송금액이 연간 10억 달러를 넘어서자 마음의 문이 조금씩 열리고 있다. 따라서 우리 정부와 기업이 제공한 경제적 기회의 창문에 부가해 국민들이 일상에서 연변동포들을 포용하는 마음의 창문까지 열린다면 보다 안정적이고 발전적인 관계로의 도약도 기대된다.

하지만 한국 본토는 물론 한국 기업의 영향권인 중국 내 대도시로의 조선족 엑소더스는 고귀한 피땀으로 만들어진 연변조선족자치주의 위기감을 고조시키고 있다. 자치주 내 시와 현 중에서 사정이 나은 연길시와 용정시의 조선족 인구비율이 절반을 위협하고 있을 뿐만 아니라 실거주 인구는 절반의 절반을 향해 가고 있다.

그렇다면 연변조선족자치주가 우리 민족이 열망하는 '희망과 도전의 나라'로 계속 남아 있도록 유도하는 한국 정부의 지원자적 역할은 무엇인가? 물론 보다 가까이, 더욱 심각한 북한 문제의 대책이 지지부진한 상황에서 연변 공동체의 활성화에 초점이 부여된 정책목표에 대한 적극적 관심과 전폭적 지원을 기대하기는 어렵다.

하지만 '연변의 위기'와 '북한의 절망'을 동시에 해결하는 정책혼합의 가능성에 주목할 필요가 있다. 시진핑 주석의 방문을 계기로 재조명된 두만강경제벨트 구상은 개성공단과 제주특별자치도의 성공 노하우를 적절히 조합할 경우 우리 민족의 염원인 고토수복의 과업을 경제적 측면에서 구현하는 전진기지의 역할을 충분히 수행할 수 있을 것이다. 즉, 중국 훈춘과 북한 나선의 접경인 두만강 일원에 다국적 이해관계를 결합한 다목적 산업단지를 조성하고 최북단 특별자치도에 부합하는 정책수단을 창안한다면 북한의 개방과 연변의 정주를 촉진할 수 있을 것이다.

두만강경제벨트 성공의 당위성은 통일대박의 가능성을 가늠하는 일에 부가해 압록강 상류 장백현과 혜산시가 수십 미터에 불과한 강폭을 사이에 두고 연출한 '갈라진 도시 노갈레스'의 비극을 치유한다는 의미를 지니고 있다. 더불어 강 건너 북한에 비해 사정이 나은 연변이지만 경제적 이유로 성장기 자녀들과 생이별하는 '가정파괴의 비극'을 간접적 원인제공자인 우리가 더 이상 외면하지 말아야 한다는 배려도 내재되어 있다.

05

열하일기에 담긴 국정관리의 교훈

> ❝ 열하일기가
> 포착한 내치는
> 물론 외치와
> 자치의 일화에
> 주목하면서
> 간접 체험의
> 교훈을 제안
> 하고자 한다. ❞

　　과천 정부청사 안쪽에 자리한 국가고시센터에 입소해 전반기 문제선정 일정을 마치고 후반기 자유일정에 〈열하일기〉에 도전했다. 통상 12일 정도의 일정으로 이루어지는 7, 9급 객관식 시험의 문제선정은 문제은행에서 20문제를 고른 다음에 수정보완 작업을 진행한다. 여기에는 과목당 2명의 교수 선정위원과 신입 공무원 검토위원이 참여한다. 20개 문항은 특정 교수나 특정 대학에 편중되지 않도록 제한기준이 적용된다. 문제를 구성하는 문항들은 대표성과 공정성을 확보하기 위해 기존에 출간된 교과서에서 명확한 근거를 확보해야 한다.

　　반면에 5급 공채시험의 경우 공직적성검사 스타일의 1차 시험와 논술형 2차 시험으로 구분된다. 이론이나 사례 문제를 2개 내외로 출제하는 논술형 시험의 경우 과목당 자필로 2시간 동안 10여 페이지를 작성하는 창의적인 시험이다. 3차 시험 면접은 토론면접과 역량면접으로 이루어진다. 우선 토론면접은 조별로 실시하며 면접위원의 안내에 따라 자율적으로 토론을 실시한다. 역량면접은 사전에 제공하는 과제와 자료를 개별적으로 분석

283

해 발표자료를 준비한 이후에 개인별 발표와 질의응답이 이어진다. 이는 대통령이나 시장 후보들이 최고위 정책결정자로서 자신의 역량과 견해를 제시하는 방송토론 절차와도 유사하다. 한편 5급과 달리 7급 면접은 역량면접만 이루어지며, 9급 면접은 사전 작성과 질의응답이 배제된 상태에서 면접위원과 5분 내외의 질의응답만 이루어진다. 하지만 면접시험에 적용되는 5가지 평가기준 중 2개 이상 또는 1개 기준이 2인 이상의 심사위원으로부터 최하위 등급을 받을 경우에 탈락가능성이 높아진다.

참고로 면접시험의 5가지 평정기준은 전문지식과 그 응용능력(직렬별 특화지식, 분야별 정책동향, 트랜트 이해도 등), 공무원으로서의 정신자세(부정청탁금지법과 이해충돌방지법을 비롯한 공직부패 규제법률의 명칭과 내용, 공직 지원동기, 공무원이 추구할 최고의 덕목 등), 의사표현의 정확성과 논리성(상반된 가치의 조화방안, 갈등의 회피전략, 갑질 대응사례 등), 예의·품행 및 성실성(봉사활동 경험, 인생의 좌우명, 주말근무 수용성 등), 창의력·의지력 및 발전가능성(가장 만족스러웠던 의사결정사례, 가장 존경하는 인물, 본인이 일하는 목적 등)을 대표하는 다양한 질문항목으로 구성되어 있다.

국가고시센터에서 문제선정 절차가 종료되고 4일 내외의 인쇄작업이 시작되면 선정위원들은 퇴소 직전까지 자유일정을 보내게 된다. 이때부터 국가고시센터는 망망대해를 떠다니는 크루즈 여행을 연상케 하는 여가 시간이 시작된다. 협소하지만 센터 내에 마련된 체육과 휴게시설을 이용하거나 개인별 업무나 독서로 시간을 보내기 때문이다. 식사 후에는 사각의 전물 안마당 미니 트랙을 산보하는 일상이 크루즈 선상에서 한가롭게 거니는 모습과 유사하다.

나는 국가와 도시를 비교하는 일이 주된 관심사라 연암 박지원이 다녀온 여행기가 생생하고 흥미롭다. 더욱이 지금 우리가 가기 어려운 육로를 활용한 여행이라 북한의 서북지방인 평안도나 고구려의 고토인 요동지역에 대한 간접 체험 여행의 성격도 지니고 있다. 나아가 마침 굳건한 고시센터 담장 너머에서는 차기 대선 캠페인이 한창이다. 대통령은 시험이 아니라 선거로 선발한다지만 새로 시작하는 공무원을 고른다는 점에서 이곳의 취지와 닮아 있다.

차기 대선의 판세를 좌우할 국정관리의 쟁점은 다양하다. 중앙정부가 경제와 사회를 조율하는 내셔널 거버넌스에 부가해 글로벌과 로컬 거버넌스가 대표적 유형이다. 이에 필자는 열하일기가 포착한 내치는 물론 외치와 자치의 일화에 주목하면서 간접 체험의 교훈을 제안하고자 한다.

연암이 소개한 19세기 청은 황제가 신하에게 채찍을 휘두른 전제국가이다. 이러한 통치의 한계를 보완한 협치가 포용적 외교였다. 명의 쇄국정책을 탈피한 청은 이슬람이나 기독교 문화권과의 교류는 물론 섬나라 유구까지 중시했다. 조선은 청대에 완화된 조공의 덕을 보면서도 신축적 외교의 미덕을 끝내 외면하였다.

초원의 세력화를 선도한 흉노는 내분으로 약화됐지만 몽골은 불안하다. 총포로 무장한 청군이지만 초원의 위협은 18세기에도 여전했다. 중국 최대의 영토를 장악한 청 황제들이 피서를 빙자해 열하를 찾은 이유는 중원을 넘보는 몽골의 위협을 턱밑에서 견제하기 위함이었다.

짧은 여름과 부족한 강수량을 극복하려고 유목을 선택한 북방이 농업과 상업으로 번성한 남방을 제압한 비결은 말이다. 기동력을 보유한 기마군단은 보병이 방어하는 성을 공략하기에 충분했다. 조선은 고려와 달리 군마 양성에 실패했다. 몽골이 전수한 제주도 말은 혈통관리가 무너지며 조랑말로 전락했고 조선의 사신이 타고 간 말은 저자의 조롱거리였다.

1780년 건륭제의 칠순 연회는 국내 토호와 해외 오랑캐가 참석하는 교류의 무대이자 문화 경연장을 방불케 한다. 연암이 주목한 판첸 라마는 금기와 사찰에 지내며 자신이 파사팔의 환생이라고 자부했다. 파사팔은 원나라 세조가 중용한 승려로 탄생설화에 도술능력을 겸비했고 파스타 문자의 개발까지 주도했다. 불교적 관점에서는 국사지만 유교적 시각으로는 요승이다.

청의 전시행정과 부정부패도 반면교사 대상이다. 황제의 권력이 강해지면 심기경호에 나서는 아첨꾼이 늘어난다. 세도정치처럼 권력을 독점한 조선의 특권세력은 청나라 탐관오리의 전형이라는 화소에 비견된다.

한양에서 출발해 열하로 이어진 여정에서 사신단은 여러 도시에 들렀다. 평안도 박천에서는 사금 채취로 연명하는 어린 백성들의 고단한 삶을 목격했다. 의주에서 중국에 보낼 예물을 취합해 장마철 압록강을 건넜다. 우중에 노숙하며 안시성의 추억을 간직한 봉황성에 도착해서는 벽돌로 지은 주택과 성채의 내구성에 주목했다. 요동의 거점이자 후금의 수도였던 심양에서는 번화한 시장과 점포에 유의했다.

수도 북경을 방어하는 이중의 장벽은 만리장성과 늪지대이다. 만리장성의 요충지는 우람한 장대로 유명한 산해관과 수도 북단의 격전지 고북구이다. 북경에서 요동 사이에는 수로가 조성한 늪지대가 연개소문의 북경 진출을 막았을 정도로 천혜의 장벽이다. 연암의 경우는 밤새 아홉 번이나 강을 건너며 공포를 이기는 마음의 지혜를 체득한 곳이다.

중국 도시들은 한족의 자부심이 넘치는 곳이다. 한족의 정체성을 유지하기 위해 변발을 거부하고 전족까지 고집했다. 자치분권이 도시브랜드의 원천이듯이 차별화된 특화전략으로 경쟁력을 강화한 것이다. 앞으로 도시마케팅의 성패는 성곽, 사당, 학술, 시화, 악기, 마술 등과 같은 문화자본이 좌우할 것이다.

준비된 여행은 학습과 성찰의 보고이다. 박지원은 자신의 유람을 최치원이나 이제현의 족적에 비유한다. 하지만 1831년 미국을 여행하며 〈미국의 민주주의〉를 저술한 프랑스 학자 토크빌이 보다 확실한 비교대상이다. 개척시대를 주도한 시민들의 정치참여 열기에 주목하면서 대중민주주의를 유럽에 소개했기 때문이다.

지금은 분단으로 열하일기 루트가 단절된 상태이다. 조만간 북경행 기차나 버스에 탑승해 열하일기의 여정을 따라가는 그날이 오기를 고대해 본다.

참고로 박지원이 다녀온 부정기 연행사절단은 자체적 역량이나 서양과의 교류 모두에서 조선보다 우월했던 청나라의 선진 문물을 학습하고 수입하는 조공무역의 성격을 지닌다. 그래서 청의 수도가 심양에서 연경으로 옮긴 이후부터는 매년 정기 사절단인 동지사는 물론 부정기 사절단을 빈번하게 파견했던 것이다. 이는 조선과 일본의 관계에서도 적용이 가능하다. 일본은 조선 초기 삼포개항지에서 조선의 문화를 차용하고 물자를 교역했다. 임진왜란 이후 일본이 교류활성화 차원에서 조선통신사 파견을 원했던 이유도 비슷한 이치이다.

우리의 난제를 해결할 거버넌스와 리더십

우리 지역과 도시가 직면한 난제는 다양하다. 지금은 지역, 세대, 계층, 이념, 성별 등의 갈등과 대립을 극복하는 국민통합의 필요성이 제기된 상태이다. 급격한 산업화와 도시화가 촉발한 공동체 파괴, 저출산·고령화 현상, 수도권 집중, 젠트리피케이션 심화, 정보격차 확대, 보편적 평생교육 등도 여전히 난제로 평가되고 있다.

지방정부나 중앙정부에서 발생하는 난제(wicked problem)들은 정답이 없는 경우가 많다. 선거의 대안으로 뽑기를 주창하는 것처럼 꼼꼼히 따지는 합리적 결정보다 쓰레기통 속에서 혼합되는 우연의 산물에 가까운 경우도 많다. 이념과 지역을 기반으로 정권이 교체되며 순환하는 것처럼 정책도 들어갔다 돌아오는 회전문 인사와 유사한 방식으로 결정되고 있다. 요즘 문재인 정부에서 윤석열 정부로의 정권교체가 촉발한 정책변화와 인사패턴을 보자면 여야를 불문하고 반대로 하는 정책널뛰기(policy swing)에 몰입한다는 인상을 지우기 어렵다. 공공성과 효율성, 탈원전과 재원전, 재규제와 탈규제, 대표관료제와 매리토크라시 등과 같이 절충하고 타협할 문제들이 대립과 수사의 대상으로 전락했기 때문이다.

리차드 플로리다(Richard Florida)는 지역과 도시 문제의 핵심을 모순과 갈등으로 파악했다. 사람과 돈이 도시로 모이고 경제가 발전할수록 불평등은 심화된다. 부동산은 폭등하고 임금격차는 커지고 중산층은 무너진다. 그렇다고 도시 자체를 없애는 해결방안을 생각하기 어렵다. 이러한 정책딜레마를 해소하기 위해 노무현 정부는 「국가균형발전특별법」을 제정해 접경지역, 오지, 개발촉진지구, 개발대상도서, 신활력지역 등과 같은 낙후지역의 균형발전을 추구했다. 신활력지역은 인구감소율, 소득, 재정능력 등을 기준으로 70여 개 지역을 선정해 맞춤형 지원도 제공했다. 본서가 추구한 참발전 목표도 중앙집중형 체제에 어울리는 '균형발전'을 탈피해 탈중앙 시대를 극복하는 '지역특화'에 유의했다.

각국 정부는 지역공동체나 초국가조직의 부상에 직면해 하향 이동(Moving down)과 상향 이동(Moving up)을 경험하고 있다. 변화된 상황에서 평생학습 서비스도 생애단계를 포괄하는 보편성을 추구하고 있다. 우선 로컬거버넌스의 쟁점은 자치단체장의 관심유도와 정책우선순위 상향, 비영리단체나 기업을 활용한 평생학습 집행네트워크의 다변화 등이다. 또한 글로벌거버넌스의 쟁점은 국제기구와의 연대와 교류 강화, 공적개발원조(ODA)를 활용한 평생학습 우수사례의 해외진출 등이다. 나아가 226개 기초자치단체의 90%가 이미 평생학습도시로 지정된 상태에서 앞으로 양적 확산보다 질적 강화에 주력해야 한다.

우리에게 부과된 참발전 목표에 제대로 부응하려면 협치와 전범이라는 거버넌스를 창출하고 강화해야 한다. 우선 지역발전정책 결정패턴의 다양성을 반영하는 적소를 발견해야 한다. 플로이드 헌터(Floyd Hunter)는 미국 조지아주 애틀랜타의 정책결정을 분석하면서 시정부와 경제엘리트로 구성된 지역사회 권력구조가 작동한다고 보았다. 반면에 다원주의 이론은 도시정치와 지역개발의 과정을 다양한 행위자들이 참여하는 민주적 협상과정으로 파악했다. 도시 레짐 이론(Regime Theory)은 정부와 시장을 대표하는 정책주도자들의 비공식적이고 협력지향적인 연합에 주목했다. 막시즘(Marxism)은 도시 정부의 엘리트가 중앙의 권력구조나 계급관계에 종속된 것으로 이해한다. 거버넌스론은 정책결정에서 시민이 참여하는 수평적 네트워크를 중시한다.

협치와 협업를 구현하려면 전통적 문제해결기제인 정부의 혁신과 병행하여 시민단체나 민간기업의 지혜도 빌려야 한다. 직업공무원제(career)는 정치적 중립과 신분의 보장을 요체로 하기 때문에 대응성이 부족하다. 민주주의 국가 미국에서도 핵심(core) 관료제인 연방수사국(FBI)과 국방부(Pentagon)가 선출된 권력을 위협했다. 냉전을 전후해 장기간 FBI 수장으로 재직했던 후버나 닉슨이 대표적이다. 이에 카터 대통령은 1978년 적극적 인사행정을 표방하면서 고위공무원단과 개방형임용제를 도입했다.

일본의 행정전통을 모방한 한국의 엘리트 관료제는 집권당과 밀착하는 방식으로 민주적 통제를 회피해 왔다. 절대국가의 권력기반인 직업관료제를 편식한 근대 일본에서는 보수 정당과 엘리트 관료 간의 공생관계를 중시했다. 우리 나라도 미군정과 이승만 정부의 경찰, 군사정부의 정보기관, 민주화와 세계화 이후에도 폐쇄적 담합구조와의 거리두기에 실패한 세력들은 전관예우나 조직이 기주의에 연연하고 있다.

민주적 통제에 대한 엘리트 관료제의 조직적 저항은 검찰청, 감사원, 기획 재정부 등 보편적 현상이다. 직업관료들이 주도하는 장관길들이기, 어공에 대한 늘공의 공세, 공채와 경채 공무원의 행태 차이, 개방형 임용제 채용목표의 형해 화, 정무감각이 결여된 고위공무원단, 다면평가를 회피하는 대신에 성과평가를 강화, 고시와 비고시 출신 간 승진격차, 기술직보다 행정직을 우대하는 보직경 로 등이 대표적이다.

관료제와 민주주의 관계는 부정론과 긍정론이 교차한다. 관료제는 대표성 미약, 행정부 독주, 과두제 철칙, 철격자 원리 등에서 민주주의를 위협한다. 반 면에 관료제는 법치의 구현, 국정의 안정, 실적제 강화, 기술적 능력 등으로 민 주주의를 촉진한다. 따라서 관료제와 민주주의 간의 조화를 추구하기 위해서는 검찰과 경찰 및 공수처로 대표되는 반부패 거버넌스의 분할과 견제, 내외부 관 료제 통제장치인 직무감찰과 민중통제의 혼합, 낙하산이나 전관예우 관행의 혁 신, 상명하복 조직문화를 완화하는 애드호크라시(Adhocracy) 확대, 소극행정을 조장하는 직업공무원제 완화 등과 같은 행정개혁을 통해 양대 규범의 간극을 줄여야 한다.

한국의 대통령들이 자치단체장이라는 수련과정을 거쳤다면 종합적인 국정 관리에서 보다 우수한 성과를 창출했을 것이다. 물론 자치단체장 경력이 성공 한 리더십의 충분조건은 아니다. 더불어 시장과 기업의 역동성을 벤치마킹한 공공기업가 리더십의 활용도 필요하다.

창의적 혁신가는 조직의 경쟁력 강화를 위해 신속한 절차나 협력적 문화의 확립을 유도한다. 피터 드러커는 위기는 또 다른 기회라는 변화지향적 사고로 무장해야 무한경쟁의 시대에서 발전이 가능하다고 보았다. 자본주의 초기인 1930년대 혁신의 전도사로 부상한 조지프 슘페터는 기업가 정신의 구현을 창조 적 파괴의 과정으로 묘사했다. 4차 산업혁명의 아이콘 제프 베조스는 IT 버블 사태를 거치며 아마존의 경쟁력이 약화되자 유통이라는 새로운 수익모델을 개척했다.

　문화예술계의 거목인 이어령 선생님이 얼마 전 돌아가셨다. 이 선생님은 떠나셨지만 분야를 넘나든 탁월한 성취와 창의적 루틴이 재조명을 받고 있다. 나는 얼마 전 창의적 인재와 리더의 조건을 성찰하는 과정에서 〈이어령의 마지막 수업〉을 참고했다. 이 선생님이 대담을 통해 전하고 싶었던 메시지를 내가 5가지 성공루틴으로 재구성해 보았다.

　첫째, 창의적 인재는 여피나 소호족처럼 여행과 사조에 민감한 디지털 노마드를 표방한다. 디지로그(digilog)와 같은 융복합적 사고에도 능숙하다. 대적보다 경협하라는 선생님의 주문은 협치와 전범이라는 거버넌스를 지향한다. 벤처와 대기업 간의 공생관계는 경제를 살리는 첩경이다. 지속적인 비교와 은유도 혁신을 자극한다. 물독의 은유처럼 자족하는 삶보다 두레박처럼 계속 갈구해야 한다. 마이클 샌델의 정의론은 거대담론을 탈피해 사례연구나 생활정치를 촉구한다는 논평도 교훈적이다.

　둘째, 진정한 리더는 국민통합이나 노사합심을 위해 이쪽과 저쪽을 중재한다. 요즘은 트럼프, 시진핑, 마크롱, 푸틴 등으로 이어진 강한 리더가 부상한 동기화의 시대이다. 따라서 공적 책무와 사적 욕망 간의 균형이 긴요하다. 결속력 강화를 위해 참모라는 접착제도 엄선해야 한다. 각자도생을 탈피해 파뿌리 하나의 이타심을 조장해야 공동체가 살아난다. 이기적 유전자에 따르면 리더는 국가와 지구라는 시스템을 존속시키는 선전원이라는 점에서 대립구도의 완화와 기후변화 대응도 기대된다.

　셋째, 스승과 선배를 존중하되 자신만의 스타일을 정립해야 한다. 스님과 유사한 의미인 스승을 맹신하면 신이 된다고 한다. 이는 우상타파와 독자생존의 필요성을 시사한다. 군중과 무리를 떠나야 창의성이 촉진된다. 너무 순종적이고 영합적이면 계층제와 대중에 굴복당할 것이다. 컵의 손잡이나 스마트폰의 아이콘처럼 인터페이스라는 접속장치를 고안해 공유를 촉진하는 일도 정책과 지식의 확산에 유리하다.

　넷째, 메멘토 모리(Memento mori: 자신의 죽음을 기억하라)라는 경구에서 시간의 유한함과 목표의 신축성을 느껴야 한다. 물론 전쟁과 역병이 지나면 생명의 시대가 도래할 것이다. 근대 서양에서 사멸하는 해골과 양초 및 꽃을 그리는 바니타스(Vanitas: 허무, 덧없음) 정물화가 등장한 이유는 처음 착안하기라는 창의성의 오류를 다시 확인하기와 두루 검토하기로 보완하라는 의미가 담겨 있다. 로마가 개선장군이 탑승한 마차에 메멘토 모리를 새겼던 이유를 공직 진출과 엘리트 부상을 꿈꾸는 이들이 정면교사해야 한다.

다섯째, 이론과 현실을 접맥시키는 학습과 응용을 병행한다. 등용문의 고사처럼 자신의 목표를 위해 정주행해야 한다. 전공에 몰입하되 학제적 교류도 유의해야 한다. 칸트가 인지론·행위론·판단론을 결합해 서양의 기준인 진선미를 정립한 것처럼 선생님은 육체·사고·영성이라는 삼원론으로 인생을 조망하고 한·중·일의 평화공존을 제안했다. 갈등유발적인 근본주의를 타파하기 위해 타자를 나의 것으로 만들지 말고 그가 있는 그대로 있게 하라는 타자성의 철학도 장착해야 한다.

물론 창의적 인재상이 새로운 리더십의 전부는 아니다. 국가에서 광역단체를 경유해 기초단체나 마을로 내려갈수록 헌신적 봉사의 중요성이 배가된다. 이른바 영민한 대리인 스타일이 아니라 우직한 청지기 스타일로 솔선수범하는 교장선생님 리더십처럼 새벽부터 저녁까지 민원현장을 발로 뛰어다닌 오규석 기장군수가 대표적 사례이다.

새로운 일자리를 만드는 획기적 정책창안도 중요하지만 주민의 눈높이에서 현장을 챙기는 일도 중요하다. 오 군수는 수영장 등 공공시설 건립 시에 설립타당성 검토나 우수사례 벤치마킹에 주력한다. 또한 군청 직원과의 비공식 간담회 비용은 철저하게 갹출한다. 이러한 그의 열정과 절제에 힘입어 기장군은 교육, 문화, 복지 만족도에서 부산광역시 구·군 중에서 상위권을 유지해 왔다.

오 군수를 비롯해 우리 주변에는 민선자치단체장 3연임을 마치고 물러나는 다수의 모범사례가 존재한다. 하지만 역으로 적지 않은 자치단체장들이 공천헌금 때문에 공무원들로부터 인사청탁성 뇌물을 받고, 공직사회의 줄서기를 조장하는 부정적 행태를 답습해 왔다는 점에도 유의해야 한다.

그릿(GRIT)은 미국의 심리학자 앤젤라 더크워스가 개념화한 용어로, 성공과 성취를 끌어내는 데 결정적 역할을 하는 투지나 열정을 의미한다. 즉, 재능보다는 노력을 강조하는 개념이다. 열정적 끈기만 있다면 당신 앞에 놓인 어떠한 장벽도 돌파가 가능할 것이다. 우리가 추구할 인재상은 호기심과 자신감 배양하기, 실패를 과정으로 인정하기, 당연한 것을 비교하거나 융합적 시각으로 관찰하기, 자유의지와 공감능력 배양하기, 내외부 연계망의 전략적 활용 등이다.

이석환(2021)은 결과지향적 정부를 창출하는 4가지 조건에 주목했다. 번잡하고 비효율적인 레드테이프(red-tape)에 찌든 정부를 탈피해 블루 거번먼트(B.L.U.E Government)를 지향하는 조건은 기초가 튼튼한 조직(BASICS), 연계가 튼튼한 조직(LINKAGE), 사회와 조화가 잘 되는 조직(UNITY), 평형이 잘 유지되는 조직(EQUILIBRIUM) 등이다. 이러한 조건이 잘 지켜지는지를 시민들이 선거를 통해 감시해야 하고 국회가 정부를 견제할 때에도 중요한 판단기준으로 활용해야 한다.

리더와 리더십은 자연적으로 발생하는 것이 아니라 공을 들여 만드는 것이다. 중국 공산당이 뿌리부터 시작해 생애주기 관점에서 연속적인 교육과 실험을 통해 리더와 리더십을 발굴하는 과정도 교훈적이다. 일본 농어촌 지역에서 발견한 비전과 전략을 갖춘 혁신적 리더가 부상하는 과정도 우리가 주목해야 한다. 김균미(2021)의 통찰처럼 독일 메르켈 총리의 우직한 리더십을 추동한 합리성과 실용주의, 중재와 협력, 사실과 자료에 기반, 진정성과 신뢰 등에도 유의해야 한다.

상이한 두 개의 도시나 국가 및 국가군의 성패를 규명하는 핵심 변수는 거시적인 구조(환경)와 미시적인 행위(역량) 및 중범위적인 제도(정책)이다. 리조트 사업의 성패 사례인 올랜도와 유바리, 국가능력과 경제성과에서 차이를 보인 경성국가 중국과 연성국가 인도, 수출지향(자유무역)과 수입대체(보호무역) 산업화 전략을 채택한 동아시아와 남미 등이 대표적이다.

전통적으로 사회과학의 핵심인 정치경제학 논의는 칼 마르크스와 아담 스미스 및 막스 베버가 삼분해 왔다. 칼 마르크스 계열인 네오막시스트는 고착화된 계급구조가 좌우하는 구조적 분석을 선호한다. 반면에 아담 스미스 계열의 신고전파(정통경제학)는 자유시장에 기반한 행위적 분석을 표방한다. 나아가 막스 베버 계열의 네오베버리안(국가론)은 정부관료제가 선도하는 제도의 영향력에 주목해 왔다.

결론적으로 우리가 리더를 고르는 기준은 다양하다. 유권자나 조직원의 선별능력을 증진하는 리더십 판단기준은 크게 상황과 제도라는 거시적 측면과 자질과 행위라는 미시적 측면으로 구분이 가능하다. 뒤이어 제시하는 10가지 기준 중 '5적'은 거시적 기준이고 '5한'은 미시적 기준이다.

첫째, 시대적 사명인식이다. 시대의 요구를 포착하는 결정력을 발휘하기 위해서는 글로컬, 스마트 등 메가트랜드를 직시해야 한다. 최근 화두로 부상한 '공정'도 자기주도적 구호를 탈피해 다수가 공감을 유도해야 한다.

둘째, 역동적 비전제시이다. 선진국 진입과 저성장 심화라는 형용모순을 허무는 도전적 발전목표를 제시해야 한다. 담대한 상상력을 발휘한 역동적 비전은 통일, 탈이념, 노사합심, 공동체 등을 우선해야 한다.

셋째, 안정적 위기관리이다. 루즈벨트나 대처처럼 성공한 리더십의 진면목은 대공황이나 오일쇼크 같은 국가위기 국면에서 부각된다. 코로나19 확산이나 부동산 폭등은 물론 기후위기나 인구감소라는 난제에 부응할 리더의 위기관리 역량이 절실하다.

넷째, 실용적 결과지향이다. 문재인 정부는 공공일자리에서 선전했지만 민간일자리 창출성과는 제한적이다. 최저임금 인상으로 촉발된 자영업자와의 긴장관계도 해소해야 한다. 실용적 결과를 위해서 산업정책과 연계한 일자리 정책변화가 요구된다.

다섯째, 협력적 거버넌스이다. 목표달성을 위해 구성원의 순응과 협력을 유도하는 소통이 리더십의 정수다. 이를 제도의 차원로 승화시킨 협치나 협업이 차세대 경쟁력의 원천인 것이다. 즉, 조직 간 관계의 조정능력이 리더의 성패를 좌우한다는 것이다.

여섯째, 확실한 책임윤리이다. 리더 자신은 물론 주변인들에 대한 윤리 기준이 강화되고 있다. 리더가 청렴해야 행정이 헌신하고 시민이 만족한다. 사회가 안정될수록 법가 스타일 영웅형보다 유가 스타일 성인형 리더가 각광을 받는 추세 변화에도 유의해야 한다.

일곱째, 강력한 변화의지이다. 리더는 창업가 마인드로 국정이나 시정의 혁신을 유도한다는 야망을 지녀야 한다. 리더는 성공적 개혁완수를 위해 관료, 정파, 재벌, 토건, 노조, 사업자단체 등 기득권 장벽을 돌파하는 승부사 기질도 발휘해야 한다.

여덟째, 신중한 균형감각이다. 리더십의 질과 격을 증진하기 위해 창의적 정책의제설정과 신중한 정책재검토를 병행해야 한다. 타협의 예술인 균형감각을 발휘해 증세와 감세, 공공성과 수익성 등과 같이 진영이 갈리는 논쟁도 축소해야 한다.

아홉째, 다양한 전문지식이다. 리더는 고독한 결단을 감행하는 정책결정의 종결자이다. 리더가 분야별 정책의 내용을 이해하고 인접 분야로의 파급효과까지 통제하려면 정치와 경제는 물론 다양한 분야의 전문지식을 지니고 있어야 한다.

열째, 꾸준한 학습의지이다. 여우의 교활과 사자의 용맹을 겸비한 리더의 자질은 타고나기도 하지만 현실의 상호작용에서 학습하는 경우가 많다. 이처럼 유익한 현장학습의 대상에는 성공한 사례는 물론 실패한 사례도 마다하지 말아야 한다.

제도형성과 개인특성을 대표하는 10가지 판단기준은 리더의 적부를 가리는 체크리스트나 배점을 합산한 종합채점표로 활용해도 유용하다. 물론 개인적 선호에 따라 기준별 가중치를 달리해도 무방하지만 각각을 동일한 잣대로 활용해도 유용한 기준점 역할이 가능할 것이다.

Reference

참고문헌

공석기·임현진. (2020). 마을에 해답이 있다: 한국사회에서 지역 되찾기. 세계 속의
　아시아연구 시리즈 29.

교육부. (2020). 평생학습도시 재지정평가 시행계획. 교육부.

구미시설공단. (2022). 2021년도 경영실적보고서.

김균미. (2021). 메르켈 리더십의 성공 비결. 한국일보. 2021.09.16.

김성우. (2021). 시애틀공항에서 배우는 대구신공항의 미래. 한국일보. 2021.08.14.

김의영. (2019). 사회적경제의 시대. 중앙일보. 2019.07.12.

김지수·이어령. (2021). 이어령의 마지막 수업. 열림원.

김호진. (2000). 노동과 민주주의. 박영사.

네오와 첸 저, 이종돈·김정렬 역. (2016). 역동적 거버넌스: 명품행정의 조건과 정책
　사례의 학습. 행복에너지.

리처드 플로리다 저, 안종희 역. (2018). 도시는 왜 불평등한가. 매경출판.

모종린. (2017). 골목길 자본론. 다산북스.

박복재·우진경. (2011). 매력 있는 삶의 공간을 창조하는 도시브랜드 마케팅. 전남대
　학교출판부.

박종인. (2018). 땅의 역사 세트. 상상출판.

연암 박지원 저, 김혈조 역. (2017). 열하일기 세트. 돌베개.

뱅상 후지이 유미 저, 조용준 역. (2021). 앙제에서 중소도시의 미래를 보다: 프랑스
　지방 도시는 왜 활기가 넘칠까. 미세움.

서동철. (2019). 하남 교산 신도시와 1500년 역사. 서울신문. 2019.03.08.

심규선. (2022). 나오시마에서 조선통신사를 만나다. 동아일보, 2016.06.29.

오영환. (2017). 유바리시의 '미션 임파서블'. 중앙일보. 2017.03.06.

오영환. (2019). 한국의 도시재생, 일본의 지방창생. 중앙일보. 2019.03.13.

오영환. (2021). 늙어가던 도야마시, 도시철도망 바꾸니 확 살아났다. 중앙일보, 2021.08.20.

윤창수. (2022). 사유·명상하는 10만평 수목원, 윤창수 기자의 지방을 살리는 사람들. 서울신문, 2022.04.07.

음성원. (2019). 도시를 운영하는 주인공. 매일경제. 2019.07.13.

이기환. (2009). 분단의 섬 민통선. 책문.

이나쓰구 히로아키 저, 안재현 역. (2014). 일본 지방자치단체 거버넌스. 한울.

이도형. (2020). 행정학의 샘물(4판). 선학사.

이석환, (2021). The B.L.U.E Government(블루 거번먼트): 성과와 결과를 창출하는 유능한 미래정부의 조건. 법문사.

임재현. (2016). 도시행정론. 대영문화사.

장지은 외. (2019). 연천군의 통일평생교육 중장기 계획. 연천군.

전창록. (2018). 산양면 현리에 햇볕들던 날. 조선일보. 2018.12.28.

전창록. (2020). 지방소멸과 '1 : 8 : 25 : 81' 공식. 매일신문. 2020.06.29.

찰스 랜들리 저, 임상오 역. (2005). 창조도시. 해남.

Adshead, Maura. & Quinn, Brid. (1998). The Move From Government To Governance: Irish development policy's paradigm shift. *Policy & Politics*. 26(2): 209−225.

Driver, Stephen & Martell, Luke. (1998). *New Labour: Politics after Thatcherism*. London: The Polity Press.

Etzioni, Amitai. (1995). *The Spirit of Community: Rights, Responsibilities and the Communitarian Agenda*. London: Fontana.

Pierre, John. & Peters, B. Guy. (2000). *Governance, Politics and the State*. New York: St. Martin's Press.

Rhodes, R.A.W. (1996). The new governance: governing without government. *Political Studies*. 44(4): 652−667.

저자소개

김정렬(jung9555307@naver.com)

김정렬(金正烈)은 2001년 9월부터 대구대학교 법·행정대학 자치경찰학 전공 교수로 재직하고 있다. 그동안 「세계일주로 배우는 사회탐구」, 「공공파이만들기」, 「비교발전행정론」, 「행정개혁론」 등의 책과 더불어 다수의 논문을 발표하였다. 대구대학교에서 '세계일주로 배우는 국가와 도시(K-MOOC)', '국민국가와 제국 그리고 민주주의', '도시와 행정' 등의 과목을 강의한다. 필자의 강의는 국내외 일주에서 확보한 사진과 동영상 감상, 여행칼럼 읽기와 토론 등을 병행한다. 이러한 노력으로 대구대학교가 선정한 베스트 티칭 프로페서를 수상하기도 했다. 주요 경력으로는 규제개혁위원회 전문위원, 지방공기업평가원 책임전문위원, 5급과 7급 및 9급 시험위원, 평생학습도시 재지정평가단장 등을 역임하였다. 최근에는 자치분권대학과 경북도민행복대학에 출강하는 한편 일간지에 여행기 형식의 칼럼을 기고하고 있다.

국내일주로 배우는 지역과 도시

초판발행	2022년 6월 30일
지은이	김정렬
펴낸이	안종만·안상준
편 집	전채린
기획/마케팅	장규식
표지디자인	이소연
제 작	고철민·조영환
펴낸곳	(주)박영사
	서울특별시 금천구 가산디지털2로 53, 210호(가산동, 한라시그마밸리)
	등록 1959. 3. 11. 제300-1959-1호(倫)
전 화	02)733-6771
f a x	02)736-4818
e-mail	pys@pybook.co.kr
homepage	www.pybook.co.kr
ISBN	979-11-303-1571-3 93300

copyright©김정렬, 2022, Printed in Korea

* 이 저서는 2022학년도 대구대학교 학술연구비 지원으로 출간되었습니다.

정 가   17,000원